La escritura y la furia

La escritura y la furia
Ensayos sobre la imaginación latinoamericana

Gabriel Inzaurralde

Consejo Editorial

Luisa Campuzano
Adriana Churampi
Stephanie Decante
Gabriel Giorgi
Gustavo Guerrero
Francisco Morán
Tania Pérez Cano

Waldo Pérez Cino
Juan Carlos Quintero Herencia
José Ramón Ruisánchez
Julio Ramos
Enrico Mario Santí
Nanne Timmer

© Gabriel Inzaurralde, 2016
© Almenara, 2016

www.almenarapress.com
info@almenarapress.com

Leiden, The Netherlands

ISBN 978-90-822404-9-8

Imagen de cubierta: J-F. Gautier d'Agoty, 1746 (detalle).
Wellcome Library, London

All rights reserved. Without limiting the rights under copyright reserved above, no part of this book may be reproduced, stored in or introduced into a retrieval system, or transmitted, in any form or by any means (electronic, mechanical, photocopying, recording or otherwise) without the written permission of both the copyright owner and the author of the book.

La crítica literaria como artefacto insufrible 9

La memoria, la frontera y el acontecimiento
en Julio Cortázar y Juan Carlos Onetti 17

Plata quemada de Ricardo Piglia: memoria y violencia 49

Alexis y Ariel: el letrado y la violencia latinoamericana
en *La virgen de los sicarios* de Fernando Vallejo 133

Infierno y melancolía en Roberto Bolaño 195

Apuntes sobre *La novela luminosa* de Mario Levrero 251

Bibliografía 281

Agradezco muy especialmente el inapreciable apoyo crítico y práctico de Ana Paula Saab para la realización de este libro.

La crítica literaria como artefacto insufrible

El ejercicio específico de la crítica o de la teoría literaria ha venido desdibujándose ya desde mediados del siglo XX. Después de los intentos de los formalistas y de la semiótica por sistematizarlas en el marco de una nueva consciencia sobre el lenguaje o en el de una nueva ciencia de los signos, ya nadie sabe exactamente cómo definir una disciplina, por naturaleza indisciplinada, como es la teoría de la literatura. Se espera de una disciplina cierta coherencia metodológica que esta no puede ofrecer. La teoría literaria parasita, sin embargo, anárquicamente, sobre otros saberes (la historia, la antropología, la lingüística, el psicoanálisis, la semiótica, la filosofía). Vive de incursiones rapaces en disciplinas vecinas de donde vuelve con pequeños tesoros robados que inmediatamente se emplean para asediar los textos de ficción. Esta apropiación de saberes exógenos ha permitido y alentado en parte la enorme variedad de aproximaciones a la literatura que pueden inventariarse. Hoy sería imposible confeccionar un manual de la materia que no fuese forzosamente parcial e incluso arbitrario. Tampoco sería sensato, aunque sabemos que esta situación ha contribuido a cierta inestabilidad conceptual. Lo cierto es que un manual de este tipo quedaría obsoleto en pocos años. La teoría literaria puede ser historiada pero no sistematizada. Por otra parte, que una disciplina estalle es un signo de vitalidad, no algo que deba preocuparnos.

Y sin embargo, si hay algo que podemos afirmar con relativa seguridad es el carácter evidentemente superfluo que asumirá este *métier* en la constitución objetiva del mundo contemporáneo. Si se piensa con algún detenimiento en esto, habrá que concluir que la crítica de la literatura está tendencialmente condenada a desaparecer. El procedimiento de leer activamente los textos de ficción y elaborar sobre ellos una serie de juicios es algo que a nadie debería resultar provechoso. Empezando por los poetas y escritores mismos, que obviamente no la necesitan. La crítica y la teoría tienen a la imaginación poética como su condición de posibilidad pero la relación inversa es absolutamente contingente. Aunque algunos autores (como Borges o Piglia) hagan literatura con la teoría de la literatura, el vínculo primordial del creador con el lenguaje es de naturaleza incondicionada y esencialmente oscura. Mientras la crítica reflexiona sobre la literatura, ésta, como escribió Didi-Huberman en otro contexto, sólo hace hablar a la experiencia del mundo.

La crítica o la teoría literarias (no son exactamente lo mismo) tampoco pueden interesar al Estado, instancia para la cual la especulación sobre los textos de ficción ha dejado de ser vital. Lo fue en un remoto pasado, cuando los cánones literarios conformaban algo así como la identidad espiritual de una nación. Entonces los juicios legislativos sobre la literatura tenían una relevancia estatal y comunitaria. Hoy es evidente que la literatura ya no tiene la función de legitimar el artificio cartográfico y lingüístico que constituye a una nación. Los propios Estados nacionales y sus ciudadelas letradas son entidades en declive y la crítica ya no tiene por qué emitir dictámenes. Por otra parte, en un tiempo como el nuestro, hechizado por la fantasmagoría economicista, la dimensión especulativa que representa la reflexión literaria no puede sino perder sus eventuales soportes institucionales. En la actualidad, la literatura como materia de estudio, por ejemplo, resulta un lujo excesivo del cual los renovados sistemas de gestión empresarial de la enseñanza intentan, en general, desembarazarse. El nacionalismo, la idea de ciudadanía y la generalización de la escuela secundaria crearon en el pasado multitudes de lectores (o víctimas de la literatura). Hay que entender que ciudadanía y literatura fueron conceptos implicados. El nuevo sujeto del capitalismo avanzado es un consumidor depurado (no un ciudadano) al que no le perturbarán en absoluto las reyertas literarias porque su modo de integración o subordinación no pasa por la tradición cultural. La crítica es una supervivencia que difícilmente puede interesar al mercado que es el mecanismo que en nuestro mundo regula el aparecer. Esclarecer el modo de existencia de la crítica debe partir entonces del reconocimiento de su esencial descolocación.

La literatura misma, concebida como la práctica de producir ficciones, ha recobrado (o conquistado) en la modernidad su prodigiosa inutilidad. Pero la invención de ficciones tiene por lo menos algo que ofrecer al mercado, algo mensurable en términos de rentabilidad; algo apropiable. Hay un goce inmanente e inmediato en el consumo de ficción que sólo a través de infinitas mediaciones alcanza al discurso crítico. Por eso la alianza del mercado con la creación es estratégica. Pero atrapada en la lógica de la pura mercadotecnia, la literatura (convertida en producto y despolitizada) pierde, tendencialmente, densidad. Queda anclada en la superstición de lo actual como eterno retorno de lo idéntico. La crítica, en cambio, dada su condición superflua, puede sustraerse a estas operaciones de captura y apropiación. Podríamos entonces empezar a definir parcialmente a la crítica de la literatura como la forma siempre cambiante de disputarle al mercado esa misma apropiación.

Inútil para el Estado e inexplotable para el mercado, la crítica literaria se convierte en un artilugio emancipatorio, y, en cierto sentido, salvaje y entonces sólo puede retornar a su vocación más originaria: la invención crítica y la profanación. La invención crítica es lo que se requiere al internarse en el ámbito frágil de lo ignorado o de lo nuevo. Para emprender este viaje descubridor, la crítica necesita crear sus propios conceptos (y aún sus propios objetos); sistemas de navegación y de desciframiento. La profanación, por otra parte, consiste en la impertinencia de volver pensable lo que se ha dado ya por sabido.

Ambas actividades están libres de cualquier interés particularista, de cualquier utilidad. Combinan la idea de tarea con la de juego. Buscan en las obras lo que Walter Benjamin llamó su contenido de verdad. Se despliegan tanto en sentido retrospectivo (de rescate) como anticipador (profético). Una se debe a la exploración y al azar y extrae de la oscuridad lo ignorado por la doxa mercantil y la otra debe entablar combates de sentido para abrir lo ya consagrado a la reconsideración y al comentario. Resumamos entonces la tarea del crítico como el juego, sin valor de cambio, que convierte en pensables los universos sensibles de la ficción.

De todo esto se infiere necesariamente que aparte del escritor, el Estado y el mercado, la crítica literaria en la que pienso perturba, molesta incluso, a una cuarta entidad en juego: la del receptor de la obra, es decir, el lector o el adicto a las ficciones. Mientras que el reseñador de libros a la venta tiene por objetivo facilitar el proceso de adquisición del producto, suavizar el choque entre la obra y su consumidor, el crítico sólo puede incomodarlo. Interponiéndose entre el texto y el lector, la crítica contribuye a problematizar la recepción de las obras no a simplificarla. Provocar cortes en el tejido estético-político en el que se inscriben tanto la obra como su destinatario y abrirlo hacia una eventual reconfiguración de lo sensible, es lo que orienta a la crítica en el sentido de la justicia.

Para evitar ser anulado, el discurso crítico no puede ceder ni a la indulgencia informativa del habla periodística ni a una teorización completamente separada de las obras mismas. Ha de moverse de forma esquizoide entre el acontecimiento de la forma (las obras) y la especulación filosófica. Ha de circular caprichosamente entre ambas (ya que la teoría literaria hace un uso inevitablemente perverso de la filosofía). Por un lado el crítico necesita internarse en la masa sensible que la obra pone en movimiento y que lo ha capturado, debe perderse en ella, sufrirla. Por el otro, necesita continuamente buscar el pensamiento, enfrentándose a aquello que *resiste* en los textos; pero no para develarlo, sino para encontrar una relación *fermental* con su misterio. No es el desnudamiento, como se sabe, la misión de la crítica sino la reconstitución inteligible de un velo.

La actividad de lectura y meditación que supone la crítica exige, por último, un tiempo esencialmente propio y radicalmente distinto al frenético ritmo del «rendimiento» que se ha enseñoreado de nuestras universidades. La crítica literaria posee su propia temporalidad. Por definición piensa a destiempo y progresa en la sombra. Su compás lo marcan ideas y encuentros fortuitos, no la producción. Es esta compleja y aleatoria máquina de *des-obrar*, que procesa lo sensible como un juguete rabioso, lo que llamamos el artefacto crítico. Sólo su radical heterogeneidad puede salvarlo.

Las obras

En este libro se sugiere que «El otro cielo» de Julio Cortázar y «Un sueño realizado» de Juan Carlos Onetti despliegan un modo de visibilidad sobre lo extraordinario. Nos hablan oblicuamente sobre la posibilidad, o la experiencia, del acontecimiento y su relación con cierto tipo de figuras subjetivas. Son obras que ofrecen un modelo o una formalización sobre la aparición de lo singular o lo inédito en el mundo de lo cotidiano. Ensamblan sueño y recuerdo involuntario generando imágenes cognitivas, es decir, constelaciones anacrónicas y reveladoras. Son historias de aperturas ilegales hacia lo indiscernible. Son relatos proféticos porque anuncian dilemas propios de los años «subversivos» que vendrían después. Proféticas son también las orfandades que atraviesan a sus personajes. Una intuición quizás de las futuras derrotas. Propongo que estas historias son virtuales tratados sobre la discontinuidad. Ambos relatos arman su fábula en torno a la exploración casual de trayectos inéditos o *delincuenciales*; experiencias de frontera, en ambos casos. La sustancia existencial de la que surgen estas aperturas vitales (sean llamadas epifanías o iluminaciones profanas) es el tedio y la repetición; por eso el acontecimiento (entendido como el surgimiento de una nueva posibilidad) tiene en ellas algo de milagroso y al mismo tiempo de absolutamente necesario. En esta paradoja reside su renovada actualidad.

En *Plata quemada* de Ricardo Piglia he investigado las implícitas reflexiones sobre el género de no ficción que el autor despliega en esta novela (su dimensión metaficcional) y he intentado sumergirme en su historia latente (atendiendo a las famosas «Tesis sobre el cuento» del propio Piglia). Este relato aparentemente simple y virulento va tejiendo por debajo de los discursos manifiestos –los del periodismo amarillista, el relato de crímenes, el habla criminal y policial– una historia *otra*, sumergida. Es la de una «violencia argentina» engarzada e inscripta en modos de narrar y mitos literarios del pasado. Ricardo Piglia reconstruye, con intensa ironía, los discursos heredados y naturalizados que articularon históricamente las ficciones del poder con los relatos de violencia social. El narrador de *Plata quemada*, un periodista de la más acuciante actualidad, se va transformando en ese «último lector» que se pone a la escucha del pasado (como el radiotelegrafista de la novela) buscando entre interferencias diversas las voces cruzadas de esta herencia hegemónica y sus puntos de inflexión, sus contradicciones y contraficciones (como las de Roberto Arlt) que secretamente la contaminan; y siempre acechando desde allí, como diría el propio Piglia, los susurros de una lengua futura.

Con Roberto Bolaño y Fernando Vallejo se entra en una época que tiene como uno de sus «trascendentales» la derrota de los movimientos de emancipación en América Latina. Se trata de obras finiseculares que trabajan con el desbalance o el descalabro de la dicotomía entre cultura y barbarie. Dan lugar a narrativas de violencia circular y a especulaciones sobre el fin del mundo. En la *La virgen de los sicarios* las palabras mismas son como concentrados de crueldad que le estallan al lector en el rostro. He intentado mostrar el frenesí agresivo y deslumbrante de la prosa de Vallejo como el tratamiento poético de la violencia mediática contemporánea. Más que la poesía de Asunción Silva o la del Siglo de oro, es esta su materia prima privilegiada.

El personaje narrador, Fernando, «el último gramático» según sus palabras, es, a mi juicio, también o justamente, el último letrado o el último arielista, un arielista degradado que al fin revela su esencia como el retrato de Dorian Gray. El ejemplo es relevante: Fernando, el agonista monologante, es efectivamente un dandi deambulador, porque ha descendido a la calle (o subido a las comunas), y un letrado en el sentido más tradicional de esta palabra. Uno en declive y ya sin la aureola del poder, que no vacila en asumir el tono de la nueva vulgaridad periodística y en nutrirse de la vitalidad retórica de una habladuría iracunda y desembozada que es el lenguaje preferido (y proferido) por nuestras embrutecidas clases medias. Con todo esto Vallejo hace gran literatura. Esta nueva beligerancia desenmascara, a la vez que completa, cierta tradición conservadora, cierto nihilismo también, en nuestras élites culturales; algo que Ángel Rama había empezado a esbozar en *La ciudad letrada*. Sostengo que esta novela cierra el siglo culturalista en América Latina y constituye una auténtica «consumación» del famoso discurso de José Enrique Rodó en 1900.

En Roberto Bolaño esta reconsideración finisecular del letrado clásico como conservador y racista, adquiere su forma de parodia borgeana desopilante en *La literatura nazi en América*. El aurático asesino Carlos Wieder, poeta nazi y aviador futurista, nace en este mismo catálogo de sujetos infames (con el nombre de Ramírez Hoffman) y será la figura central de *Estrella distante*. Ricardo Piglia, Roberto Bolaño y Fernando Vallejo tienen esto en común: una genealogía del discurso letrado leída en clave de terror. Es como si el intelectual de fines de siglo se hubiese despertado de repente a la pesadilla de la historia latinoamericana y se hubiese descubierto a sí mismo convertido en un monstruoso insecto. Nuestro mal, como diría Alain Badiou, viene de muy lejos.

En las ejecuciones seriales que practican sus amantes, Fernando nos descubre un sistema *fotográfico* de matar, articulado con la desvirtuación mediático-informativa y con la desnudez existencial. Esto lo liga también al Carlos Wieder de Bolaño, autor de una instalación visual diseñada con fotos de sus propias víctimas. Carlos Wieder es hermano político del Fernando de *La virgen de los sicarios* si atendemos a su común erótica de la muerte. Son rostros de difuntos o en el momento de morir o a punto de ser asesinados lo que nos propone la fotografía literal o metafórica que estos autores colocan en el centro de su material narrativo. Máscaras mortuorias, cuerpos torturados, material escatológico como alegoría de época. Es indudable que el nuestro ha sido un tiempo de cuerpos sustraídos y ocultados. Borradura brutal de semblantes, trayectorias y nombres propios. Su paradójica contrapartida mediática, sin embargo, fueron aproximaciones quirúrgicas y miradas alucinadas sobre el cuerpo anónimo y ultrajado, abierto y expuesto. En Bolaño, los catálogos exhaustivos de cuerpos femeninos expuestos al dispositivo visual en clave forense, vanguardista o pornográfica (o de *snuff movies*), sugieren una modernidad pulsional, a la vez homicida y escópica. Es posible que el famoso «secreto del mal» sobre el que aparentemente giran las ficciones de Bolaño no sea del todo ajeno a esta compulsiva transparencia.

A diferencia de Fernando Vallejo, Roberto Bolaño propone dos tipos de letrados: el sedentario y cómplice del terror y el poeta marginal y trashumante. Pero nadie puede estar seguro de que en el fondo no sean el mismo, o hermanos siameses, o dobles. Buena parte de la obra de Bolaño consiste en un viaje peligroso en busca no tanto de las diferencias entre estas dos figuras subjetivas, sino de un criterio para establecerlas. Es lo que sucede con dos personajes siniestros en dos diferentes novelas: el mencionado Carlos Wieder (en *Estrella distante*) y el crítico del Opus Dei, Sebastián Urrutia Lacroix (en *Nocturno de Chile*). Ambos (uno activa y el otro pasivamente) cooperan con la actividad criminal de la dictadura pinochetista. Son personajes que suscitan el escándalo y la repulsión entre los vencidos pero no sin que esa repulsión albergue también la sospecha de una insoportable familiaridad. Es como si del mal absoluto ya no nos separasen (ya no nos salvasen) ni la poesía, ni la política, ni las vanguardias. Ni siquiera el coraje.

Es siguiendo este rumbo que abordo el análisis de ciertas microhistorias de Bolaño, algunos de sus relatos abiertos (como «El Ojo Silva»), reexaminando la figura del exiliado cuya mirada descolocada e inadaptada permite, aparentemente, penetrar o des-ocultar la naturaleza infernal y acaso destinal del capitalismo. Son historias que pueden relacionarse remotamente con las de Cortázar y Onetti. Propongo que estas figuras marginales y trashumantes encarnan una memoria tan involuntaria como pertinaz que va a articularse, aunque no explícitamente, con la necesidad (o el anhelo) de un nuevo comienzo.

Finalmente examino con algún detenimiento *La novela luminosa*, la obra del prólogo infinito, la melancólica y desconcertante novela del uruguayo Mario Levrero. Con ella este libro se cierra como empezó: entre lo cotidiano y lo milagroso.

Los artículos que forman las distintas partes de este libro se relacionan entre sí, aunque discretamente. Fueron elaborados en diferentes momentos de mi vida, vida expuesta, como todas, a entusiasmos teóricos de intensidad y duración variables. Releyendo estos textos ahora, descubro esas intensidades repartidas de manera desigual. Encuentro también algunos énfasis que hoy descartaría, algunas repeticiones tediosas, algunas inconsistencias y no pocas torpezas en su redacción. Si bien cualquier lector atento puede detectarlas, me sirve de consuelo pensar que sólo un lector ideal, a la vez voraz y meticuloso (una especie de diletante decimonónico), asumiría el estéril empeño de denunciarlas.

No descarto que este trabajo sea, por lo menos, un fracaso fértil. Tengo la precaria intuición de que las ideas aquí expuestas de uno u otro modo han generado otras, acaso mejor elaboradas. Me ha parecido verificarlo en los lugares donde he puesto en juego algunas de ellas. Esto significaría que han funcionado efectivamente como sugerencias para pensar y es esto lo único que, a mi juicio, justificaría su publicación.

La memoria, la frontera y el acontecimiento en Julio Cortázar y Juan Carlos Onetti

Vivimos una época que empezó proclamando la globalidad del planeta y la continuidad lineal del tiempo. Sin embargo las abolidas fronteras reaparecen y se multiplican en otros lugares y en otras formas a las que conocíamos. Lo mismo pasa con la proclamada continuidad en el tiempo. El supuesto fin de las ideologías supone una temporalidad única pero lo único que esto muestra es que las discontinuidades eventuales ya no tienen una figura clásica que las exprese (Badiou 2013: 64-65). Las relaciones entre lo local y lo global y entre lo continuo y lo discontinuo, la ruptura y su asimilación tienen que ver con el concepto de transición, de frontera, de límite, de umbral. La temática de la transición, del atravesar el límite que impone la estructura, los ritos de pasaje como decía Walter Benjamin, implican un pensamiento de la discontinuidad. La figura fronteriza puede ser el lugar, la fractura, donde se configura un torbellino de temporalidades sobre la continuidad del espacio[1].

Hay una explícita línea que se inicia en el apartado sobre «El espacio vivido» de la *Fenomenología de la percepción* de Merleau-Ponty que abrió el camino para una exploración topográfica de la subjetividad. El concepto implicaba tomar el espacio más allá de su dimensión objetiva y geométrica para enfatizar su condición de ámbito vivido y habitado. Este concepto clave avanzaba la idea de un «espacio existencial», que se constituye al mismo tiempo que se lo percibe, o sea, habitándolo (Merleau-Ponty 1985: 295-312). Partiendo de estas ideas, Michel de Certeau elaboró la diferencia, también conceptual, entre el lugar, territorio

---

[1] Es posible que en torno a las distintas figuras de la discontinuidad se pueda incluso conjeturar otra historia de la literatura.

de la ley, lo propio, lo estructurado y estable, y el espacio como cruce de movilidades, o la diferencia entre el espacio como orden y el espacio vivido o «practicado»[2]. El relato, visto por el autor como íntimamente relacionado al trayecto, al traslado, el cruce o la exploración, «habilita y consagra espacios autorizando prácticas sociales arriesgadas y contingentes» (Certeau 1999: 137) y por otra parte cuestiona demarcaciones y límites tendiendo puentes entre lo propio y su exterioridad. Uno de los puntos críticos en la estabilidad del lugar sería, según Certeau, la posición de la frontera (1999: 138-139). Aquí entran en conflicto las demarcaciones autoritarias. La frontera separa, divide y prohíbe pero a la vez es lugar de contacto con lo otro, es el río que separa y también el puente que conecta. En este sentido el relato, identificado con el movimiento, el relato como práctica del espacio, sería también por definición «delincuencial» («el delincuente sólo existe al desplazarse») y estaría ligado al trayecto inédito, al paso de fronteras y a prácticas de trasgresión, de vagabundeo y de ilegalidad (Certeau 1999: 142). Quiero situar mi apuesta en esta idea de cruce, de trayecto ilegal a partir de un cuento clave de Julio Cortázar, «El otro cielo», que abarcaría una serie de fenómenos espaciales y temporales que incluyen ritos de pasaje, demarcaciones que separan tiempos históricos, infancia y adultez, sueño y despertar, asociados a la topografía a través de específicos trayectos urbanos.

En torno a la problemática de la frontera en el relato que analizo, arriesgo un diálogo implícito entre los conceptos de Walter Benjamin, el aura y la imagen dialéctica, con los conceptos de acontecimiento y sujeto de Alain Badiou, en tanto que en ambos el encuentro acontecimiental tiene características comparables. Ambos son casuales y fugaces y están sometidos a un anudamiento singular de temporalidades. Ambos sólo pueden ser aprehendidos retrospectivamente y se relacionan con una verdad sin intención. En ambos, el acontecimiento inaugura nuevos trayectos posibles y una temporalidad específica. Benjamin postuló la vida colectiva como fantasmagoría y ensueño, el progreso como catástrofe

---

[2] No es otro el rumbo de las reflexiones de Henri Lefebvre en *La production de l'espace* (1974), donde distingue entre espacios pensados, percibidos y vividos.

y una memoria colectiva que almacena sueños utópicos en los objetos y en las imágenes. En el marco de sus objeciones al surrealismo, Benjamin llega, como se sabe, a postular una «constelación del despertar» (2009: 460) a través de las imágenes, como una especial forma de lucidez política. Este despertar es a la vez un recordar y un revivir pero también un reinventar el potencial emancipatorio que las imágenes encierran. Desde el punto de vista de los estados psíquicos del durmiente, el umbral del despertar se encuentra aún dentro de los límites del sueño, lo que significa que (dialécticamente) las condiciones que hacen al despertar mismo, sus señales, estarían todavía en el sueño mismo.

Didi-Huberman desarrolló y problematizó el concepto benjaminiano de imagen dialéctica a través de lo que llamó el anacronismo de las imágenes. La imagen dialéctica sería una interrupción fulgurante donde el choque entre distintos momentos históricos ofrece un instante crítico de comprensión. Esta idea que Benjamin expuso por ejemplo en las conocidas tesis «Sobre el concepto de historia» sería uno de los primeros intentos de concebir la imagen «como memoria positivamente producida», como «presente reminiscente» (Didi-Huberman 1997: 117) en un sentido similar y casi simultáneo a los trabajos de Warburg sobre la reminiscencia o lo que éste llamó los *pathosformeln*. El otro concepto desarrollado por Huberman desde Benjamin es el de umbral. Benjamin describía los pasajes parisinos como lugares fronterizos a partir de los cuales se podía viajar al pasado, tanto a las ilusiones como a las catástrofes históricas que podían rastrearse en las reminiscencias arquitectónicas, es decir, en sus ruinas o bien en los deshechos de la ciudad (y de la época[3]). Los deshechos como materia de la memoria donde el arqueólogo y el coleccionista pueden leer lo que nunca ha sido escrito, sólo en tanto están despojados de su antigua novedad. La meditación benjaminiana sobre el callejeo urbano, por ejemplo, es un pensamiento del espacio. El trayecto

---

[3] «Ritos de paso: así se llaman en el folklore las ceremonias que aparecen unidas a la muerte, el nacimiento, la boda o la transición a la pubertad. En la vida moderna, todas estas distintas transiciones se nos han hecho, progresivamente, menos reconocibles y vividas. Nos hemos vuelto pobres en las experiencias del umbral. Penetrar en el sueño es quizá la única que hoy queda –mas, con ello, también el despertar» (Benjamin 2009: 495).

del *flâneur* es propio de la modernidad incipiente y supone una actitud característica frente a los avatares del tiempo y de la ciudad en la era de la mercancía y de los pasajes. La mezcla de temporalidades en un espacio común, parece decirnos Benjamin, o lo que es lo mismo, la inducida o azarosa superposición anacrónica y estereoscópica de dos imágenes, es la oportunidad que permitiría en un momento de iluminación una auténtica relación con la historia en tanto que *producida* por el presente.

Trasladando los procesos psíquicos individuales a la dimensión colectiva, que Benjamin caracteriza frecuentemente como un estado de ensueño, este despertar generaría un reacomodamiento, a la manera del caleidoscopio, de los componentes de la experiencia colectiva generando una forma alternativa de conocimiento (Didi-Huberman 2000: 211). Ciertos trayectos urbanos, la arquitectura, las demarcaciones urbanas, la moda, como expresiones fantasmagóricas de percepción del tiempo y de la realidad social, podrían contener *umbrales* que psíquica y topográficamente constituirían momentos críticos o de ruptura (Benjamin 2009: 115).

Pero mientras en Benjamin el acontecimiento iluminador es la actualización de una latencia onírica del pasado, para Badiou el acontecimiento no tiene nada que ver con la experiencia ni la memoria, sino con un hecho azaroso, indiscernible e indecidible que por lo tanto no es del orden del reconocimiento, el despertar o la potencialidad, sino un corte más o menos fortuito, una destitución del pasado y una absoluta novedad[4].

---

[4] Esta es una discusión que se ha dado intermitentemente. Para Roque Farrán, la teoría del acontecimiento de Badiou está sostenida en «un nudo de temporalidades heterogéneas» que sería posible comparar con la cristalización monádica o imagen dialéctica de Benjamin (Farrán 2010: 69). Žižek (2007) se inclina claramente hacia un rescate de la postura benjaminiana e intenta reconciliar el momento crítico-memorioso de éste con el concepto de resurrección de Badiou. En el lado opuesto se encuentra Bruno Bosteels, quien defiende una incompatibilidad esencial entre los modelos de Benjamin y Badiou (Bosteels 2010: 5 y 34). También Peter Hallward implícitamente niega toda posible vinculación entre el modelo benjaminiano y el de Badiou (Hallward 2010: 115 y 134). El otro intento de hacer converger un materialismo imaginario como el de Benjamin (y Warburg) y el materialismo simbólico de Badiou (términos de Roque Farrán) fue el de Fabián Javier Ludueña Romandini en su prólogo a *Pequeño manual de inestética* de Badiou (2009: 9-44).

Para el filósofo francés «el sujeto existe como localización de una verdad» (2008: 70) y habla de «situación» o «mundo» como un conjunto ontológico donde tienen lugar los objetos y que puede ser un orden, un estado, el Estado mismo, como entramado institucional que vigila y sostiene una legalidad particular sobre la indiferencia de lo múltiple. Toda verdad para Badiou es el producto de una «militancia», de un procedimiento genérico fiel originado en un acontecimiento que sólo puede ser azaroso. Este acontecimiento, una ruptura del orden en un mundo dado, un exceso de la situación al borde del vacío, es en principio indiscernible porque «ningún enunciado puede separarla o discernirla» (2007: 559); «la enciclopedia», o bien el lenguaje de la situación, del lugar donde se produce, no pueden determinarlo. De ahí su inevitable ilegalidad. El acontecimiento refiere entonces a la verdad de la situación o, en términos lacanianos, a su real. Sólo una intervención subjetiva, un cuerpo que indaga las conexiones entre este indiscernible y la situación pueden, por medio de un «forzamiento», nombrarlo y lograr que esta verdad alcance un máximo de existencia y sea acogida por la situación «agujereando» los saberes establecidos y modificando ontológicamente el mundo (Badiou 2007: 363-380).

Podríamos decir que más allá de los intangibles límites de la situación, se extiende un vacío que delata su precario fundamento, y es con frecuencia en el sitio de los deshechos, apenas registrados por la legalidad, donde radica aquello que *inexiste* (Badiou 2007: 357-360) o bien aquello que formando (ontológicamente) parte de un mundo tiene un grado mínimo de existencia (lógica). Digamos que en esta suerte de frontera metafórica en los bordes de la realidad estructurada, contada, representada, en un sitio (existencial) de la ciudad, digamos, puede surgir, de forma absolutamente contingente, lo nuevo, la excepción, el acontecimiento.

¿Pueden los mundos virtuales de la ficción literaria evocar este tipo de discontinuidades y trayectos delincuentes? ¿Pueden estos conceptos hacernos leer de otra forma la literatura del siglo XX? Los pondremos a prueba explorándolos en dos relatos latinoamericanos, uno de Julio Cortázar y otro de Juan Carlos Onetti.

Pasajes y transgresiones en «El otro cielo» de Julio Cortázar

En el relato que reviso aquí un lugar virtual «producido» oníricamente propicia un acontecimiento y coloca al personaje en el trance de decidirse y decidirlo. En «El otro cielo», de Julio Cortázar, un joven corredor de bolsa en el Buenos Aires de la primera mitad de los años cuarenta del pasado siglo, atraviesa regularmente una arcada o pasaje en el centro de la ciudad, que lo traslada mágicamente a un mundo diferente. Allí se convierte en una especie de doble de sí mismo y vive una vida alternativa y simétricamente opuesta a su apacible pero también aborrecida existencia porteña. A un lado del pasaje Güemes está el sur de Buenos Aires, la ciudad donde le espera el trabajo rutinario, los deberes filiales, el noviazgo planificado y «el sofá de la sala donde ocurre eso que llaman la conversación, el café y el anisado» (Cortázar 1994: 591). Es decir, en «el lado de acá» él es un joven empleado que vive con su madre y mantiene un convencional noviazgo con la no menos convencional Irma a la que visita periódicamente. Al otro lado, como en un dibujo de Escher, el pasaje Güemes se resuelve en la *Galerie Vivienne*, en el París de las postrimerías del siglo XIX, donde se despliega un mundo que parece imantado por el deseo, la libertad y la violencia: «un mundo donde no hay que pensar en Irma y donde se podía vivir sin horarios fijos» (1994: 596). En ese París nocturno, invernal y al borde de la guerra con Prusia, la prostituta Josiane se convierte más o menos en su amante y juntos comparten los rumores, el temor y la intriga que supone la amenaza cotidiana de un estrangulador al que la gente del barrio de las galerías llama «Laurent» y a quien la policía no consigue atrapar. Con Josiane practica un amor sin ataduras ni compromisos, signado por el vagabundeo nocturno y alegre por los cafés de París. La permanente amenaza del terror crea un trasfondo de inquietud que sin embargo propicia la fraternidad y un intenso goce de vivir. El espectáculo de una ejecución pública, por ejemplo, despierta en los amantes una extraña y poderosa excitación erótica y la sospecha de que el narrador pudiera ser el asesino acerca a Josiane en vez de alejarla. Es como si el miedo alentara una ambigua felicidad. Entre las personas que pueblan los frecuentados cafés del barrio parisino, al narrador le intriga la presencia misteriosa de un joven excéntrico y taciturno al que llaman «el sudamericano» en el que algunos ven al posible asesino y cuyos escasos datos lo delatan elíptica e implícitamente como Isidoro Ducasse, o Conde de Lautréamont.

El yo narrador nos informa que contuvo un primer impulso de dirigirse a él y que más tarde se arrepintió de no haberlo hecho, como si hubiera estado al borde de un acto «que hubiera podido salvar[lo]» (Cortázar 1994: 598). Termina dejando de frecuentar los pasajes por un tiempo, porque el terror del asesino enrarece el ambiente cada vez más y se hace difícil estar con Josiane y porque en Buenos Aires lo absorben sus deberes profesionales y la presión de padres y novia para que encauce su vida. Al retornar a ese París virtual de su ensueño le cuentan que en su ausencia, en «El otro cielo» de los pasajes, se ha descubierto al estrangulador (que no se llamaba Laurent) y que el solitario sudamericano ha muerto en su lúgubre pieza de hotel. El narrador festeja junto a Josiane y su círculo el final del terror en su secreto París y goza una última vez de este lugar extraordinario donde presiente una confusa forma de plenitud. Entretanto, en Buenos Aires la ciudad festeja el fin de la guerra en Europa como otro paralelo final del terror. El narrador retoma su vida laboral y familiar, se casa con Irma, e insensible, casi inexplicablemente, deja de buscar ese pasaje prodigioso como si, con la muerte del sudamericano, se hubiera muerto también una parte de sí mismo.

Es importante destacar que la figura en clave del autor de *Les Chants de Maldoror* funciona en la imaginación del narrador sonámbulo como un doble del asesino: «las dos muertes [la del sudamericano y la de Laurent] se me antojaban simétricas» (1994: 605). El casi anagrama que forman sus nombres (Laurent/Lautréamont) lo subraya. El primero es un asesino que capta y concentra el imaginario popular, el otro es el autor de los versos más crueles de la literatura occidental. Pero además, estas dos figuras confundidas en una sola y cuya simultánea desaparición coincide con el fin del ensueño experimental del narrador, son a su vez su otro yo posible, quizás uno más verdadero «jamás se me ocurriría contarle [a Irma] lo que verdaderamente cuenta para mí» (1994: 591) y que no tuvo el coraje de llegar a ser.

El ensueño adolescente que describe Cortázar en esta historia vincula dos mundos verosímiles, pero de forma anacrónica, y es esta anacronía, no sus ámbitos, lo que constituye su carácter fantástico[5]. Alejandra Pizarnik define de esta manera la virtualidad por la que el narrador se aventura, su doble signo de deseo y terror:

> Al evocar el pasaje Güemes de su adolescencia, el narrador presenta una mixtura que alía un interés por los caramelos de menta con amores a precio fijo, con voces que anuncian «las ediciones vespertinas con crímenes a toda página». Las correspondencias extremas que incluye su enumeración no bastan para volver visible los prestigios y ese poder de hechizo que el tierno paseante atribuía a pasajes y galerías. Pienso, entonces, en virtudes más secretas: galerías y pasajes serían recintos donde encarna lo imposible. Al menos, así se le revelarían al adolescente enamorado de lugares donde sólo y siempre es de noche –noches artificiosas o ilusorias, pero que ignoran la estupidez del día y del sol ahí afuera. Y puesto que lo imposible es sinónimo de lo vedado, el pasaje Güemes se manifiesta como el lugar prohibido que se desea y a la vez se teme franquear. (1967: en línea).

A pesar de que en el año de publicación de esta historia (1966) los textos de Walter Benjamin habían sido mal e irregularmente publicados y eran en general poco conocidos, una gran cantidad de motivos conectan «El otro cielo» con el *Libro de los pasajes* y las reflexiones del crítico sobre Baudelaire y el París decimonónico: la condición de *flâneur* distraído del narrador, por ejemplo, que se siente ingresar en la adultez merodeando una zona de pasajes, su predilección por las «noches artificiales» de las galerías, la vivencia de los pasajes mismos como territorio de ilegalidad y deseo, la omnipresencia mercantil y su condición evanescente y ruinosa, la relación con la prostituta que resume y concentra este «fetichismo de la mercancía» vinculando en el cuerpo el dinero, la promesa y el consumo (Benjamin 2012: 56-58). Allí se encuentran la pornografía y la crónica policial, como retórica informativa que compensa la pobreza de la experiencia con los efectos especiales y da forma banal a la violencia y a la muerte. Todo esto es lo que representa para el narrador el Pasaje Güemes a fines de la década de los años veinte del siglo pasado:

---

[5] Como se sabe, Ricardo Piglia ha popularizado esta fecunda idea de remoto origen borgeano, la de la articulación en todo relato de dos historias, una aparente y otra oculta en cuya confluencia radicaría el momento de iluminación (2000d: 113-138).

Hacia el año veintiocho, el Pasaje Güemes era la caverna del tesoro en que deliciosamente se mezclaban la entre visión del pecado y las pastillas de menta, donde se voceaban las ediciones vespertinas con crímenes a toda página y ardían las luces de la sala del subsuelo donde pasaban inalcanzables películas realistas (Cortázar 1994: 590).

En esta historia la ciudad se ve duplicada fantasmagóricamente a partir de sus bordes. Los dos cielos se conectan en sus zonas oscuras donde la ley y la moral parecen perder su fuerza. Allí se albergan diversas formas de semi-legalidad como esas películas «realistas» en los turbios cines de las galerías y que nunca pueden verse en otro lado o la actividad apenas disimulada de estafadores de poca monta, prestidigitadores, gacetilleros, tahúres, prostitutas y poetas.

El narrador vive en la significativas fechas de 1944 y 1945, de modo que el relato proyecta o superpone una violencia del presente sobre una violencia del pasado, es decir, configura una vaga genealogía de la matanza en forma de montaje. Durante la época «real» del narrador tiene lugar el final de la Segunda Guerra Mundial y la revelación en imágenes de su estela terrorífica. También es un periodo convulsivo en la Argentina, donde Juan Domingo Perón está consolidando su ascenso al poder. En el espacio soñado del barrio de las galerías se avecina también una guerra muy anterior: la guerra franco-prusiana, que terminó con la derrota de Francia, la caída de Napoleón III y la deriva fundamental de la Comuna de París además de su sangrienta represión. Nada de esto parece preocupar demasiado al yo narrador, pero las escenas del genocidio, de la muerte repetida, serial, gravitan inevitablemente en la forma en que los dos espacios se articulan. Se trata en esta historia de un narrador ingenuo que no llega a captar del todo las consecuencias de su deambular o las implicaciones de lo que ve y vive. Pero es precisamente su mirada ingenua, indisciplinada, la que puede capturar para el lector cierta constelación de tiempos y espacios, tan fantásticamente anacrónica como secretamente esclarecedora. Como se sabe, Walter Benjamin llamó a esta actitud característica de la vida urbana moderna una «recepción en la dispersión» (*die Rezeption in der Zerstreuung*). Una mirada que combina paradójicamente el entretenimiento amnésico y anestésico con la posibilidad de captar críticamente el pasado inscripto en las cosas. Es como si nuestro narrador distraído fuera el catalizador de una memoria histórica tan involuntaria como colectiva. Un ejemplo quizás de «pensamiento torpe» visto como instrumento crítico, algo que buscaba Brecht en el arte del montaje y del extrañamiento (Didi-Huberman 2009: 260-265), o la embriaguez poética que, como se sabe, Walter Benjamin llegó a proponer como método, experimentando con ciertas drogas. La aprehensión distraída o inconsciente de los contenidos utópicos truncados de la ciudad hace posible una apertura crítica respecto de los discursos establecidos y acercan al narrador a los umbrales de una experiencia aurática, entendida ésta no como la tiranía de la imagen cultual sino como una experiencia de opacidad y, en última instancia, de reconciliación utópica entre el hombre y la naturaleza (Costello 2010: 129).

El asesino compulsivo que la gente llama Laurent, el hombre cuya singularidad consiste en convertir «mujeres de la vida en mujeres de la muerte» (Pizarnik 2003: 62), sería el emblema de una violencia al mismo tiempo reconcentrada (por atribuirse exclusivamente a un ser fantasmal) y desterritorializada, porque la leyenda del asesino de las galerías desborda el espacio onírico e invade el espacio natural. El terror de Laurent también existe en el Buenos Aires de 1944, como deja claro este fragmento:

> Si en un momento dado me propongo la imagen de Josiane, es para verla entrar conmigo en el café de la rué des Jeuneurs, instalarse en la banqueta de felpa morada y cambiar saludos con las amigas y los parroquianos, frases sueltas que en seguida son Laurent, *porque sólo de Laurent se habla en el barrio de la Bolsa*, y yo que he trabajado sin parar todo el día y he soportado entre dos ruedas de cotizaciones los *comentarios de colegas y clientes acerca del último crimen de Laurent* me pregunto si esa torpe pesadilla va a acabar algún día, si las cosas volverán a ser como imagino que eran antes de Laurent, o si deberemos sufrir sus macabras diversiones hasta el fin de los tiempos (Cortázar 1994: 593-594; énfasis mío).

La primera consecuencia de estas yuxtaposiciones cubistas entre el mundo natural y el virtual es la desnaturalización del primero. La segunda, la apertura de un espacio crítico. La confrontación anacrónica entre el Buenos Aires de 1944 y el París de 1870 hace aparecer gradualmente el mundo natural como un espacio subjetivo, es decir, como un orden construido y hasta petrificado pero susceptible de ser cuestionado en sus propias ficciones aunque éstas hayan sido naturalizadas. Es la experiencia de ensueño, de abandono distraído a la virtualidad onírica, lo que va configurando una implícita crítica del espacio natural. El personaje narrador atravesando el pasaje Güemes vive una espacialidad subjetiva donde practica, en definitiva, un simulacro de felicidad. Pero este dejarse llevar por el ensueño lo conduce finalmente, a través de la fantasmagoría, a la posibilidad de un encuentro desestabilizador.

Los pasajes, en su confusión de bazar, en su mezcla caótica de productos tan baratos como espectaculares, aparecen como el extremo débil del orden, su incongruencia localizada, su caricatura, su frontera con el vacío, es decir, como el espacio donde la sociedad, su orden, su estado, intuye su falta de fundamento. Si definimos el lugar habitado por el narrador en su vida normal con los criterios de Certeau diremos que aquel es un orden geográfico que también es moral y que el espacio de las galerías representa su frontera inestable. Políticamente hablando, la normalidad del narrador está constituida por el Estado, el lugar institucionalizado donde están plasmados, en una topografía prefijada, los trayectos, las conductas y los hábitos. Éste sería el mundo pautado por la tríada madre, novia y trabajo en la Bolsa. Un mundo seguro, de servidumbres cotidianas y del cual la gran ausente es la poesía. El espacio ambiguo de los Pasajes (a la vez exterior techado e interior abierto) con sus falsas manicuras y deleites cuestionados es la demarcación que, por un lado, cierra un orden al constituirse en su extremo peligroso y, por el otro, lo abre, al exhibir (en sus torpes disimulos) el deseo clandestino y sus descafeinadas prácticas transgresivas.

Los espacios fronterizos que vinculan los pasajes de ambas ciudades vinculan también dos «yoes» o dos formas de ser. La vigilia y el sueño, el funcionamiento productivo y el abandono hedonista, el novio de Irma y el amante de Josiane, el corredor de Bolsa y el aprendiz de proxeneta. En principio este cuidadoso reparto de espacios y personalidades, esta específica «división de lo sensible y lo decible», como diría Rancière (2002: 15), no cuestiona sino que confirma el orden constituido. Es especialmente significativo que Irma, la «novia araña» que espera su turno, al contrario de los padres del narrador, tolere discreta y pacientemente sus aventuras noctámbulas, suponiendo sabiamente, que estos arranques de rebeldía no son más que convulsiones pasajeras y acaso necesarias.

Y sin embargo hay un elemento in-nombrado o innombrable que hubiera podido hacer estallar este mecanismo retroalimentado. Se anuncia primero como el asesino Laurent, personaje cuyo nombre es un rumor (periodístico) de las galerías, fantasma emisario de la violencia, cuya fama aniquiladora abarca extrañamente los dos espacios conectándolos en el terror. Se completa después con la aparición del sudamericano y la posibilidad del encuentro entre él y el narrador. El encuentro es, en sí, imposible pero el espacio virtual de excepción con su temporalidad múltiple y su montaje anacrónico lo auspicia en ese instante excepcional. El encuentro ocurrirá en un nuevo umbral dentro del ensueño y sería parte de una historia segunda, latente, en el interior de la manifiesta. Es incluso el lugar donde las dos historias se anudan, es decir, durante los encuentros casuales con el sudamericano, como cuando el narrador le ve merodear en medio de una multitud que observa una ejecución pública, o como en el siguiente pasaje, donde el narrador cruza una mirada fugaz con el misterioso personaje:

> [Yo] miré con más atención y lo vi pagar su ajenjo echando una moneda en el platillo de peltre mientras dejaba resbalar sobre nosotros –y era como si cesáramos de estar allí por un segundo interminable– una expresión distante y a la vez curiosamente fija, la cara, de alguien que se ha inmovilizado en un momento de su sueño y rehúsa dar el paso que lo devolverá a la vigilia. (Cortázar 1994: 595)

Hay durante ese «segundo interminable» una suspensión del tiempo. El soñador tiene la oscura consciencia de que este encuentro hubiera sido redentor, y de hecho, la supuesta incapacidad del narrador para descubrir la historia invisible que asecha en su propio relato es, quizás, la clave de un íntimo fracaso ético. El propio presente del narrador *es mirado* por primera vez desde el pasado o bien desde el sueño mismo, produciendo un cruce de tiempos y dimensiones. Es, en otras palabras, el momento en que el sueño se mira a sí mismo. El relato encuentra su límite extremo en esta escena y lo divide en dos. Se trata para el narrador de una partícula indigerible de la experiencia onírica y sólo puede entenderse yendo más allá del relato superficial, más allá de la mera distracción, porque en ningún momento el narrador sabe que ha estado frente al conde de Lautréamont y tampoco lo sabe ningún lector distraído. El yo narrador recuerda haberse sentido al borde del ingreso en un territorio inseguro. El encuentro estuvo a punto de acaecer pero por razones triviales, entre las cuales figura una cierta falta de coraje, no se efectúa[6].

Sin las indagaciones que necesita un acontecimiento para ser nominado (y que quedan en manos del lector «activo»), el encuentro acontecimiental quedará destinado a su disolución en el tiempo. Aun así, este cruce de miradas paralizante es una experiencia chocante que queda grabada en la memoria del narrador como la última imagen, la más perturbadora, que nos queda de un sueño. El momento de una mirada que se devuelve conservando la sensación de una distancia que no puede clausurarse es, en Benjamin (2010: 16), la circunstancia del aura[7]. El cruce aurático entre los rostros inaugura no un acercamiento sino una retirada. Ese espacio nuevo creado por esa mirada en retirada, no necesariamente de nostalgia pero sí de deseo, engendra en el narrador la confusa noción de haber sido iluminado en un instante a la vez casual y privilegiado:

> Y sin embargo creo que hice mal, que estuve al borde de un acto que hubiera podido salvarme. Salvarme de qué, me pregunto. Pero precisamente de eso: salvarme de que hoy no pueda hacer otra cosa que preguntármelo, y que no haya otra respuesta que el humo del tabaco y esa vaga esperanza inútil que me sigue por las calles como un perro sarnoso. (Cortázar 1994: 597-598)

---

[6] «Estuve a punto de hacerlo, y ahora no soy más que uno de los muchos que se preguntan por qué en algún momento no hicieron lo que habían pensado hacer. En cambio me quedé con la Rousse y Kikí, fumando una nueva pipa y pidiendo otra ronda de vino blanco; no me acuerdo bien de lo que sentí al renunciar a mi impulso, pero era algo como una veda, el sentimiento de que si la trasgredía iba a entrar en un territorio inseguro» (Cortázar 1994: 595).

[7] «¿Qué es el aura propiamente hablando? Una trama particular de espacio y tiempo: la aparición irrepetible de una lejanía por cercana que ésta pueda hallarse» (2010: 16).

Podríamos decir que la salvación frustrada a la que se refiere el yo narrador es un despertar que no se produjo. En este espacio virtual practicado, no previsto del todo por el orden cartografiado de la ciudad, tiene lugar, diríamos, una ocasión de desvelamiento y el posible desencadenamiento de otra forma de vida. Dicho de otro modo, el relato traza dos claros umbrales: el pasaje Güemes, donde el mundo de la repetición capitalista por un lado se debilita y por otro se refuerza, y otro, cuyo núcleo problemático, su límite esencial (y aquel que perdura incómoda y obstinadamente en la memoria), sería este cruce de miradas entre soñadores.

El Pasaje Güemes, límite nocturno y complemento (in)moral de una ciudad diurna sumergida en el ensueño mercantil y los tópicos de un gastado moralismo, abre la posibilidad de un trayecto delincuente. El lector puede perderse con el yo narrador en el ensueño o asumir la tarea de recoger esas migajas de acontecimiento, su estela, la que él ha ido dejando de lado como un turista que abandona un extraño país sin haber atinado a arrancarle su secreto.

Queda por decir qué hubiera sabido el narrador si se hubiera atrevido a interpelar al poeta. Podríamos aventurar que hubiera entrado en un proceso de desaprendizaje y que se hubiera aproximado al mismo tiempo a un saber incómodo y convulsivo. Baste indicar que Lautréamont fue el portador de un lenguaje y un saber esencialmente corrosivos que devolvía a la palabra su dimensión inquietante y a la imagen su capacidad de mostrar inesperadas relaciones entre las cosas[8]. Fue el explorador del sustrato violento de la vida social y el que soñó primero las pesadillas de la historia moderna. Su obra dio nombre a un acontecimiento que indagó y desarrolló el surrealismo y que se sostuvo en una constelación de obras que constituyeron su «cuerpo subjetivo» (Badiou 2009: 57). Fue también si se quiere un saber del terror y de lo sagrado que apelando a George Bataille podríamos identificar como la «experiencia de lo heterogéneo» (2009: 137-180), y un saber anticipado, anacrónico, sobre el fascismo que

---

[8] Recuérdese su célebre combinación, tan cara al surrealismo, entre un paraguas, una máquina de coser y una sala de disección.

el propio Bataille está elaborando aproximadamente en la misma época pactada por el relato en su dimensión bonaerense.

El fantasma de Maldoror es la culminación de una *flânerie* poblada por «fantasmas de la historia» (Eiland 2010: 69). El «sudamericano» es, digámoslo en paráfrasis de Walter Benjamin, una cita del pasado que irrumpe en el presente como un bandido al costado del camino que nos despoja de nuestras certezas. Al mismo tiempo puede reconocerse en esta figura singular un elemento supernumerario de la situación y obviamente en el contexto del relato, un anacronismo que descalifica las leyes de la comunidad, su legalidad, su orden, su sentido común. La otra presencia silenciosa es el acontecimiento político de la comuna de París, apenas sugerido por la cercanía cronológica.

Empeñado en experimentar su ingreso en este orden imaginario como una *pasa-tiempo* y no como la apertura de una temporalidad y un espacio nuevos, el narrador capta sin querer en ese estado de sonambulismo, la resurrección de un acontecimiento estético-político de profundas consecuencias[9]. Su carácter de sujeto dividido lo coloca en una situación ambigua respecto a su mundo. Se podría decir que el yo narrador ha visitado los aledaños de una verdad posible como cortocircuito sensorial, pero no ha perseguido sus consecuencias. Sin embargo este personaje ya no será exactamente la misma persona: lo habita un íntimo, invisible exceso, una *diferencia mínima* (Badiou 2005: 79) respecto al anterior. Esta experiencia erótico-aurática vivida distraídamente ha efectuado un corte que sólo puede aflorar proustianamente como memoria involuntaria[10].

Alain Badiou menciona tres posibilidades subjetivas frente al acontecimiento: la que se realiza como fidelidad, la que niega el acontecimiento

---

[9] Sin olvidar su «educación sentimental» con Josiane, que está por un lado en los antípodas de Irma, su novia oficial, pero que quizás también sea «lo real» de Irma. En la economía emocional del amante esta relación representa un umbral característico y abre perspectivas eróticas que el narrador clasifica según la legibilidad de la ciudad diurna, no según la apertura y la novedad que podrían suponer, al menos como crítica de la conyugalidad o como rescate de una idea renovada del amor.

[10] Para Walter Benjamin, la urgencia por una vida mejor surge de la experiencia del tiempo perdido, a condición de que no se trate de una vivencia consciente. Es la estela que deja la aprensión distraída y aurática de los fantasmas del pasado, en su retirada, la que permite esa mirada hacia atrás donde descubrimos el futuro. Véase Comay 2010.

y la que se convierte en su violento antagonista (2008: 649). En el contexto de este examen crítico habría que preguntarse desde la literatura por las posibilidades acontecimentales de la memoria y el sueño y por la posibilidad de una categoría subjetiva que sin llegar a ser fiel, reactiva u oscura, fuera más bien huérfana del acontecimiento.

Por el camino de la sustracción:
«Un sueño realizado» de Juan Carlos Onetti

Como se sabe, esta es la peripecia de tres personajes en un pueblo de provincias relatada por uno de ellos hacia el final de su vida. Se trata de Langman, un antiguo director teatral que pasa sus últimos años en un asilo para ex artistas. Estamos ante un narrador resentido y, como se verá, paradójico. Langman cuenta una historia de fracasos escénicos y de crónica falta de dinero en una calurosa ciudad del interior argentino. Allí convive con Blanes, uno de los miembros del elenco, galán en decadencia, escéptico y burlón. Son ellos los últimos miembros de un grupo de teatro que representa comedias sin pretensiones. Su forzada estadía en esa pequeña y tediosa ciudad se debe al fracaso de la gira que los ha dejado sin siquiera el dinero suficiente para volver a Buenos Aires. Mantienen entre sí una de esas típicas amistades onettianas, atravesadas por relámpagos de odio. El tercer personaje es una enigmática mujer que aparece para proponerles, a cambio de dinero, realizar una escena teatral en el teatro del pueblo. Una escena sin público. Como muchos de los ambientes del autor, los lugares en juego son relativamente inhabitables: el bar, el hotel, el teatro vacío, los hoteles de citas. Son lugares de tránsito donde la espera se extiende indefinidamente, lugares de penumbra, de repetición y de hastío. La ciudad que conforma la circunstancia, el mundo de este relato, es también un sitio inevitablemente periférico: zona fronteriza donde las luces capitalinas pierden intensidad. Es en esta interzona que los tres personajes interactúan, representando tres estadios distintos de búsqueda. Para Langman el objetivo es conseguir el dinero y poder escapar, es decir, reintegrarse a la normalidad capitalina. Sus gestos son los del hombre práctico, su discurso pretende la sensatez y se atribuye el mérito de la prudencia en el manejo del dinero. Lagman es el hombre «ocupado», involucrado en los menesteres del mundo. Todo esto en contraposición a Blanes que, improductivo e irresponsable, despilfarra el poco dinero que les queda en disipaciones nocturnas. La búsqueda de Blanes, en cualquier caso, es una búsqueda incierta, angustiosa. Más bien, parece estar lamentando una pérdida que en Onetti es siempre la pérdida de la juventud y sus posibilidades pero que en el Blanes de este cuento parece referirse a una imposibilidad mayor que abarcaría la vida misma. No participa de los intentos de Langman por mejorar las cosas y es indiferente a su entorno. Vive confinado en su pieza de hotel de donde sólo sale para emborracharse. Blanes es el hombre del aburrimiento, de la errancia sin objeto o de la vana espera. Cuando se cruza con Langman es para burlarse cruelmente de su mediocridad. Esa famosa broma sobre Hamlet que marca a fuego la diferencia esencial entre los dos: «Porque usted, naturalmente, se arruinó dando el Hamlet». O también: «–Sí, ya sabemos. Se ha sacrificado siempre por el arte y si no fuera por su enloquecido amor por el Hamlet...» (Onetti 1985: 37). Porque en esta sintética distribución de actitudes, el arruinado Langman es el hombre de la falsa vitalidad, tan despojado por el sinsentido de la existencia como Blanes pero que a diferencia de éste quiere creer que el trabajo o las obligaciones son asuntos serios en los que vale la pena distraerse e invertir tiempo y empeño.

La referencia irónica y machacona al Hamlet parece querer ser una clave pero no llega a serlo. Lo más evidente es que la broma constituye una ácida crítica a Langman al que Blanes presenta como director y productor oportunista de obras intrascendentes y a quien el arte, como experiencia radical, jamás lo ha visitado. Es cierto también que el final de este relato cuenta con el cadáver de un trasunto de Ofelia y un loco indeciso que la llora. Cuenta también con una representación teatral definitiva dentro del marco de la ficción pactada por el relato. Esa representación también pretende (como en el caso del Hamlet) desenmascarar una trama. En el caso de este cuento se trataría de la trama misma del mundo. Y sin embargo la mujer no es una Ofelia. La mujer no desespera por amor. Su incompletud no refiere a ningún príncipe. Su muerte no es un suicidio.

En la actitud de indiferencia, negligencia y cinismo que exaspera a Langman, Blanes se nos muestra como el sujeto aburrido y desocupado para el que nada en la situación tiene verdadero interés: «esos ojos oscuros que no podían sostener la atención más de un minuto y se aflojaban en seguida como si Blanes estuviera a punto de dormirse o recordara algún momento limpio y sentimental de su vida que, desde luego, nunca había podido tener» (Onetti 1985: 37).

Podría decirse que Blanes se mueve en el límite de la situación (entendida esta como un sistema sensible estructurado por convenciones, rituales, aspiraciones e ideas sedimentadas) y tiene (a veces literalmente) su vista puesta en un invisible punto de fuga. El hábito de emborracharse, de desordenar los sentidos, indica que rehúye la claridad en la percepción y busca enturbiar límites espaciales y temporales porque se siente incapaz de superarlos. El tercer personaje que busca algo es «la mujer», un personaje sin nombre. Aparece bajo el signo de un extraño proyecto con el que se confunde e identifica. La mujer interviene diagonalmente en la situación creada entre Blanes y Langman. Será ella la que consiga romper con la situación. Hay una escena clave en el relato: la primera entrevista entre la mujer y Langman en el comedor del hotel donde éste se aloja.

La taxonomía fracasada

La mujer no parecía prevista en el reparto de existencias que caracteriza la comunidad y el lugar pactado en la ficción. Su aspecto, esa manera de vestir, ese aspecto de muchacha de otra época, ese estar fuera de la edad, de la moda, fuera, en cierto sentido, del tiempo, o al menos de cualquier convención cronológica y finalmente su extraña propuesta, hacen de este personaje un elemento del aparecer más que del ser. Es decir: la mujer es un personaje excepcional que no hubiera podido esperarse dentro de la constelación de personajes esperables en el mundo que el relato acaba de esbozar. Nos atreveríamos a decir que ni siquiera coincide del todo con las mujeres singulares habituales de la zona onettiana: una de esas célebres trastornadas, inaccesibles y ausentes en su delirio y siempre prisioneras de una semiótica patriarcal como Moncha Insaurralde en *La novia robada*. Es el razonamiento de Langman el que sugiere la posibilidad de que la mujer entre en esta serie, porque alude al problema (estructural en Onetti) de la juventud a punto de perderse que acabaría por desmoronar al personaje femenino.

> La mujer tendría alrededor de cincuenta años y lo que no podía olvidarse en ella, lo que siento ahora cuando la recuerdo caminar hasta mí en el comedor del hotel, era aquel aire de jovencita de otro siglo que hubiera quedado dormida y despertara ahora un poco despeinada, apenas envejecida pero a punto de alcanzar su edad en cualquier momento, de golpe, y quebrarse allí en silencio, desmoronarse roída por el trabajo sigiloso de los días. Y la sonrisa era mala de mirar porque uno pensaba que frente a la ignorancia que mostraba la mujer del peligro de envejecimiento y muerte repentina en cuyos bordes estaba, aquella sonrisa sabía, o, por lo menos, los descubiertos dientecillos presentían, el repugnante fracaso que los amenazaba. Todo aquello estaba ahora de pie en la penumbra del comedor y torpemente puse los cubiertos al lado del plato y me levanté. (Onetti 1985: 40)

Es siguiendo a Langman que la literatura crítica sobre esta historia insiste torpemente en ver en esta mujer una de esas trastornadas por amor e ilusiones perseverantes hasta la locura que pueblan la obra de Onetti. Aunque pueda detectarse cierto parentesco con ellas, un análisis más riguroso muestra que no es así. La mujer en este relato constituye también en este sentido una excepción. En este relato, el acento debe colocarse precisamente en la indiferencia de la mujer a las expectativas masculinas. La mujer no es un precipitado vacío que permite la elaboración narrativa de los personajes masculinos, sino que es la autora, la terca promotora y ejecutora de un proyecto absolutamente propio y no negociable. Es sorprendente que los críticos en general adopten el punto de vista de Langman para hablar de la mujer, sin caer en la cuenta de la ironía implícita que supone su discurso[11].

La mujer constituye más precisamente una singularidad radical. Posee el aura no sólo de lo irrepetible sino de lo inasimilable e inubicable en

---

[11] Al respecto, véase también Martínez 2002, donde se asimila «la mujer» en este relato a todas las demás heroínas de Onetti.

el horizonte mental de Langman. En ella no sólo se registra una inminente fragilidad, también un exceso indiscernible. En frente de ella está él, Langman, cuya pertenencia a la situación, su vulgaridad, queda más en evidencia al recibirla devorando brutalmente unas milanesas. Langman emprende la tarea de anular esta incómoda singularidad, disolver la excepción ensayando fórmulas de clasificación, es decir, intentando re-integrarla al mundo conocido. Pero Langman fracasa una y otra vez en su cometido:

> ¿Y cómo se llama su obra? –No, no tiene nombre –contestó–. Es tan difícil de explicar... No es lo que usted piensa. Claro. [...] –Su obra, señora. Un sueño realizado. ¿Tres actos? –No, no son actos. –O cuadros. Se extiende ahora la costumbre de... –No tengo ninguna copia. No es una cosa que yo haya escrito –seguía diciéndome ella. Era el momento de escapar. –Le dejaré mi dirección de Buenos Aires y cuando usted la tenga escrita... Vi que se iba encogiendo, encorvando el cuerpo; pero la cabeza se levantó con la sonrisa fija. Esperé, seguro de que iba a irse; pero un instante después ella hizo un movimiento con la mano frente a la cara y siguió hablando. –No, es todo distinto a lo que piensa. (Onetti 1985: 42)

Empezamos a entender por qué este personaje femenino no tiene nombre, no puede tenerlo: cualquier nombre de mujer la hubiera reinstalado en el horizonte de la normalidad (una normalidad por otra parte signada por la constelación sexista y patriarcal dominante). La mujer no tiene nombre y su vida anterior es irrelevante en la medida en que ahora es el sujeto de un sueño que la capturó. «Comprendí, ya sin dudas, que estaba loca y me sentí más cómodo» (Onetti 1985: 41). Sólo la locura podía encajar con esta pura aparición sin atributos y esto es lo único que devuelve cierta tranquilidad a Langman:

> –Bien; Un sueño realizado, no está mal el nombre. Es muy importante el nombre. Siempre he tenido interés, digamos personal, desinteresado en otro sentido, en ayudar a los que empiezan. Dar nuevos valores al teatro nacional. Aunque es innecesario decirle que no son agradecimientos los que se cosechan, señora. Hay muchos que me deben a mí el primer paso, señora, muchos que hoy cobran derechos increíbles en la calle Corrientes y se llevan los premios anuales. Ya no se acuerdan de cuando venían casi

a suplicarme… Hasta el mozo del comedor podía comprender desde el rincón junto a la heladera donde se espantaba las moscas y el calor con la servilleta que a aquel bicho raro no le importaba ni una sílaba de lo que yo decía. (Onetti 1985: 41)

El diálogo se da entre extremos inconmensurables. La andanada de tópicos que despliega Langman para quitarse de encima esta incómoda singularidad es un intento taxonómico fracasado. Finalmente la mujer ofrece a Langman dinero —ese patrón universal de medida que iguala y reifica todas las cosas— para pagar el proyecto y éste naturalmente acepta. Pero la excepcionalidad de la mujer no queda neutralizada, es más: Blanes, el escéptico, el aturdido buscador, la *reconocerá*. Langman necesita a Blanes para realizar la función (para aprovecharse de la «loca»), y lo moviliza con esfuerzo. Inesperadamente esta mujer se convierte en la primera cosa que logra captar el interés de Blanes y lo que le hace abandonar su confinamiento y su invencible aburrimiento. Enseguida notamos que se trata de un interés genuino (el de Langman es a cambio de dinero). Blanes vive entre la lucidez y la embriaguez, la juventud y la vejez, entre la pertenencia y el desapego hacia el mundo. Quizás sea esta condición subjetiva la que le permite percibir tanto una extrañeza como una familiaridad en su aparición.

Lo que ha comenzado como un delirio, apoyado en la lealtad, acaso equívoca, de Blanes y de Langman, irá conquistando el territorio del relato hasta convertirse en un acontecimiento que provocará cierto descalabro del sentido, por lo menos en dos de los habitantes de ese mundo. Hay un primer anuncio de lo que se avecina, una primera señal: la incorporación de algo tan indefinible y tan ajeno a este mundo clausurado como la felicidad, aunque esta palabra no lo cubre del todo.

La cosa era fácil de hacer pero le dije que el inconveniente estaba, ahora que lo pensaba mejor, en aquel tercer personaje, en aquella mujer que salía de su casa a paseo con el vaso de cerveza. –Jarro –me dijo ella–. Es un jarro de barro con asa y tapa. Entonces Blanes asintió con la cabeza y le dijo: –Claro, con algún dibujo, además, pintado. Ella dijo que sí y parecía que aquella cosa dicha por Blanes la había dejado muy contenta, *feliz, con esa cara de felicidad que sólo una mujer puede tener* y que me da ganas de cerrar los ojos para no verla cuando se me presenta, como si la buena educación ordenara hacer eso. (Onetti 1985: 47; énfasis mío)

Felicidad entonces que aparece como una intensidad en la mirada ante la cual conviene apartar los ojos; la felicidad en el rostro que instaura una distancia, que provoca incomodidad, discreción, un pudor repentino. La felicidad como una extraña figura del aura.

Excepción y habladuría

La breve, misteriosa, pero intensa relación entre Blanes y la mujer se somete también al escrutinio de la comunidad y al lenguaje de la situación. Su primera denominación viene de la habladuría:

> –Hoy vi a su amigo bien acompañado. Esta tarde; con aquella señora que estuvo en el hotel anoche con ustedes. Aquí todo se sabe. Ella no es de aquí; dicen que viene en los veranos. No me gusta meterme, pero los vi entrar en un hotel. Sí, qué gracia; es cierto que usted también vive en un hotel. Pero el hotel donde entraron esta tarde era distinto... De ésos, ¿eh? (Onetti 1985: 48).

Se trata de un habla pero también evoca una mirada. Es la mirada que *sabe* o supone saber, performativa, constituyente. Una mirada que congela su objeto en la propia chatura de su lógica filistea. Para Langman es una descripción razonable que su moralismo acepta sin reservas: «Como a cada momento me convencía más de que se había emborrachado con dinero robado o casi, a aquella pobre mujer enferma, no quería hablarle» (1985: 48).

El relato no desmiente lo que la habladuría pueblerina dice saber sobre las relaciones entre Blanes y la mujer (una casa de citas, una supuesta aventura sexual, un dinero regalado o pagado), simplemente se sitúa a un costado de la lengua del lugar, se sustrae. Las dos actitudes aparecen claramente en este diálogo:

> –Anduve averiguando de la mujer –dijo [Blanes]–. Parece que la familia o ella misma tuvo dinero y después ella tuvo que trabajar de maestra. Pero

nadie, ¿eh?, nadie dice que esté loca. Que siempre fue un poco rara, sí. Pero no loca. No sé por qué le vengo a hablar a usted, oh padre adoptivo del triste Hamlet, con la trompa untada de manteca de sándwich... Hablarle de esto. –Por lo menos –le dije tranquilamente–, no me meto a espiar en vidas ajenas. Ni a dármelas de conquistador con mujeres un poco raras. Me limpié la boca con el pañuelo y me di vuelta para mirarlo con cara aburrida. –Y tampoco me emborracho vaya a saber con qué dinero. (1985: 49)

Blanes ni siquiera hace caso del comentario acusador de Langman. No lo confirma ni lo niega. Blanes quiere hablar de otra cosa y esa otra cosa, por ahora, estaría más allá de las posibilidades de Langman.

Onetti ha tratado el tema de la habladuría en diversas ocasiones. *Los adioses*, por ejemplo, es una novela construida sobre especulaciones chismosas. Son ellas también las que en general animan la siesta de Santa María. Sus técnicas son la delación y el secreto (no el enigma). Su mensaje profundo es el cómodo desengaño. La vida que el chisme descubre o confirma es esencialmente escatológica, la del cuerpo y sus inclinaciones más o menos vergonzantes. El chisme quiere confirmar que sólo somos cuerpos, como en la visión bajtiniana de lo carnavalesco, pero no como celebración grotesca y de lo grotesco en el sentido subversivo que Bajtin le da a esta palabra sino como cuerpos culpables. El chismorreo nos quiere remitir a una supuesta *realidad* material de la que es imposible escapar. Según la concepción de la vida implícita en la habladuría, el cuerpo y sus inclinaciones irrefrenables terminan desmintiendo siempre cualquier impulso desinteresado. Hay un goce en esa repetida confirmación, una *jouissance*, y al mismo tiempo un consuelo democrático que quiere confirmar la imposibilidad y hasta la falsedad esencial de toda nobleza, de toda excepción. La circulación de chismes se parece a la de las opiniones. Sin embargo no hay que confundirlas. La primera, cuando no es espectáculo consentido, es esencialmente oculta y anónima, la segunda es pública y respetable. Las opiniones son la sustancia del periodismo político y ocupan una posición destacada en lo que llamaríamos la *doxa* contemporánea. Ambas formas de habladuría remiten a lo mismo: forman la sustancia comunicativa de nuestra existencia, su medianía medial, su respiración.

No sabremos nunca si Blanes efectivamente mantuvo relaciones sexuales por dinero con la mujer en hoteles de citas (como tampoco sabremos qué le contó Bob a su hermana para frustrar su relación con el narrador de «Bienvenido Bob»). Pero en el caso de «El sueño realizado», el chisme que refuerza la opinión de Langman no se discute ni se esclarece, ni se confirma, Blanes no reconoce ni desmiente el hecho: simplemente este permanece inoperante. Nótese que aquí es Blanes el que realiza las indagaciones propias de un proceso originado en un acontecimiento. Su marginalidad, su inmoralidad digamos, su infructuosa búsqueda o su vana espera, lo colocan en mejor posición para abrirse al fenómeno de la mujer. Blanes tampoco encuentra el nombre apropiado que la definiría ni renuncia del todo a llamarla loca, pero en el relato de Blanes la locura de la mujer adquiere otra dimensión:

> Pero yo le hablé y me estuvo diciendo –dijo–. Quería saber qué era todo esto. Porque no sé si usted comprende que no se trata sólo de meterse la plata en el bolsillo. Yo le pregunté qué era esto que íbamos a representar y entonces supe que estaba loca. ¿Le interesa saber? Todo es un sueño que tuvo, ¿entiende? Pero la mayor locura está en que ella dice que ese sueño no tiene ningún significado para ella, que no conoce al hombre que estaba sentado con la tricota azul, ni a la mujer de la jarra, ni vivió tampoco en una calle parecida a este ridículo mamarracho que hizo usted. ¿Y por qué, entonces? Dice que mientras dormía y soñaba eso era feliz, pero no es feliz la palabra sino otra clase de cosa. Así que quiere verlo todo nuevamente. Y aunque es una locura tiene su cosa razonable. Y también me gusta que no haya ninguna vulgaridad de amor en todo esto. Cuando nos fuimos a acostar, a cada momento se entre paraba en la calle -había un cielo azul y mucho calor- para agarrarme de los hombros y las solapas y preguntarme si yo entendía, no sé qué cosa, algo que él no debía entender tampoco muy bien, porque nunca acababa de explicarlo. (Onetti 1985: 50)

Cuando Blanes tiene que hablar de estos hechos que para Langman confirman su indigencia moral, Blanes simplemente pasa por alto estas reservas y es el lector (ese hermano lector hipócrita que convocaba Baudelaire) quien tiene que ruborizarse. La escena es fílmica: un Blanes obsesionado o atormentado que sacude por las solapas en medio de la calle, en medio del calor provinciano a un Langman incrédulo y desconfiado, un Langman más o menos parecido a nosotros, a los lectores, que seguimos la trama con cierta preocupación o con cierto escándalo. Técnicas del despertar: el relato nos sacude por las solapas.

Un sujeto colectivo

Es evidente que la mujer es un exceso en la situación, algo que sólo puede darse en cierto umbral intangible de la ciudad. En términos de Badiou, la mujer en principio inexiste, forma parte de la realidad en esa ciudad de provincia pero carece de predicados que la definan enteramente. Excepto ese de que «es un poco rara». De ahí que Langman no haya conseguido neutralizar su aparición buscándole un lugar en la vulgaridad de su circunstancia (la del pueblo de provincia, la del mundo de los autores presuntuosos y fracasados, etc.) y Blanes, por su parte, ni siquiera puede explicar lo que vio en ella. Su plena aparición, o su pleno despliegue, dependen de que encuentre un punto de apoyo en ese mismo mundo. Son estos dos desterrados circunstanciales cuya existencia en el lugar es, digamos, vicaria, casual, imprevista, incómoda, los que podrán ofrecer ese punto de apoyo. El primero es Blanes, el más des-ubicado en la situación, dada su inquietud o su angustia o su aburrimiento. Es a él a quien la mujer se dirige para explicar su proyecto:

> En la escena hay casas y aceras, pero todo confuso, como si se tratara de una ciudad y hubieran amontonado todo eso para dar impresión de una gran ciudad. Yo salgo, la mujer que voy a representar yo sale de una casa y se sienta en el cordón de la acera, junto a una mesa verde. Junto a la mesa está sentado un hombre en un banco de cocina. Ese es el personaje suyo. Tiene puesta una tricota y gorra. En la acera de enfrente hay una verdulería con cajones de tomates en la puerta. Entonces aparece un automóvil que cruza la escena y el hombre, usted, se levanta para atravesar la calle y yo me asusto pensando que el coche lo atropella. Pero usted pasa antes que el vehículo y llega a la acera de enfrente en el momento que sale una mujer vestida con traje de paseo y un vaso de cerveza en la mano. Usted lo toma de un trago y vuelve en seguida que pasa un automóvil, ahora de abajo para arriba, a toda velocidad; y usted vuelve a pasar con el tiempo justo y se sienta en el banco de cocina. Entretanto yo estoy acostada en la acera,

como si fuera una chica. Y usted se inclina un poco para acariciarme la cabeza. (Onetti 1985: 46-47)

Desde este momento los tres personajes se unen a una empresa incierta. Forman juntos diríamos un cuerpo subjetivo que sostiene una imagen, o la posibilidad de una imagen. Constituyen un cuerpo impuro, movido por distintos tipos de compromiso y grados de identificación. Pero que funciona como el sujeto de un trayecto inédito, es decir, funciona como el cuerpo que sostiene una idea.

Des-olvido como una experiencia novedosa del tiempo

La obra que la mujer hace poner en escena a Langman y a Blanes es una exhibición privada, sin pretensiones de permanencia, sin repetición posible. Una representación sin público, lo que también contradice las leyes del espectáculo. No hay en esta obra palabras ni opiniones, nadie dice nada, todo ocurre en silencio y su tiempo, el tiempo de la peripecia, es el de un instante aislado de toda posible concatenación anecdótica. Lo que se presenta es un recorte en la cotidianidad urbana, un encuadre que rescata del devenir una calle cualquiera en un tarde cualquiera. La calle tiene que sugerir, según las instrucciones de la mujer, una gran ciudad en el trasfondo, una interminable y repetida sucesión de calles de la cual ésta no sería sino una más. Pero una vez puesta en marcha la extraña función, la fatua callecita de cartonpiedra empieza a ser una apertura, un *umbral de salida*, un punto de fuga. Repasemos las circunstancia en las que se produce esta transfiguración: al principio, Langman describe los materiales de la función subrayando detalles grotescos que parecen hacer imposible la necesaria «suspensión de la incredulidad»: la «actriz« que tenía que servir el jarro de cerveza previsto la había traído Blanes de algún «cafetín» y se daba ridículamente «aires de gran estrella»: «al verla estirar el brazo con la jarrita de cerveza daban ganas de llorar o de echarla a empujones», nos cuenta Langman (Onetti 1985: 51). El coche alquilado para la representación era impresentable y Blanes estaba ebrio, como habitualmente. Parece imposible poder tomar en serio lo que se viene. Sin embargo cuando toda esta precaria maquinaria pone a funcionar el mundo virtual, algo acaece y el lenguaje y el tono de Langman al describirlo cambian sutil pero decisivamente. «Blanes» pasa a ser casi imperceptiblemente «el hombre de la tricota azul» y la mujer que Langman ve ahora más alta y más esbelta, pasa a ser «la muchacha». El espacio virtual cobra vida, se hace visible una *diferencia mínima* que redime milagrosamente los desechos en los que se apoya la función. Y todo esto lo sabemos únicamente por un levísimo cambio de énfasis en la narración de Langman.

Esta calle fabricada («ese mamarracho» había dicho Blanes), donde una mujer reclinada sobre la acera recibe (hasta morir) la caricia de un hombre que momentos antes por dos veces ha cruzado una calle esquivando un coche, contrasta radicalmente con el simulacro y la hipocresía cotidiana que constituyen la clásica ciudad de Onetti (recuérdese «Bienvenido Bob», un relato que se apoya también en la constelación formada por dos hombres y una mujer, recuérdese la saga de Larsen en Santa María). La obra dentro de la obra en este relato es un encuadre artificial, virtual, que incluye una muerte real, un micromundo de gestos finales y de tiempos justos (Cueto 2009: 28-29). Vemos por ejemplo el tiempo justo de esquivar un coche, el tiempo justo de la caricia. La mujer muere en el escenario mientras Blanes continúa acariciándole la nuca minutos después de concluida la escena. La muerte de la mujer en el escenario no es un suicidio sino *un tiempo justo para morir*, un tiempo que no puede ser ni circular ni lineal sino único. ¿Cuánto tiempo necesita la felicidad para realizarse? En el instante de la felicidad (o eso similar que todavía no tiene un nombre) se agota, se cumple o consuma una vida. Es el tiempo que recapitula y asume todos los anteriores, el tiempo esperado, «en que la decisión aprovecha la ocasión y da cumplimiento a la vida en el instante» (Agamben 2004a: 149). Sería el tiempo propio de la auténtica historia como sugiere Agamben[12], el tiempo que cumple sus promesas. El insólito acto de la mujer crea un tiempo y un espacio nuevos. Abre un trayecto todavía indefinible. La escena virtual sitúa la existencia fuera del caudal del tiempo cuantificable. Materializa la experiencia onírica paradójica-

---

[12] «sólo como lugar original de la felicidad tiene la historia algún sentido para el hombre» (Agamben 2004a: 154).

mente a través de un espacio virtual, consagrado a la ilusión, pero no para representar algo sino para consumarlo. Crea un espacio encantado pero hecho con el material deleznable (profano) de lo cotidiano. Hasta ese momento Blanes y Langman son prisioneros de la situación, pero quizás justamente por habitar la periferia del mundo ordenado, por su condición de fracasados, por haber sentido el tiempo de la vida como tiempo de desgaste, como tiempo que consume, acaso vivirán la (re)presentación de la mujer en el escenario como algo inconscientemente esperado sin que ellos supieran exactamente de qué se trataba o pudieran nombrarlo. Esto los convierte a ellos y a su predisposición subjetiva en una suerte de sitio acontecimiental, es decir: dado que una cierta concepción del tiempo actuando sobre las vidas de los personajes constituye la tensión que organiza la situación en este relato (el tiempo onettiano que arruina indefectiblemente una juventud llena de promesas), el montaje teatral de la mujer presenta el vacío de esa situación. El vacío en torno al cual gira un orden fundado en la desesperanza y en la mezquindad. Al presentar ese vacío, esa inconsistencia radical sobre la que descansa la tediosa vida de ese pueblo, la obra de la mujer toca inesperadamente lo que en términos lacanianos llamaríamos un real. Para entender el «optimismo» de este relato hay que compararlo con su negativo, «Bienvenido Bob»: la historia de una venganza sin actos, consumada exclusivamente por el tiempo sucesivo, un relato que se construye atrozmente sobre la ausencia de toda alternativa, de toda posibilidad o desajuste en el reparto de lo sensible. En «Bienvenido Bob» sólo ocurre la normalidad misma, como secuencia terrorífica.

Un acontecimiento es azaroso y su destino es desvanecerse (como un sueño). Su eventual supervivencia depende del encuentro con un cuerpo, una subjetividad fiel que siga su rastro, su huella, y que lo someta a prueba y trabaje sus consecuencias. Para constituirse en un proceso de verdad, dice Alain Badiou, el acontecimiento, en sí frágil y fugaz, necesitará además de «un forzamiento» (Badiou 2007: 451-471), un acto ilegal de nominación, una declaración que es lo que hace del acontecimiento la suscitación retrospectiva de una verdad. En la ciudad de provincia donde lentamente circula el dinero y las opiniones, donde no ocurre otra cosa que la mercancía y la habladuría y donde un tiempo lineal y vacío devora la existencia, la mujer constituye en sí misma una singularidad radical. Pero la mujer también ella misma es sujeto fiel de su propio sueño, es cuerpo memorioso y memorable atravesado por una captura. La mujer ha sido *capturada* por una experiencia indeleble; y esa experiencia es una imagen. La serie de sustracciones que constituye el trayecto de la mujer (sustracción a la época, a la moda, a la madurez, al galanteo obligatorio, a la feminidad convencional, al dinero o a la ganancia, a las convenciones teatrales, etcétera) se sostiene gracias a este arrebato. Es la mujer entonces quien primero realiza ese forzamiento, escenificando virtualmente una experiencia privada que tiene la misteriosa capacidad de interpelar a todos. Escapando a las leyes habituales de la representación, el sueño de la mujer se convierte en presentación. Es la concreta posibilidad que se abre al provocar una interrupción del continuo temporal. Es una desobediencia que imperceptiblemente orada el funcionamiento lógico del mundo heredado. Es justamente el resentido Langman, el fracasado al que hemos seguido y acompañado hasta la vergüenza (porque inevitablemente es uno de nosotros), el que termina ofreciendo una leyenda para esta imagen:

> Me quedé solo, encogido por el golpe, y mientras Blanes iba y venía por el escenario, borracho, como enloquecido, y la muchacha del jarro de cerveza y el hombre del automóvil se doblaban sobre la mujer muerta comprendí qué era aquello, qué era lo que buscaba la mujer, lo que había estado buscando Blanes borracho la noche anterior en el escenario y parecía buscar todavía, yendo y viniendo con sus prisas de loco: *lo comprendí todo claramente como si fuera una de esas cosas que se aprenden para siempre desde niño y no sirven después las palabras para explicar.* (1985: 54; énfasis mío)

Más que un personaje, «la mujer» en esta historia es el cuerpo sensible de una idea, una que atraviesa los materiales heterogéneos de su mundo concreto redimiéndolos en una suerte de ceremonia desconocida. Es justamente la muerte de la mujer la que convierte el teatro (o la perfomance, o la instalación) en ceremonia. La obra no es una historia de amor ni una novela psicológica, no llega a ser dramaturgia a falta de libreto y de público y a falta de un nombre y un modelo no es un trozo de vida, ni la culminación de una biografía ni un negocio ni es negociable. Tampoco es comunicable (y la serie de interpretaciones disparatadas que este relato ha generado a lo largo de su historia es una prueba de ello). Hay aquí una soberbia soberanía, una mudez, una indiferencia y una suprema autosuficiencia. La *obra* que se ha puesto en marcha no comunica nada, no puede inscribirse en ninguna red comunicativa preestablecida. Se impone a la situación con cierta violencia. No es un escape sino una afirmación, un gesto puro y efímero. Tampoco es un sacrificio que enfrenta la ley antigua con la moderna, como el de Antígona, sí acaso una recuperación del tiempo humano, una experiencia a la vez antigua y novedosa del tiempo. *Aletheia* es la palabra para verdad en griego y, como se sabe, Heidegger la traduce como desocultamiento pero también como *des-olvido*. Si tomamos esta última acepción de lo verdadero, Langman es entonces su agente, el que se abre inesperadamente a un tiempo originario ya olvidado, el que atestigua mediante su relato del acontecimiento y reconstituye retrospectivamente una verdad ya siempre por definición acaecida.

Narración, felicidad y justicia

Es en Langman entonces donde el acontecimiento parece haber encontrado finalmente su soporte subjetivo, su declaración. No sólo porque su «inconsciente óptico» parece haber registrado esta mínima diferencia entre calles, personajes y tiempos como si algo le llegara de un remoto pasado, el de la niñez, donde había cosas que estaban más claras y que se fueron oscureciendo, sino porque es él quien lo narra, quien retrospectivamente declara su novedad y su necesidad. Aun así, su relato desde el asilo, casi rabioso, lo coloca en la posición del derrotado. El trayecto subjetivo de Langman es un trayecto interrumpido, una fidelidad truncada (y paradójica).

El verdadero tema de este relato no es ni el rencor de Langman ni la excentricidad de la mujer, sino la posibilidad misma de un trayecto singular, la de aventurarse más allá de lo previsto por la situación habitada y la gestión (estatal) de sus posibles. Es la historia de una, en principio, imperceptible discontinuidad. Comenzó por una eventualidad onírica en el pasado y siguió con su cita teatralizada que genera una momentánea iluminación. Al sugerir la posibilidad de una experiencia de felicidad ligada a una vivencia distinta del tiempo, el sueño de la mujer, coloca este concepto imperfecto y vago, el de la felicidad, en radical inconsistencia con la situación. El acto de plenitud que acaso conduce a la muerte niega en cualquier caso el dogma de una felicidad necesaria y exclusivamente ligada a la supervivencia, a la persistencia biológica. De esta manera el trayecto de la mujer abre la posibilidad de una reconsideración radical de la pregunta por la vida, por lo que es, o debería ser, vivir. Y esto es lo que hemos querido leer como acontecimiento.

El sueño de la mujer es «la ocasión de una consecuencia», como llama Peter Hallward al acontecimiento (2010: 126), es decir, la ocasión de que los miembros de un mundo dado decidan afirmar algo inédito que no puede ser absorbido por las convenciones que rigen la situación, algo a lo que hay que inventarle nombres y abrirle nuevos trayectos, provocando una posible transformación fundamental de ese mundo. Se trata de un sueño, de una captura y una declaración, se trata de un empeño militante también, auspiciando la incorporación de una novedad existencial que afecta decisivamente ese reparto, ese tejido sensible que estructura lo que nos es común[13]. El relato resentido de Langman resulta una focalización retrospectiva del acontecimiento desde el punto de vista del derrotado; el punto de vista de quien no estuvo a la altura pero ha quedado herido para siempre por ese acontecimiento. Y sin embargo a Langman le corresponde como a nadie el título de narrador, aquel narrador arcaico defensor de criaturas, aquel que cuenta toda la historia y que según Walter Benjamin hacía posible tanto la experiencia como la justicia.

---

[13] En el sentido en que Jaques Rancière habla de un reparto de lo sensible.

PLATA QUEMADA DE RICARDO PIGLIA:
MEMORIA Y VIOLENCIA

Plata quemada es la tercera novela de Ricardo Piglia. Obtuvo el Premio Planeta de Argentina y fue publicada por esta editorial en 1997. Llevada al cine en el año 2000 bajo la dirección de Marcelo Piñeyro y guion de Marcelo Figueras y el propio Marcelo Piñeyro, ese mismo año la película obtuvo, en España, el premio Goya a la mejor película extranjera.

La novela no sólo recuenta un caso real de la crónica policial, sino que también recuenta el legado cultural argentino desde la perspectiva de un posible lugar textual de la exclusión. La estructura de la novela forma parte de su mensaje. La visibilidad de la violencia se convierte en una forma de desciframiento frente a las ficciones del pasado a las que, en un mismo movimiento, rescata y desborda.

Plata quemada (en adelante Plata quemada) cuenta una historia basada en hechos reales: el asalto, en 1965, a una institución bancaria en San Fernando, localidad de la provincia de Buenos Aires, por una banda de pistoleros. En la primera parte un fantasmal cronista parece haber recogido una serie de materiales sobre los personajes y los hechos que protagonizan. Ese material, aparentemente sin jerarquizar, es lo que leemos. Las fuentes son recortes de periódicos, informes policiales y judiciales, papeles clasificados y, sobre todo, entrevistas (algunas inverosímiles) con personas allegadas al ambiente de la banda, cómplices e incluso protagonistas. En los primeros capítulos leemos (escuchamos) lo que se dice sobre los asaltantes: Mario Malito al que llaman también «el ingeniero», jefe carismático de la banda, es el estratega silencioso y hábil y el que tiene los contactos de alto nivel. Los demás son el Chueco Bazán, integrante colaborador –y confidente de la policía–, el Cuervo Mereles, un joven con aspecto de hacendado, adicto al florimol y chofer del asalto, y finalmente, los llamados «mellizos»: el Nene Brignone y Marcos Dorda. Mereles mantiene una relación sentimental con una adolescente de clase media a la que sedujo en un balneario: La «Nena», o bien, Blanca Galeano. La madre de Blanca alienta esa relación aun sabiendo que Mereles es un criminal. El origen de toda la historia es la confidencia de Blanca hecha a «Ricardo Piglia» en un tren a Bolivia meses después de los hechos. Los «mellizos», el Nene Brignone y el Gaucho Rubio, como se le llama a Marcos Dorda, no son hermanos pero así se los considera porque son inseparables y mantienen entre ellos una compleja relación laboral, afectiva y sexual. El Nene proviene de una familia de empresarios y llegó al crimen y a la cárcel por azar. Dorda es un hombre con problemas neurológicos, esquizofrénico y afásico según los informes psiquiátricos. Es un pistolero temerario y hábil pero escucha voces en su interior y tiene una personalidad indefinible.

Los pistoleros preparan el asalto meticulosamente bajo la dirección de Malito en el apartamento de Mereles. Éste, Brignone y Dorda son los que realizan directamente el trabajo. Es un asalto cruento que se salda con la muerte de los tres policías que vigilaban la furgoneta con el dinero. Los asaltantes consiguen escapar a gran velocidad en una camioneta robada. El asalto cuenta con complicidades a escala municipal y policial. Malito, Brignone y Mereles deciden sin embargo quedarse con todo el botín y no pagar su parte a los contactos (policías y políticos). Seguidos de cerca por un comisario empecinado y temible, Cayetano Silva, huyen a Montevideo donde deben permanecer enclaustrados esperando que se organice su pasaje al Brasil o al Paraguay. Allí el Nene, el único que se arriesga a salir, conoce y mantiene una intensa relación con una joven prostituta uruguaya que se hace llamar Giselle.

Cuando intentan cambiar la chapa de un coche en plena calle los asaltantes son sorprendidos por dos policías locales. Dorda mata a tiros a uno de ellos y deben huir. Durante la huida el contacto que los ayudaba (el uruguayo Yamandú) resulta herido por los disparos del otro policía y los pistoleros lo abandonan en la calle. Desde ese momento quedan sin contactos y a merced de sí mismos. Sabiendo que ahora la policía está sobre la pista, evacúan el refugio anterior y pasan a ocupar un departamento céntrico que resultó ser después una trampa o «ratonera» montada por la policía de Montevideo. Poco después, este apartamento es rodeado por 300 policías y comienza un asedio de 16 horas que se salda con la muerte de varios policías y de dos de los pistoleros (Brignone y Mereles). En medio del asedio, los pistoleros queman el dinero y arrojan billetes de mil por la banderola hacia la calle. Es una imagen que indigna a la multitud que presencia el asedio y «a toda la sociedad», que siente que la quema del dinero destruye la única razón que podría justificar tantas muertes.

Dorda, el único sobreviviente, es sacado malherido y ensangrentado de la vivienda asediada. Una vez transportado fuera del edificio, la multitud desborda el cordón policial y lo golpea clamando venganza. En el hospital puede recuperarse y es allí donde Emilio Renzi, periodista que ha cubierto el asedio para el matutino argentino *El mundo* y autor de la reconstrucción periodística de los hechos, consigue entrevistarlo. Entre tanto, Mario Malito, el jefe de la banda, ha desaparecido y su destino no se despeja nunca, aunque en el epílogo «el autor» presenta varias hipótesis sobre su vida ulterior.

Condenada a ser incomprendida

La novela tuvo un gran éxito de ventas pero estuvo durante ocho años en el centro del mayor escándalo fraguado en torno a un premio literario en la Argentina contemporánea. La concesión del premio Planeta en 1997 fue cuestionada por medios periodísticos[1] y, judicialmente, por el escritor Gustavo Nilsen, autor de *Playa quemada,* la novela que finalizó en segundo lugar. Según éste, el premio formaría parte de una maniobra publicitaria de la editorial Planeta y la novela de Piglia no debería haber sido admitida a concurso por tratarse de una novela ya contratada por la misma editorial que lo auspiciaba. El *affaire* terminó en los tribuna-

---

[1] El semanario *Tres puntos* publicó un artículo y una entrevista a Piglia que cuestionaba la decisión del jurado del premio Planeta y la integridad del escritor. En la tapa de la revista aparecía Piglia quemando billetes de banco. El artículo fue publicado el 12 de noviembre de 1997.

les y la justicia falló a favor de Nilsen. Ricardo Piglia hizo sus últimas declaraciones sobre estos hechos en el año 2005[2].

Pero éste no fue el único inconveniente legal que sufrió la novela: en el año 2003 el juez tuvo que pronunciarse frente a las denuncias de Rosa Blanca Galeano, quien acusó a Piglia de haber contado sin su autorización parte de su historia personal. En la novela ella figura como uno de los personajes y con su nombre real. Esta vez, el juez falló a favor de Piglia.

Plata quemada involucró al autor personalmente en una constelación que curiosamente había sido su marca de fábrica en la ficción narrativa: una trama que involucra el dinero, la literatura, los nombres verdaderos o falsos y una ficción que surte efectos (esta vez no deseados), en la realidad.

Ricardo Piglia es el autor de *Respiración artificial* y *La ciudad ausente*, novelas que se caracterizaron por una escritura morosa y arriesgada y que fueron más aplaudidas por la crítica académica que por el lector medio al que el autor no hacía concesiones. La inquisición literaria e histórica y hasta la erudición filosófica, aunque manejadas, como en Borges, de manera irreverente, forman parte esencial de sus tramas.

Inevitablemente, la aparición de *Plata quemada* fue percibida como una inflexión considerable respecto a su obra anterior. Edgardo H. Berg escribe, por ejemplo:

> A pesar de los paralelismos y los motivos recurrentes, podríamos decir que con *Plata quemada* Piglia abandona el trabajo de experimentación que, a partir del andamiaje narrativo construido sobre la base policial, el cruce de géneros y los juegos de homenajes, caracterizaba sus textos anteriores» (2004: 220).

Una novela de tema gansteril contada desde un registro periodístico y policial, con una exposición considerable de violencia y que culminaba con un asedio policial y un combate apocalíptico que parecía deberle mucho al cine norteamericano despertó también suspicacias, sobre todo tomando en cuenta que Planeta es una editorial que explícitamente ha buscado la obra de éxito masivo y que los premios que auspicia se otorgan

---

[2] Al respecto, véase «El caso *Plata quemada*: Ricardo Piglia rompe el silencio», «La lógica de los hechos», en *Página 12*, marzo de 2005.

en medio de una compleja operación de mercadotecnia. La novela, inevitablemente, ha sido puesta inevitablemente en relación con los cambios en el mercado literario argentino durante los años noventa. Se ha insinuado que podía ser, más que una inflexión, una genuflexión hacia las exigencias de un mercado editorial que necesita vender «ochenta títulos por año». El crítico Daniel Link ha comentado lo siguiente:

> *Plata quemada* es una novela fácil de leer, simpática. Firmada por Ricardo Piglia, es una novela extraña, un punto de inflexión, una clausura: Arlt, tan repetidamente citado por la literatura de Piglia, traído hasta el presente, un Arlt atormentado no ya por la literatura rusa sino por el cine de Hollywood, y es por eso que el texto reproduce una carnicería que nada tiene que envidiarle a los penúltimos engendros protagonizados por Bruce Willis. [...] ¿Cómo haremos para no leer en la última novela de Piglia el triunfo de la cultura de masas, de las estéticas de *l'art pour l'art*, degradadas por la publicidad, en un grito triunfal y exasperante? (Link 2003: 23)

Martín Prieto ha sugerido que esta novela de Piglia debería inscribirse en una «poética populista» emparentada con la de Osvaldo Soriano, cuyo objetivo vendría a ser el de convertir a su autor en «un artista de consenso» (Berg 2004: 215).

Construida la trama sobre un hecho real, las dosis de violencia que la novela despliega, el lenguaje que predomina, extraído de la oralidad criminal, el reportaje y el informe policial y el escándalo editorial que supuso su premio y publicación, han funcionado como un obstáculo para una reflexión matizada de la obra, cumpliéndose así la profecía del crítico cubano Jorge Fornet en el sentido de que ésta sería una novela condenada a ser «incomprendida» (2000: 143).

Podría relativizarse este punto de vista subrayando la continuidad profunda que deja ver la novela si se atiende a la persistencia de ciertos motivos presentes en toda la obra anterior de Piglia, incluyendo su producción cuentística y sus propias concepciones críticas.

Por un lado, en *Plata quemada* recurren motivos que pueden encontrarse en relatos como «La invasión» (una pareja sexual masculina en la cárcel), «El Laucha Benítez cantaba boleros» (una pareja homosexual de boxeadores) y «La caja de vidrio». El motivo de una figura mentalmente trastornada como lugar de entrecruzamiento caótico de narraciones está ya en «La loca y el relato del crimen», y la de una figura «monstruosa» por inclasificable (el Gaucho Dorda en Plata quemada) aparece en *La ciudad ausente* como monstruosidad cibernética en una máquina de narrar que también es mujer (Dorda es un «macho» que también se siente mujer).

Respecto a la imputación de «populismo literario», el propio Piglia se defiende en una entrevista con Daniel Link aludiendo a sus propias concepciones críticas sobre la literatura argentina:

> Es probable que *Plata Quemada* pueda leerse como una experiencia de populismo literario, con la condición de que se entienda populismo como una de las grandes corrientes de la literatura argentina. El cruce entre populismo y vanguardia ha producido textos de los mejores: desde Martín Fierro o el mismo Borges hasta Zelarayán y Osvaldo Lamborghini. (Link 2001: s/p).

Género y lectura moral de la novela

Varios críticos han señalado el uso del policial como mediación genérica. Se trata, eso sí –como casi no podría ser de otra manera a fines del siglo XX y después de Borges–, de un uso del policial que implica su vulneración al mismo tiempo que su evocación.

Carlos Luís Torres Gutiérrez ve esta vulneración precisamente en la amoralidad de la historia. Destaca «la desazón» que provoca en el lector la ausencia de castigo a los criminales y el hecho de que en esta historia el protagonismo lo tenga «el anti-valor (Malito y sus secuaces) y aunque no son los que triunfan tampoco son los que pierden» (1999). Esto le hace concluir que la novela es posmoderna:

> Es una novela policíaca que posee un rasgo que la separa de la ortodoxia. *Plata quemada* es símbolo de lo que la maldad significa en la ciudad del tercer mundo, en un momento temporal donde la razón es desplazada por el despropósito. Esta novela es un buen intento en la construcción de un género que empieza a tomar los rasgos de la posmodernidad." (1999: en línea)

De manera similar se expresa Víctor Bravo desde el título de su artículo, sólo unos meses posterior a la publicación de la novela. Para el crítico *Plata quemada* es una novela sobre el absoluto mal, y éste se expresa como gratuidad. El núcleo semántico del texto estaría en «la representación de la aniquilación –gratuita– de lo que es constitutivo de la sociedad: la vida y los bienes». En la novela se alcanzaría un punto extremo de representación del mal como «fascinación», estaría escrita desde un «afuera del género policial» comenzado en algunas novelas de Poe y se ubicaría más del lado de la novela negra. Aun así, como toda novela policíaca, participa del drama de la razón: «*Plata quemada* plantea una relación pendular entre el género policíaco y un "afuera del género", [...] el esplendor y la derrota de la verdad, y el viaje de la racionalidad, a veces extraviado, a veces guiado por incertidumbres, hacia el sentido y la inteligibilidad de lo real» (Bravo 1996: 8).

Se podría objetar a ambos críticos que el énfasis en la interpretación se pone en lo que llaman el «mal absoluto», con lo que se pliegan a la interpretación de los hechos que hace la misma policía y la multitud congregada en torno al asalto policial del apartamento donde se esconden los pistoleros. No toman en cuenta la ironía presente en estas interpretaciones y realizan una lectura moralizante de una novela que, aún siendo ética, está muy lejos de reivindicar el orden o de presentar la gratuidad estética de la violencia contra «los bienes» como una denuncia moral. Piglia había escrito en 1974 en «Roberto Arlt: la ficción del dinero» que «[...] La estructura fundamental de la literatura bandoleresca será siempre el dualismo bien/mal que [...] enmascara la oposición ricos y pobres, diluyendo la lucha de clases en una lucha de valores morales» (1974: 26).

Resulta improbable que el Piglia escritor haya escrito una historia donde ese dualismo quede intocado, especialmente la identificación sin más del atentado a la propiedad simplemente como un acto maligno. La otra objeción posible corresponde a la cuestión del género. *Plata quemada* participa, como veremos, de varias tradiciones genéricas, entre las cuales el policial negro de origen norteamericano es sólo una entre otras. Es en la mezcla y en la adulteración de géneros distintos donde reside su densidad narrativa.

Nombres impropios, Roberto Arlt y el lenguaje

Más lejos va el artículo de Germán García, que discurre en torno a la propiedad e impropiedad de los nombres. García discute la pretensión de veracidad que se hace en el epílogo de la novela. Se pliega, sin embargo, a las declaraciones de un personaje, el escritor del epílogo, «Ricardo Piglia», porque propone que Piglia utiliza «materiales verdaderos», para «realizar un bricolaje» que muestre «la lógica sensible, el *pathos* de una leyenda, referido a la "violencia ilegal"» (García 2000: 126). La última es una cita textual de *Plata quemada*. Respecto al clímax de la novela señala García que la quema del dinero sería «la refutación» de la significación del asalto al banco, donde el nombre impropio, social, común del otro cambia de sentido. Lo mismo puede decirse, según García, del relato periodístico de Renzi, quien «no acepta la transformación del nombre propio en común», dándole a la sórdida crónica policial «otro relieve».

La tragedia, según la versión de Renzi, es que los nombres no salgan más de la crónica policial, que la «selva de voces» pierda la singularidad de cada uno, que las voces que constituyen la absoluta soledad de Dorda jamás sean escuchadas por ningún otro:

> [...] *Plata quemada* hizo posible que los nombres de la crónica policial, borrados por el silencio de la vergüenza y el desprecio, se conviertan en un signo de interrogación sobre los acontecimientos que, a partir de una línea de bifurcación imperceptible, trazan vórtices que consumen vidas disueltas en la «banalidad del mal». (García 2000: 131)

El crítico supo ver tempranamente la relación del texto con la evocación y superación de textos canónicos de la literatura argentina: «Brignone, el otro elemento de la diada, cuenta su experiencia de la cárcel en términos que recuerdan a los del hijo de Martín Fierro. Ya no se trata de parodia, tampoco de cita, sino de un traslado radical; de un *aufhebung* de esa tradición literaria que Piglia conoce muy bien» (García 2000: 130).

No extiende esta intuición, sin embargo, a un personaje que es el que más evoca el pasado de la ficción violenta argentina, el Gaucho Dorda, aunque reconoce la dificultad que entraña su aparición para la crítica: «Basta dejar hablar al personaje, para descubrir que la aparición sorpresiva de Dorda en nuestra literatura no ha sido aún registrada» (García 2000:130).

Es ésta una lectura que está de acuerdo con constantes de la poética de Piglia (la memoria, el rescate como superación, los nombres propios, las voces o relatos del pasado) y que enfatiza la especificidad de Dorda. En este artículo el crítico se ciñe a las líneas que el autor mismo ofrece explícitamente, quizás demasiado, visto que las falsas pistas forman parte de la estrategia narrativa de Piglia.

Sandra Garabano, por su parte, ahonda la tendencia contraria a los que sostenían la tesis de «la inflexión» en la escritura de Piglia, reclamando precisamente que esta novela es un retorno a uno de los relatos fundacionales de la poética de Ricardo Piglia: «Homenaje a Roberto Arlt» (en *Nombre Falso*). Se trata de reescribir el gesto de la escritura de Roberto Arlt. Según Garabano, «*Plata quemada* podría ser leída como una forma ficcionalizada de los comentarios sobre Arlt que aparecen en *Critica y ficción*» (2003: 90).

La clave estaría en dos elementos que organizan la discusión crítica de Piglia sobre Arlt: el papel del dinero y la invención de un nuevo lenguaje. Haciendo una lectura de pasajes del artículo de Piglia «La ficción del dinero», que aborda la relación entre el mundo arltiano y el dinero, Sandra Garabano afirma que el acto de la quema es un gesto arltiano porque este acto «sólo puede entenderse en un mundo donde no existe la lógica de la acumulación» (Garabano 2003: 90). Es decir, en un mundo donde nadie cree que el dinero se obtenga mediante el trabajo y el ahorro y donde todo enriquecimiento es ilícito.

El otro tema que tiene que ver con la escritura de Arlt, según Garabano, es el lenguaje. *Plata quemada* estaría construida con un lenguaje exótico como el de Arlt, que según Piglia es un lenguaje incoherente, que proviene de los libros traducidos por españoles que leían los emigrantes y salpicado de lunfardo, y que lejos de verlo como mala escritura Piglia definió como la invención de un estilo y aun de una lengua. De esta manera, la novela sería un nuevo homenaje a Roberto Arlt:

> Al poner en marcha el estilo mezclado que había defendido en Arlt, vuelve a esbozar una idea que aparece en toda su obra: la creación de un

lenguaje como utopía máxima, un lenguaje falso, independizado de todas las referencias inmediatas que aludan a la oralidad. [...] En otras palabras vuelve a ese gesto fundacional de la literatura argentina que reclama el exilio y abandono de la lengua materna como origen de toda escritura. (Garabano 2003: 90)

Garabano parte de que la novela se basa en el género policial pero señala muchas diferencias: la multitud de versiones y la no restitución de la verdad «a través del castigo ejemplar» (2003: 87). Lo más importante es que la historia no estaría llamando la atención sobre los hechos que narra –«tenemos la sensación de estar en frente a una historia de ladrones y policías que ha sido narrada infinidad de veces en la literatura y el cine» (2003: 88)–, sino sobre el lenguaje. Garabano ve en el lenguaje de *Plata quemada* las mismas marcas que en el lenguaje de Arlt. Se trata de un lenguaje mezclado e impuro que implica una relación de extrañeza con la lengua materna. La multitud de voces que puebla la novela sería entonces «una estrategia para cuestionar la naturaleza de toda representación artística; de ahí que surge el ritmo del texto que fluctúa constantemente de la novela policial a la crónica policial» (Garabano 2003: 88).

En mi opinión el gran acierto de Garabano fue no sólo haber inscrito *Plata quemada* en el conjunto de la obra anterior de Piglia, sino en especial haber incorporado parte del pensamiento crítico del autor para saber desde dónde puede leérsela. También acierta al señalar la mezcla o la convivencia de géneros que caracteriza la novela y la presencia decisiva de un lenguaje mezclado e «impuro». No acierta sin embargo en algunas de las pruebas. Aunque mezclado, el lenguaje de las novelas de Arlt parece provenir de una sola voz. Las «voces» que «escuchamos» en Plata quemada y la transcripción de informes y testimonios están separadas precisamente por sus registros y por una atención consciente hacia las diferencias.

Por otra parte, si la novela está vinculada (y con fuerza) a una concepción de la literatura que debe mucho a la de Arlt, no es menos cierto que también lo desborda. Este fue el caso también en «Homenaje a Roberto Arlt», donde el homenaje no consiste tanto en la celebración y reproducción de una escritura sino más bien tomar la escritura arltiana como «materia prima» de una «operación de reciclaje» (Kok 2006: 31).

Esto implica que las diferencias con los textos de Arlt resultan siempre significativas, incluso claves interpretativas fundamentales.

Garabano tampoco alude al personaje de Dorda, donde se condensa, como veremos, una concepción específica de trato con la literatura del pasado que resulta clave en la novela.

Edgardo H. Berg no inscribe la novela en el género policial sino en el de la no ficción o el *thriller* documental, en el lugar de *In cold Blood* de Truman Capote y la obra de Rodolfo Walsh. Al mismo tiempo señala los elementos que problematizan este lugar de lectura: la intervención de Renzi (*alter ego* literario de Ricardo Piglia) y las evidentemente ficticias entrevistas a Dorda. Señala la continuidad de esta novela con otros textos de Piglia en motivos como el de «las voces de fracasados, inventores, locos y criminales [que] socavan y minan las reglas de la "buena sociedad" y articulan un discurso alternativo y contrahegemónico. [...] En este sentido los textos de Piglia pueden ser leídos como textos políticos» (Berg 2004: 239). Sobre la quema del dinero, dice:

> Abre un vacío, formula un interrogante que desafía y hace tambalear los propios cimientos de la sociedad burguesa, construidos sobre la base del valor de la propiedad y el dinero. La incineración del botín, la destrucción anárquica o el rito crematorio es un acto criminal en estado puro que rompe la cadena de repeticiones y mutaciones del dinero. [...] Como un signo sin voz en el mundo de la ley, la razón perversa es una contravención y una réplica a la razón capitalista (Berg 2004: 221).

Una selva de voces

En un temprano artículo de 1998, Michelle Clayton pone el acento en la contradicción entre la pretensión de veracidad y los elementos que socavan la historia como reconstrucción de los hechos. Continúa discutiendo el significado preciso de la quema del dinero, los avatares de la verdad en relación con la ficción, pero incorpora también un interés más definido por los elementos de la construcción de la historia y el estatuto de las voces que pueblan la novela.

La novela está constituida por el entretejido de fuentes, por una multitud de voces diferentes, frecuentemente contradictorias, que cuestionan –implícita y explícitamente– los límites entre la verdad y la ficción, o entre la verdad y su reconstrucción hermenéutica.

> *Plata quemada* no está articulada por una única línea narrativa –una despótica historia ejemplar– sino por perturbadoras microhistorias que luchan entre sí para imponerse o que exigen, al menos, ocupar un espacio en la novela. De este modo se destaca la subjetividad de la historia narrada y no la verdad de una versión; aquello que se dice –de modo magistral– y no lo que se observa. (Clayton 1998: 136)

Clayton desplaza de esta manera las luchas múltiples de la historia por una lucha en torno a la palabra y la versión, pero las versiones se superponen unas a otras al igual que las voces y sus registros, y no dejan subsumir en una categoría que las abarque:

> [S]e agrupan de acuerdo con sus registros: desde la jerga de las clases marginales y criminales, pasando por el habla fácilmente comprensible de las masas, el tono engañoso del reportaje, la terminología mal intencionada y reduccionista del informe psiquiátrico, las declaraciones autoritarias de los informes policiales, hasta el discurso estetizado del narrador en posición de privilegio, Emilio Renzi. (Clayton 1998: 137)

Clayton parece sugerir que la verdadera historia, si la hubiera, sería el conjunto, la totalidad de estas voces. Lo que se hace ostensible es la motivación que mueve a cada versión, animadas todas no por una vocación de transparencia o de verdad sino por distintos intereses: el de salvaguardarse del primer testigo Abraham Spector, dispuesto a declarar lo que la policía le sugiere; el prestigio social que le confiere a Eduardo Busch la historia que tiene ahora para contar y la curiosidad sádica que la panadera Lucía Passer reconoce abiertamente.

La policía y la prensa son vehículos que canalizan la información que el mundo del alto crimen quiere o no quiere que se difunda. El estilo de los medios «lo ubican al mismo nivel que el de los criminales» (1998: 140). Es decir hipócrita, sádicamente, «habla la plata» de diversas maneras en todas las voces y en todas las versiones. La quema del dinero supone entonces para Clayton sofocar, «aunque sea de un modo mínimo, uno de los discursos que motivan esta sociedad. El impulso básico, aunque incomprendido por parte de los actores, se puede resumir en unas pocas palabras poéticas: "purificar las palabras de la tribu"» (1998: 143-144).

Voces y narradores

Clayton ve en Malito, más que en Renzi, una figura de autor en tanto que misterioso artífice de la trama. Respecto al tema de las figuras autoriales, Julio Premat señala, en cambio, no una sino tres figuras que anuncian la aparición del autor que firma con el nombre de «Ricardo Piglia» en el epílogo. El primero es el periodista del diario *El mundo*, Emilio Renzi, que investiga y formula las hipótesis. También es Renzi quien pretende inscribir la historia en «una esfera de significación superior» (Premat 2004: 128). Para Premat, Renzi es un doble transparente del autor. La segunda figura es la del radiotelegrafista de la policía uruguaya, Roque Pérez, en su papel de escuchar y descifrar las voces de los pistoleros encerrados a través de un sistema de escucha y espionaje, una actividad que evoca la de la novela misma como compendio de voces raramente identificables. El tercero es el extraño personaje de Dorda, a la vez psicópata, asesino, encarnación del mal y héroe.

Dorda combina su mudez con la facultad autista de escuchar voces no identificables. Según Premat, «Es un oxímoron identitario y pulsional, un absurdo en términos de definición genérica» (2004: 130). Todos ellos representan de algún modo la actividad de narrar, que Piglia ha definido entre otras cosas como «robo», como «escucha ilícita». Para Premat, Dorda, el Gaucho rubio, es una figura de la trasgresión, de la circulación del deseo (su sexualidad tampoco es clasificable), la figura que escapa a los determinismos sociales. La literatura en tanto representa el proceso que llevaría «de lo real y social, de la mudez y la escucha a la exuberancia imaginaria y pulsional» (Premat 2004: 133).

Uno de los más logrados aciertos de Premat es haber visto la verdadera naturaleza de la «inflexión» que varios han señalado en esta novela en comparación con la obra anterior de Piglia: «Si en *Plata quemada* no aparece, sorprendentemente, [...] ningún metadiscurso explícito, es porque el dispositivo de construcción integra, en tanto que intenso secreto, la posibilidad de la narración» (2004: 133).

Cabría, eso sí, preguntarse si la figura de Dorda se agota en este papel de representar la literatura como transgresión y deseo. Si su escucha se representa a sí misma como escucha indefinida o ilícita. Cabría preguntarse, y la pregunta es una objeción, si esta novela representa únicamente el fracaso del sentido, es decir, si es «autotemática» y su clímax, por consiguiente, una suerte de autocelebración.

Adriana Rodríguez Pérsico entiende que la multitud de voces que pueblan la novela y «la escucha» de distintos personajes y del lector no son indefinidas ni intercambiables. No son homologables, sostiene:

> Las estrategias discursivas de *Plata quemada* son engañosas; la oralidad vela un uso peculiar de la polifonía, a contrapelo de las modas, que desmiente cualquier lógica que postule la igualdad o la horizontalidad de estas voces múltiples. La novela pone distancia de toda teoría que homologue la pluralidad de voces textuales con un orden democrático o apele a exitosas ideas posmodernas sobre el carácter indecidible de la literatura. [...] Ni el personaje ni la novela vacilan, estas voces tienen dueños. (Rodríguez Pérsico 2004: 120)

Rodríguez Pérsico, a pesar de la ironía con que se presenta en el texto al periodista Renzi, tratando de transformar esta anécdota policial en tragedia mitológica, se pregunta si la novela toda no obedece a un mismo impulso: conseguir mediante el relato una oscura justicia, «desempolvar viejas ideas nietzscheanas para inyectar fuerzas de cohesión en el seno de la sociedad, mediante la apropiación del mito» (2004: 121). Rodríguez Pérsico, entonces, se refiere a la inyección de *pathos* trágico y a la apropiación del mito. Una ética nietzscheana, sin embargo –«hacer tangible el anhelo de que es posible permanecer fuera del rebaño» (2004: 121)–, quizás debería matizarse si se tiene en cuenta que los sueños de distinción del rebaño mediante la crueldad aparecen censurados claramente en «Homenaje a Roberto Arlt» (Piglia 2002: 95-189[3]).

---

[3] En esta historia hay una reveladora escena entre los personajes Kostia y Arlt que marca, a mi modo de ver, la diferencia crucial de sensibilidad respecto a este tema

Me parece más interesante, en cambio, la idea de que en la novela lo mitológico aparece para ser reformulado o desbordado: «*Plata quemada* contradice la pedagogía ejemplar del mito así como tuerce las convenciones del policial, porque los héroes son asesinos, homosexuales y drogadictos y porque el final sangriento esquiva el desenlace punitivo para apuntalar el carácter épico de la resistencia» (Rodríguez Pérsico 2004: 115).

Habría entonces una sucesión de desbordes, ya que el policial es vulnerado como género por la tragedia y la tragedia, a su vez, a través de la épica del culto al coraje. Ahora bien, la crítica, con la excepción de Eduardo H. Berg, no toma en cuenta el otro género vulnerado en la novela, el *Nuevo periodismo*. La tensión genérica entre éste y los demás es sin embargo, como veremos, significativa.

Lo que queda sin desentrañar es la motivación y el verdadero carácter de las voces que llegan del pasado para los varios receptores o escuchas. O sea, entender cuál es el sentido de estos mensajes entrecruzados, cual el papel de un lector implícito que se ve confrontado con esa multitud de voces disonantes que aun así aparentan estar hablando de lo mismo. La novela plantea interrogantes sobre la ficción, el testimonio, la memoria y la escucha que están relacionadas con una poética del autor y especialmente con las relaciones entre política y literatura y constituyen, para usar la fórmula de Premat, el «intenso secreto» que la justifica.

Creo que *Plata quemada* propone una relación con los textos del pasado a través del motivo de la violencia social que implica la reconsideración crítica de un siglo a través de la ficción, y mi intención aquí es ofrecer un análisis que dé cuenta de estas relaciones. Discutiré primero algunos principios de construcción de la novela, poniendo el acento en los modos en que se ofrece la información y en el tipo de recepción de esta información que la novela sugiere, con el personaje de Dorda como figura que concentra y resume esta receptividad.

A continuación, exploraré las similitudes y diferencias entre los modos de contar que muestran las distintas voces narrativas en las novelas de Arlt y esta novela de Piglia. Propongo que esas diferencias son relevantes

---

entre los textos de Piglia y los de Arlt.

para esclarecer las tensiones genéricas de la novela e interpretarla correctamente. En tercer lugar, trataré de situar los distintos tipos de discursos del poder tal y como aparecen en el texto: el clínico, el policial y el periodístico, respecto a la violencia. Por último, ensayaré una interpretación sobre los distintos tipos de violencia que aparecen en la novela, a saber la ilegal, la legal y la violencia apocalíptica del final.

¿Historia real o soñada?

La disposición de los fragmentos como conjunto de transcripciones de confidencias orales, declaraciones escritas, artículos de prensa, sugieren una labor periodística realizada con ayuda de entrevistas grabadas y citas textuales, todo lo cual viene a reforzar el gesto testimonial del conjunto. En el epílogo, firmado por «Ricardo Piglia», se nos ofrecen tres hipótesis sobre la desaparición de Malito basadas en rumores recogidos por el cronista y la información sobre la génesis de la novela.

La novela parece ofrecer la reconstrucción periodística de unos hechos de la historia policial del Río de la Plata. Es en el epílogo donde normalmente un autor se instala fuera de la ficción para hablar sobre la obra o desde donde el periodista o cronista refiere abiertamente las peripecias de su investigación y expone abiertamente sus fuentes. «Piglia», sin embargo, en este epílogo obviamente «juega al póquer» o hace creer que miente[4]. La historia resulta ser, entre otras cosas, también el relato de un sueño:

> Esta lejanía me ha ayudado a trabajar la historia como si se tratara del relato de un sueño. Me parece que este sueño empieza con una imagen. Me gustaría terminar este libro con el recuerdo de esa imagen, es decir con el recuerdo de la muchacha que se va en el tren a Bolivia y asoma su cara por la ventanilla y me mira seria, sin un gesto de saludo, quieta, mientras yo la veo alejarse, parado en el andén de la estación vacía. (Piglia 2000a: 226-227)

---

[4] «Narrar, decía mi padre, es como jugar al póquer, todo el secreto consiste en parecer mentiroso cuando se está diciendo la verdad» (Piglia 2000c: 22-23).

Es decir, la historia es desencadenada por la imagen de una muchacha que el tren se lleva: es su alejamiento definitivo lo que pone en marcha los dispositivos del recuerdo[5].

Es también allí donde el supuesto autor enfatiza su carácter verídico. Su primera frase –«Esta novela cuenta una historia real»– nos remite a otras similares en la obra de Piglia como «La mayor incomodidad de esta historia es ser cierta» en *Mata Hari 55 (La invasión)* o, en este mismo orden de cosas, la famosa, tramposa contundencia de la frase inicial de «Homenaje a Roberto Arlt» (relato de *Nombre falso*): «Está en juego la propiedad de un relato de Roberto Arlt[6]», y que despiertan inmediatamente la sospecha en el lector atento de su obra[7]. Como ha observado Julio Premat (2004), el epílogo es contradictorio porque junto a las protestas de veracidad, de no interferencia, el narrador (autodeclarado al final) manifiesta una intención «desrealizante»:

> Se trata de un caso menor y ya olvidado de la crónica policial que adquirió para mí [...] la luz y el *pathos* de una leyenda.
> [...]
> He tratado de tener presente en todo el libro el registro estilístico y «el gesto metafórico» (como lo llamaba Brecht) de los relatos sociales cuyo tema es la violencia ilegal. (Piglia 2000a: 221)
>
> ...y yo la escuché como si me encontrara frente a la versión argentina de una tragedia griega. (2000a: 225)

---

[5] Irónicamente Blanca Galeano volverá, si bien no en la ficción sino en la realidad de los tribunales, con una demanda al escritor Ricardo Piglia por haber usado su nombre propio, su nombre real, y haber develado parte de un pasado que hubiera preferido mantener en el olvido. El juez desestimó la demanda.

[6] También en ejemplos ajenos, menos evidentes y muy antiguos, como «El único mérito que tiene este cuento de fogón, que aquí concluye, es ser cierto» –dice Lucio Mansilla en *Una excursión a los indios Ranqueles*, en el capítulo VI.

[7] Varios críticos han notado en *Plata quemada* la tensión entre las declaraciones «confesionales» del epílogo y la voluntad estetizante (y «desrealizante») de los narradores Piglia y Renzi: véase Clayton 1998, Fornet 1998 y Premat 2004.

En el «Epílogo» se relatan los hechos más evidentemente inventados, como la referencia repetida a Renzi[8] («periodista del diario *El mundo*») o el imaginado encuentro entre el narrador y Blanca Galeano en un tren a Bolivia que desencadenará el relato. El encuentro se presenta como real pero evoca toda una cadena de asociaciones literarias. Remite por un lado al tópico del encuentro azaroso y efímero, tibiamente erótico, en medio de la multitud[9], pero también a los encuentros en el tren en las novelas de Arlt[10]. Uno de los textos veladamente implicados en *Plata quemada*, *El idiota* de Dostoievski, empieza precisamente con un decisivo encuentro en un tren. Los encuentros con desconocidas y los encuentros en el tren que dan comienzo a una historia son figuras literarias ya clásicas de la fugacidad de la experiencia en la modernidad metropolitana.

La ficción que surge en ausencia de una mujer es un recurso que también aparece en *La ciudad ausente*: la máquina de relatos que Macedonio Fernández habría construido para superar la muerte de Elena, su mujer. Este procedimiento que sitúa a las mujeres en el origen y en la transmisión de relatos se reitera en *Plata quemada* (la confidencia de Blanca, la de la uruguaya Giselle y las voces femeninas que escucha Dorda). Las mujeres trasmiten mensajes herméticos y el que escucha los recibe como un don y una tarea. En vez de reforzar la impresión de concluir una relación documental, el epílogo parece abrir la perspectiva de la ficción, es decir, muestra una intención consciente de manipular los materiales.

El paratexto «Novela» en la cubierta del libro, el encuentro casual, el tren a Bolivia, la ausencia y el viaje son todos elementos que nos advierten que estamos ante una novela que reconstruye el recuerdo de «un sueño». La pretensión de veracidad se ve atenuada por esta declaración que habla de sueños, y de sueños a medias recordados: «el recuerdo perdido de una experiencia vivida. Casi los había olvidado ya...» (226). Este autodeclarado «autor», organizador de los materiales y supuesto autor de «una

---

[8] El nombre completo de Piglia es Emilio Ricardo Piglia Renzi.

[9] En Charles Baudelaire, por ejemplo, el soneto «A une passante» de los «Tableaux parisiens», sección de *Les fleurs du mal* (Baudelaire 1975: 256). Walter Benjamin vio en este poema el emblema de la sensibilidad moderna.

[10] Como el encuentro en el tren de Erdosain con una muchachita en *Los siete locos* y el amor a primera vista en un tren con que comienza el idilio de *El amor brujo*.

investigación», dice que «trabaja la historia» como el desarrollo de una reminiscencia, es decir, una forma de recuerdo que se parece al olvido.

En resumen, podemos decir que si las «marcas» del relato se asimilan a las del periodismo de investigación, el epílogo «contradice» sutilmente la pretensión documental mientras reafirma formalmente la veracidad de los hechos.

El fantasma que ausculta

La novela está toda ella atravesada por una íntima duda que envuelve a la figura del narrador. Se ha señalado la incertidumbre sobre la autoría del texto (véase Fornet 1998), y una lectura detenida de *Plata quemada* no tarda en percibir las ambigüedades de la focalización[11]. Es difícil saber quién «dice» cada cosa y quién o qué instancia son receptores de estas «voces» que a veces también parecen informes policiales o médicos o artículos de la crónica roja. También se dan casos de confesión, como la declaración bajo presión que se ofrece a la policía, y de confidencias al periodista, al cómplice o al amante.

Si la trama de *Plata quemada* está escrita en clave trágica como pretenden el periodista Renzi y el Ricardo Piglia del «Epílogo», estas voces ocuparían el lugar del coro que comenta los hechos. Pero se trata de un coro múltiple y heterogéneo. No habla con una única voz sino con una variedad de pareceres, de grados de proximidad a los agonistas y de participación en los hechos.

Con frecuencia no sabemos quién es exactamente el informante o el confidente. Sus palabras fueron «grabadas» y transcriptas, incluidas por la relevancia de la información y no por la de la fuente. Es mediante la forma de hablar de los personajes que el lector se va haciendo una idea, no sólo de lo que pasa, sino también de qué tipo de personas están hablando.

Hay una casi imperceptible ruptura en la manera de narrar al principio de la historia. El relato se inicia aparentemente desde la omnisciencia, pero participa levemente, en ciertas inflexiones del lenguaje, de lo clara-

---

[11] En este sentido, Julio Premat habla de una «focalización inverosímil» (2004: 127).

mente coloquial, en un tono que parece familiarizado con el ambiente que describe: «Dorda era muy supersticioso, estaba viendo siempre signos negativos y tenía múltiples cábalas *que le complicaban la vida*» (Piglia 2000a: 12; énfasis mío).

Ya en la página 13 se produce una inflexión, apenas perceptible, pero indudable: «Los mellizos eran *de la pesada, tipos de acción*, y Malito *se había jugado* por ellos, y les dio toda la información. Pero siempre desconfiado, eso sí, Malito, *cuidadoso al mango* con las medidas de seguridad» (Piglia 2000a: 13; énfasis mío).

Desde este momento el texto, que parecía estar vacilando sobre su rumbo, no abandona ya ese tono de confidencia hecha directamente desde el mundo del hampa o desde circuitos afines que incluyen a la policía, y en un lenguaje oral, a menudo el lenguaje probable de las personas que viven en el ambiente o en su entorno. Se difuminan las diferencias entre un narrador principal y sus citas, no hay una voz dominante. Así, la primera página pueda ser releída desde esta certeza: escuchamos confidencias de *insiders*. Hay frases aisladas, sin embargo, que no podemos atribuir más que a una voz de autoridad que corrige y especifica entre paréntesis, pero de cuya identidad no hay pruebas. A veces los fragmentos presentan una confidencia directa que sólo puede haber sido oral, porque suponen la presencia de alguien a la escucha que además puede ver los gestos del confidente: «Armaba una bomba en dos minutos, *movía los deditos así*, ajustando el reloj» (Piglia 2000a: 13), o «Se hacía entender por gestos y por señas, *ponía los ojos así*, o cerraba los labios para hacerse comprender» (Piglia 2000a: 72; énfasis mío).

No sabemos quién conoce tan bien a Malito en la primera cita, o a Dorda en la segunda, como para saber cómo se movían o que muecas o gestos hacían, pero sabemos que sin duda el hablante pertenece al mismo ambiente. Su breve comentario lo delata como alguien que ha compartido correrías con los personajes que describe, que ha compartido su mundo. El uso de los deícticos supone también que el receptor de este comentario estaba presente en el momento de la confidencia y que es alguien que evidentemente ha conseguido llegar a fuentes de difícil acceso en el mundo de la ilegalidad.

Incluso cuando parece que el texto va a retomar su dicción convencional del principio porque cuenta lo que dijeron los testigos, el tono sigue siendo oral y confidencial: «Algunos testigos aseguran haber visto a Malito en el hotel con una mujer. Pero otros dicen que sólo vieron a *dos tipos* y que no había ninguna mujer. Uno de los dos era *un flaquito nervioso* que *se inyectaba a cada rato*, el Chueco Bazán, que estaba realmente esa tarde, con Malito, en la pieza del hotel en San Fernando...» (Piglia 2000a: 15; énfasis mío).

No es probable que las expresiones subrayadas fueran por ejemplo del periodista Renzi y que hubieran sido publicadas en un periódico de 1965. Pero aun si lo admitiéramos, ¿quién es el que escribe o pronuncia entonces a continuación la palabra «realmente»? Alguien que sabe más que el testigo, alguien que domina la historia más allá de las declaraciones de los testigos. Este fragmento incluye la transcripción de lo que los testigos dijeron (y probablemente con sus palabras) y la transcripción (a partir de «el Chueco Bazán que estaba realmente...») de otra confidencia hecha por alguien imposible de identificar pero que sabe más. Es decir: la confidencia está incluida en otra confidencia.

A veces sólo los matices del habla hacen que el lector adivine el cambio de los sujetos de la enunciación. La descripción del asalto está hecha con retazos de conjeturas, las de los testigos recogidas por la policía o reelaboradas por algún periodista de la crónica roja. Nadie sabe exactamente cómo ocurrieron los hechos: «Los testigos se contradicen como siempre sucede, pero todos coinciden... [...] De ahí infieren que él era el que se inyectaba heroína... [...] Tal vez pensaron refugiarse en el hotel... (Piglia 2000a: 15).

No sabemos quién supone estas cosas a partir de las declaraciones de los testigos. Sobre la destrucción de las barreras del paso a nivel se da el testimonio de varios testigos y entre ellas la versión de los diarios (2000a: 42). Las versiones no se contradicen necesariamente, pero varía la forma de hablar, el lenguaje, y con ello la intensidad expresiva de algunos detalles. El periódico (el diario) dice de las barreras: «...las cortaron con las ametralladoras» (2000a: 42). Los testigos dicen: «las serrucharon limpitas» (Piglia 2000a: 42). De esta manera el lenguaje de la ciudad aporta un género de dramatismo, una subjetividad personal del emisor que difícilmente podría tener el lenguaje convencional de los medios de comunicación.

Puede que un periodista haya escrito lo siguiente: «La gente en situaciones como ésta siente que se le llena la sangre de adrenalina y se emociona y se obnubila porque ha presenciado un hecho a la vez claro y confuso» (Piglia 2000a: 15). Aunque poco probable, no es imposible tampoco atribuirlo al narrador «Piglia» del «Epílogo». Lo cierto es que es difícil asimilarlo con la persona o la voz que a continuación escribe o «*dice*»: «Rápido como una bala el auto. Tal vez uno de los malandras era mecánico y lo había afinado y lo dejó hecho una seda al sedán, con el motor a más de 5.000 revoluciones» (Piglia 2000a: 16).

Inmediatamente después en impecable prosa (¿periodística?) leemos la descripción convencional de la localidad de San Fernando: «San Fernando es un suburbio residencial de Buenos Aires con calles quietas y arboladas, poblado de grandes mansiones de principios de siglo que han sido transformadas en colegios o están abandonadas sobre las altas barrancas que dan al río» (2000a: 16).

En la fase siguiente sin embargo, se reconoce una clara voluntad estética, la de un narrador «literario»: «La plaza estaba quieta bajo la luz blanca de la primavera» (Piglia 2000a: 16).

El otro elemento que se incorpora aquí y se transforma en una constante en el resto del relato es la indicación, a veces entre paréntesis, que identifica al que habla o sitúa el testimonio. Delata la presencia de un receptor o recolector de los comentarios o de las confidencias: un periodista de investigación, por ejemplo. Alguien que transcribe lo que leyó y escuchó: «Por eso si uno tiene "mala fariña" (*dice Dorda*) hay que levantar todo» (2000a: 16); «Estaba nervioso Reyes. Muerto de miedo, en realidad (*según declaró más tarde*)» (2000a: 20); «La confusión indescriptible que el alevoso ataque produjo no permitió, en los primeros momentos, precisar lo que había ocurrido (*decían los diarios*)» (2000a: 37); «Más tarde se pudo comprobar (*según el informe del comisario Silva*)...» (2000a: 38); «Se vio que uno de los asaltantes era ayudado a subir al auto, presumiéndose (*según el parte policial*)...» (2000a: 39); «...desde el auto era divertido ver el desparramo (*veía el Nene*)...» (2000a: 40; énfasis míos, los paréntesis están en el original).

En estos últimos ejemplos se trata entonces de declaraciones (en la novela –no en la realidad– Dorda sobrevive y habla con Renzi en el hospital) a la prensa o a la policía, o se trata de citas de informes y partes policiales que suponen la labor mediadora de un periodista. Pero ¿cómo ubicar en un territorio fiable el último ejemplo? ¿Cómo puede saber el cronista, por ejemplo, lo que pensaba el Nene o lo que estaba mirando en el momento de la huida?

La escucha confidencial como principio organizativo

La confusión sobre un primer elemento abarcador de perspectiva narrativa no hace más que acentuarse a medida que avanza la novela. Lo que la unifica, sin embargo, es la presencia muda pero inevitable de ese misterioso receptor de confidencias, que a veces interrumpe el relato para preguntar detalles: «–Claro querido –dijo la madre–, me tenés que cuidar a Blanquita, mirá que si el padre se entera... –¿*Se entera de qué?* De que era casado. Casado y separado y siempre con negras baratas que sacaba de los cabarutes del bajo» (Piglia 2000a: 26; énfasis mío).

¿Quién formula esa pregunta en medio de la anécdota? Alguien que no podía estar formando parte del diálogo o de la escena. Se trata de alguien que los escucha o alguien que recibe por alguna vía el relato textual del diálogo entre Mereles y la madre de Blanca Galeano y está ansioso por conocer los detalles porque quiere saber más, quiere saberlo todo. En ese momento no organiza ni selecciona los datos para un lector ulterior, en cierto sentido *es* el lector o una figura del lector que se desdobla en pesquisa o periodista, o espía, ávido de conocer todos los testimonios y de escuchar todas las confidencias. Alguien le contesta: un confidente que sabe más y que tampoco conoceremos.

A veces parece que el escucha, el espía, el transcriptor a la caza de estas confidencias, confesiones y recuerdos ajenos, tuviera literalmente en frente a toda la «gavilla» (pero es imposible porque han muerto) y estuviera hablando con ellos en alguno de sus refugios, preguntándoles, escuchándolos:

> Y el Nene se alucinaba, ahí había aprendido a sentir el veneno de los valerios que lo verdugueaban porque sí, porque era joven, porque era lindo, porque tenías un gorompo más grande que el de ellos (decía el Nene), aprendí a guardarme el odio adentro... Aprendés sobre todo a pensar cuando estás en la gayola, un preso es por definición un tipo que se pasa el día pensando. *¿Te acordás Gaucho?* Vivís en la cabeza... (Piglia 2000a: 87; énfasis mío)

Es la transcripción de una de las conversaciones íntimas entre los mellizos cuando detenían el coche en medio del campo para descansar. ¿Pero cómo se obtuvo? ¿Había un imposible cronista delante? Situación del todo inverosímil, conversación que nunca pudo haber tenido lugar. Es como si los personajes fueran actores de una obra de Brecht, dispuestos a interrumpir su muerte escénica para hablar más de sí mismos, de su personaje, para discutir con el público, para seguir explicando, aun después de que hubieran agotado su papel en el escenario. Otra situación similar aunque más oscura es la siguiente:

> El Nene se dio cuenta en seguida de que el Gaucho era muy inteligente pero muy pirado.
> –Psicótico –dijo el tordo Bunge en el Melchor Romero.
> Por eso oía voces. Los que matan por matar es porque escuchan voces, oyen hablar a la gente, están comunicados con la central, con la voz de los muertos, de los ausentes, de las mujeres perdidas, es como un zumbido, decía Dorda, una cosa eléctrica que hace cric, cric adentro del mate y no te deja dormir.
> –Sufren a mil, loco, siempre una radio en la cabeza, vos sabés lo que es eso. Te hablan, te dicen porquerías. (2000a: 69-70)

El párrafo empieza con una referencia al Nene y sigue con una cita directa del doctor Bunge, como si Dorda terciara en el enunciado anterior. Pero puede ser el Nene que aclara su idea sobre Dorda. En estilo indirecto la frase siguiente no puede ser más que del cronista. Pero esta frase escrita en estilo culto desemboca sin transición en una cita en estilo directo de Dorda. La última frase («Sufren a mil...») sólo puede ser del Nene que entiende y protege a Dorda y explica al cronista su problema. Sólo que no sabemos nada a ciencia cierta, excepto que el cronista difícilmente puede haber hablado con estos personajes antes del asalto y la huida, a menos que —pero es una hipótesis descabellada— la crónica hubiera empezado efectivamente, como la narración, en el momento de la planificación del asalto y el cronista estuviera, como un reportero de guerra, «incorporado a la tropa» desde el principio.

En cualquier caso, es del todo imposible que este diálogo tripartito se hubiera dado después del asalto (y la muerte de los protagonistas).

El resultado es una intrincada selva de confidencias, confesiones, relatos, informes, todo una ciudad (o más bien las entrañas de una ciudad) «oída», captada en su fraseología, sus acentos y sus tonos. Se trata de un lenguaje incierto que no es exactamente la crónica roja, pero tampoco exclusivamente lenguaje callejero o del hampa, y que es todos a la vez.

Lo que localiza, restringe y delimita estos «rumores» es que refieren todos a los hechos de violencia cometidos por la banda y a las circunstancias que rodean estos hechos. La violencia engendra narradores. Tenemos la peripecia única de Eduardo Busch, un vecino comerciante que nunca salió de su barrio y de costumbres extremadamente regulares, «como los puntos blancos del estampado en la tela de los vestidos que vendía» (2000a: 45). Un excepcional y casual retraso de dos minutos camino a su trabajo le deparó una historia para contar el resto de su vida: se topó con la banda en medio de su frenética huida y ellos le robaron el coche. Podemos imaginar a Busch perfeccionando su historia a lo largo de los años. Le añade incluso una moraleja al estilo de los narradores tradicionales: «Así es como pasan las desgracias, son algo que nunca imaginamos, razonó, filosófico» (2000a: 45-46).

Este tipo de enseñanza popular vuelve a reiterarse ligeramente corregida en la página 135, pero ahora es el invisible cronista el que la escribe: «Lo que más se teme, lo peor en la vida, sucede siempre de golpe, sin que nadie esté preparado, por eso es lo peor, porque uno se lo espera pero no tiene tiempo de acomodarse y queda paralizado y sin embargo obligado a actuar y a tomar decisiones» (Piglia 2000a: 135).

Michelle Clayton (1998) ha señalado que no sólo se nos dan los testimonios sino también los «intereses» que cada testigo tiene en atestiguar y en cómo lo hace. Para Busch se trata de contar una historia quizás incluso aleccionante, que le otorgará un modesto prestigio. Para Abraham Spector, único sobreviviente del ataque al vehículo, el temor de que lo impliquen en el asalto es la motivación principal para declarar lo que la autoridad quiera que declare. Lucía Passero, la panadera montevideana, denuncia a los criminales aparentemente por deber cívico pero en su confidencia (¿al periodista?) reconoce un interés *voyerista* y sádico. Los testigos informan pero al mismo tiempo muestran su profunda complicidad con distintos aspectos de la violencia. A veces son cómplices directos o indirectos del asalto, a veces cómplices por omisión, otras por soñar con los delitos que los otros, los auténticos asaltantes, cometen. A veces simplemente por sadismo vicario, mediático, de consumo.

La violencia se convierte así en el motor de la ficción. Es la que motiva o engendra todo tipo de relatos, desde el relato clásico o tradicional con moraleja, pasando por el reportaje, el informe policial, la crónica periodística, el ensayo en el semanario *Marcha* que interpreta la quema del dinero y la novela misma que estamos leyendo. Narraciones personales, deslumbradas, interesadas, confidenciales, tramposas, eruditas, la violencia muestra así su productividad.

Es importante remarcar que estas declaraciones textuales obtenidas en la calle no son usurpadas por una instancia que las filtre, las depure o «traduzca», sino que aparecen sencillamente «al lado» y no «subordinadas» a la versión periodística del mismo hecho.

Estas voces formarían parte de materiales supervivientes en archivos que «el autor» habría consultado, pero implican la dependencia de un investigador que hubiera trabajado primero sobre el terreno, es decir, la presencia de un periodista de investigación empeñado en escuchar todas las versiones de primera mano.

La intermitente aparición de Emilio Renzi, «periodista de *El Mundo*», completaría este sistema de delegaciones prestando verosimilitud a la construcción total pero no veracidad: Emilio Renzi es un personaje ficticio, *alter ego* (y marca registrada) de Piglia. Además el escucha tiene acceso «sobrenatural» a la psiquis de los protagonistas y llega a lugares y personas a las que Renzi nunca hubiera podido llegar.

Los rasgos dominantes que asumen los modos de comunicación en esta novela son dos: uno es el del espionaje como lectura y escucha indiscreta y a veces ilícita, como el registro de las conversaciones auscultadas por el técnico de la policía Roque Pérez o la lectura de la correspondencia ajena por el cartero y matrero Anselmo. El otro es el de las confidencias entre amantes o amigos, entre «los mellizos» o entre ellos y las prostitutas en las que confiaron o amaron como Giselle o la «rusita». Más importantes todavía: las confidencias de los personajes a alguien que está a la escucha, alguien que pregunta y que se ha ganado la confianza del testigo ocular, del informante enterado, del cómplice, del policía, del juez e incluso de alguno de los pistoleros.

La narrativa de los grandes narradores sociales argentinos como Roberto Arlt y Rodolfo Walsh se caracterizó, entre otras cosas, por la recurrencia al lenguaje oral, coloquial, y al lenguaje «de los otros». Podría decirse que ante todo son narradores que ceden la palabra pero que los modos de esta cesión difieren.

Se ha dicho que la narrativa de Arlt está basada en la confesión y podríamos añadir que la narrativa de Rodolfo Walsh descansa sobre el testimonio y la denuncia. En esta novela de Piglia la cesión de la palabra al otro ocurre como robo en su forma violenta (la tortura) o como confidencia en su forma pacífica: alguien nos cuenta en confianza lo que vio y oyó o lo que otros dijeron que vieron y oyeron.

Inevitablemente ligada a la confidencia y como elemento organizador del relato, lo que parece condicionarlo estructuralmente es sobre todo la escucha. Hay un receptor atento que acaso ha estado haciendo preguntas y ha transcrito comentarios hechos en alta voz, tal vez grabados, y que ha recolectado textos y fragmentos de textos que luego ha transcrito con la aparente intención de ser fiel, de exponer los materiales directamente o de no interferir.

En este sentido, el texto está construido como un conjunto heterogéneo de citas (citas de reportajes, informes y comentarios) de incierta atribución. La referencia a Brecht en el «Epílogo» es importante, porque al hablar de «gesto metafórico» evoca las interrupciones del teatro épico brechtiano y por consiguiente la cita como recurso de extrañamiento[12].

---

[12] Para Walter Benjamin la cita era el equivalente a la interrupción y el gesto congelado en el teatro de Brecht, y ambos tenían el mismo objetivo: funcionar como dispositivo de distanciamiento (véase Guilloch 2002: 155).

El lector siente como si estuviera hurgando ilegalmente en la libreta de notas del investigador ausente y encontrara situados en desorden y yuxtapuestos los fragmentos de un material en su estado bruto justo antes de ser procesados como un relato periodístico. El relato mismo forma parte del secreto.

Nuevo periodismo y verdad de la ficción

El recurso de incorporar un testimonio inverosímil no es ajeno al género que se impone como predominante en *Plata quemada* y que no es la novela policial (en sus distintas vertientes), sino el llamado Nuevo periodismo o «género de no ficción», como se lo llamó en los Estados Unidos después de la aparición de *A sangre fría* de Truman Capote[13].

En esa delicada línea que separa la ficción de la no ficción, el nuevo periodismo se permite a veces recurrir a un estilo indirecto libre que posibilita armonizar sin escándalo el relato de las acciones o «la narración externa con la exposición escénica de (sus) pensamientos, sensaciones y sentimientos» (Chillón 1985: 285).

La incertidumbre acerca del narrador y la focalización incierta, sumados a las paradojas del epílogo, apuntarían a que *Plata quemada* es una novela de ficción donde las técnicas del nuevo periodismo están ficcionalizadas o al servicio de la ficción y no del documento. Podrían suponer, además, una implícita descalificación del género de no ficción. Truman Capote llegó a declarar lo siguiente sobre *A sangre fría*: «Fue porque quería escribir lo que yo denominaba una novela real, un libro que se leyera exactamente igual que una novela, sólo que cada palabra de él fuera rigurosamente cierta[14]».

Invirtiendo el procedimiento de Capote (y siguiendo en esto más a Arlt), Piglia confeccionó un texto de ficción que se lee como si fuera cierto. Al mismo tiempo, los hechos tienen base empírica y los nombres

---

[13] Se trata de un género con precursores argentinos como Rodolfo Walsh, autor de *Operación masacre* y *Quien mató a Rosendo*.
[14] Citado por Juan Cantavella (2002: 8).

son reales, son nombres propios, cuando el periodismo de investigación tiende a disimularlos «para proteger a los inocentes».

En ese texto el cronista «oficial» de la historia es desplazado en su función de relator por las voces plurales y «verdaderas» de los personajes. El modelo subvierte el modelo de la crónica, los signos de realidad y verdad que exhibe, para dejar paso al mundo enigmático de la ficción. Es algo que bien puede leerse como el triunfo de la ficción sobre la crónica o la confirmación de que, en la posmodernidad, la novela testimonial no puede existir más que como manierismo. Es una forma de decir: no existe el género de «no ficción» como tal, o es un género definido por sus técnicas literarias y no por sus objetivos declarados. Sus técnicas son narrativas, no informativas, y pertenecen al amplio abanico de los artificios literarios cuya misión es «hacer creer». Su verdad se expresa a través de la mentira poética o literaria, no en los documentos.

El surgimiento de un lector

Como se ha señalado, lo que el lector enfrenta al comenzar la lectura es el inventario de los hallazgos de la investigación en un momento «previo», es decir, en un tiempo anterior al proceso de selección, depuración y redacción. Al situarse las indicaciones sobre el montaje recién en el «Epílogo», el lector es inesperadamente colocado desde el principio en la posición del escucha, del investigador, del espía.

El efecto de este dispositivo es paradójico: obliga a una aprensión «distraída» de los secretos del montaje porque el lector se preocupa ante todo por seguir el hilo de la historia que los fragmentos pretenden mostrar. Puesto en la posición del «escucha», sin embargo, la percibe como presentación indiscriminada de versiones y aún de opiniones subjetivas que pueden contradecirse, que representan distintos puntos de vista y distintas personas y debe tolerar las incertidumbres que inevitablemente acompañan a la conjetura.

El lector insensiblemente va sintiéndose capaz de una interpretación propia (pero ilusoria) de los testimonios, capaz de juzgar su pertinencia o su credibilidad. Va descubriendo también que si esta novela tiene misterios uno de ellos es el de la identidad del narrador. De esta manera se sumerge en dos realidades distintas, pero paralelas y complementarias: la del acontecimiento y la de su relato.

La instancia que organiza o selecciona y en todo caso distribuye la palabra es ese personaje ávido de saber cuyo lugar y curiosidad parecen coincidir todo el tiempo con los del lector. Su figura fantasmal es la que va creciendo sin hacerse visible pero encarnando en otros personajes (incluso laterales) que la alegorizan. Menciono cuatro: Dorda, «el Gaucho rubio», porque escucha voces y tiene recuerdos literarios que no puede identificar (y está por eso más cerca de la figura del lector distraído). En segundo lugar, el técnico radiotelegrafista de la policía uruguaya, el «cabo Roque Pérez», que se esfuerza activamente por averiguar la identidad de las voces en el apartamento de la encerrona en Montevideo, y al que vemos luchar contra las interferencias, los ruidos y otras voces que a veces parecen venir de su propia memoria (lo que lo acerca a un lector «crítico»):

> Pero también las voces llegan de otro lado que no puede detectar. Desde el pasado, pensó el radiotelegrafista. Quizás desde las cañerías subterráneas navegaban las palabras de los muertos y así era posible seguir las conversaciones aterradas de dos viejas que se habían encerrado en el baño de algún departamento.
> –Santa María. Madre de Dios ruega por nosotros pecadores. De dónde venían estos rezos, quizás de la propia memoria del radiotelegrafista, quizás era la voz de alguno de los pistoleros o el lamento de un vecino. Iba grabando los sonidos y al lado alguien trataba de orientarse en esa selva de voces. (Piglia 2000a: 187-188)

Otra figura que podría estar cumpliendo este papel es la de un matrero, usurpador de la correspondencia ajena, escritor de cartas apócrifas y violador, cuya detención rememora Dorda hacia el final de la novela: «Los dos pesquisas con el loco Anselmo, de alpargatas y guardapolvo gris porque había trabajado en el correo y empezó a abrir las cartas y robar la correspondencia y a escribir cartas a las mujeres para violarlas según decían» (Piglia 2000a: 210).

También la chica que continúa recibiendo cartas de amor incestuosas de su padre después de la muerte de éste en México: «no sé quién se las escribía, la chica estaba como alucinada…» (Piglia 2000a: 133). Una historia que es inevitable relacionar con la del «loco Anselmo».

Lo que estas figuras tienen en común no es la facultad de narrar, sino la de ser receptores (eventualmente alucinados) de voces y textos cuyo origen es ambiguo o incierto o sencillamente imposible. La autoridad del invisible narrador y en general su presencia radica en la elección, selección y confrontación de los materiales. La novela, sin embargo, carece de un lenguaje dominante. Desde el punto de vista del registro, la novela va abriéndose a esa variedad sin jerarquías como si estuviera inventando un nuevo lenguaje.

Esa instancia incierta, que escucha y transcribe va haciéndose más abstracta, más inverosímil, porque el texto va incluyendo gradualmente conversaciones que nunca han podido escucharse y recuerdos ajenos o de personajes ya muertos. El universo que va construyéndose hasta el epílogo es el resultado de una «palabra colectiva y anónima[15]».

La figura que el texto va haciendo crecer, la única que ofrece cierta unidad de perspectiva, y la figura que todos estos personajes alegorizan no es entonces la de un narrador, que iría haciéndose paulatinamente más nítida (Roque Pérez, Dorda, Emilio Renzi, el Ricardo Piglia del epílogo[16]), sino la de un lector.

La acumulación de fragmentos anónimos que va contando la historia tiende a debilitar la figura del narrador y potenciar la del lector. No se trata naturalmente de un lector real sino de uno engendrado por la ficción, un lector «implícito» o ideal. Es la manera en que el texto interpela al lector real y, en definitiva, es una operación para implicarlo. El modo de implicación es el del espía o el del *voyeur*. El narrador, invisible (aunque poderoso), simula ceder su puesto a un lector que gradualmente el

---

[15] «La relación entre memoria y tradición puede ser vista como un pasaje a la propiedad y como un modo de tratar la literatura ya escrita con la misma lógica con la que usamos el lenguaje. Todo es de todos, la palabra es colectiva y anónima» (Piglia 1991).

[16] Es la tesis de Julio Premat (2004), avalada por la coincidencia en las iniciales de Roque Pérez, Emilio Renzi y Ricardo Piglia, todas iniciales que pueden atribuirse a Piglia.

texto va construyendo. Un tipo específico de lector: extremo, indiscreto, «alucinado» a veces.

El personaje del «Gaucho» Dorda o el «Gaucho rubio» encarna una reconcentración o *mise en abîme* de este procedimiento de recepción fragmentaria de discursos heterogéneos y de propiedad dudosa o confusa. Cuenta (¿a Renzi?) detalles de la historia, y acaso muchas de las anécdotas sobre los demás provienen de ese supuesto testimonio. Dorda mismo escucha voces, y como el lector, «escucha» también fragmentos de conversaciones y declaraciones que no puede identificar. Son voces que hablan, lo interpelan, lo insultan, lo intiman, le cuentan historias, leyendas, emiten juicios, mandamientos, rezos o pasajes adulterados de la literatura decimonónica argentina. Es todo el peso de una tradición y un lenguaje múltiples el que se hace patente en la mente hipersensible de Dorda, donde se reproduce la marcada heteroglosia de la novela pero de manera psicótica: liberando la energía dialógica tanto de un entorno como de una cronología[17].

Esta suspensión contextual de las voces en la mente psicótica da la palabra a otros, la memoria desordenada brinda el espacio para una polifonía de voces que «recuerdan» o «citan» pasajes de textos del pasado. Sólo que son como citas adulteradas y distorsionadas. Los recuerdos apócrifos de Dorda parodian y maltratan los textos del canon literario del siglo XIX argentino. De esta manera los actualiza, los recicla pero no los restaura: los devuelve a su extrañeza original. No es descabellado ver en esta actividad caótica, delirante, de la memoria el principio de construcción de la novela misma[18].

---

[17] Conviene repasar las ideas de Bajtin sobre estos límites contextuales del dialogismo, que en Dorda están suspendidos: «...no living word relates to an object in a singular way: between the word and its object, between the word and the speaking subject, there exists an elastic environment of other, alien words about the same object, the same theme, and this is an environment that it is often difficult to penetrate. It is precisely in the process of living interaction with this specific environment that the word may be individualized and given stylistic shape» (Bajtin 1981: 276).

[18] Premat (2004: 125) ha observado que esta polifonía, esta «selva de voces» y citas no es ajena a las ideas de Bajtin sobre la polifonía y a algunas de Foucault. Habría que considerar también a Benjamin y su concepto de «mortificación de la obra», a Bertold Brecht (y a un Brecht leído desde Benjamin) e inevitablemente a Arlt y a Borges.

La información como lengua degradada

Colocar en el centro de atención el montaje de los materiales, la variedad de versiones sobre un mismo hecho, la presentación de personajes a través de su gestualidad, la presencia de personajes que impiden toda forma de identificación en el lector y la disposición de estos materiales como un mosaico de fragmentos yuxtapuestos son técnicas del teatro épico de Brecht y constituyen operaciones de distanciamiento o «extrañamiento».

El manejo de una oralidad que no destaca a un narrador tradicional que nos ofrece el cuento sino que construye meticulosa y silenciosamente «la sombra de aquel que lo escucha» es un recurso borgeano que Piglia ha estudiado en «Tesis sobre el cuento» (2000d: 120). La polifonía de *Plata quemada* refleja también una lengua «degradada»: a través del recurso a las jergas estereotipadas de la prensa y la televisión y el mundo del crimen, la novela descansa sobre un lenguaje diverso en registros y compuesto de restos, sin emisores claros, abierto hacia la conjetura y la hipótesis pero también al «juicio» y a la «habladuría». Refleja una memoria convertida en «campo después de la batalla», donde «todo pasado es incierto e impersonal[19]». Es decir, refleja la dificultad moderna y posmoderna de una memoria personal y, en definitiva, de una comunidad de experiencia en el lenguaje.

En *Plata quemada* el lenguaje, las historias, los rumores, los chismes, las noticias, la «selva de voces» de la gran ciudad puede verse también como lenguaje en ruinas, habladuría, que alude o intenta nombrar una realidad que no puede, sin embargo, ser reconstruida a través de un lenguaje inequívoco.

La ciudad aquí es el ámbito de formas degradadas de comunicación que se despliegan sobre el trasfondo de una crisis de la narración como

---

[19] «Narrativamente podríamos hablar de la muerte de Proust, en el sentido de la muerte de la memoria como condición de la temporalidad personal y la identidad verdadera. Los narradores contemporáneos se pasean por el mundo de Proust como Fabrizio en Waterloo: un paisaje en ruinas, el campo después de una batalla. No hay memoria propia ni recuerdo verdadero, todo pasado es incierto y es impersonal» (Piglia 2000d: 50-51).

vehículo de la experiencia[20]. En la novela Ricardo Piglia intenta una narración construida con los elementos de la noticia, es decir, escrita desde el fetichismo contemporáneo de lo verídico. *Plata quemada* deconstruye la «no ficción», falsificándola.

La charlatanería incesante que incluye los zumbidos de la radio y de la televisión, los rumores de la calle y los discursos del poder pero también los pseudónimos de los personajes (o sea, sus «nombres falsos»), van acumulándose como desechos o ruinas de una identidad no reconstruible y como restos de recuerdos inútiles. La acumulación de todos estos fragmentos menesterosos de sentido, de una racionalidad totalizadora, puede llegar a conformar durante un instante una «constelación efímera», una chispa esclarecedora, como un billete ardiendo en el aire[21].

La plata y el habla

Está de más recordar que Ricardo Piglia tiene una gran deuda literaria con Roberto Arlt y viceversa, ya que fue Piglia quien lo ha transformado retrospectivamente en su «precursor» (en el sentido en que Borges hablaba de «Kafka y sus precursores») y lo ha situado en el altar de los grandes escritores rioplatenses del siglo XX. En este sentido conviene examinar aquellos aspectos de *Plata quemada* donde se adivina el gesto arltiano, es decir, del Arlt leído por Piglia.

Fornet llama la atención sobre actitudes de personajes que sueñan con dar el «batacazo» y hacerse ricos de golpe, como los personajes de Arlt y los temas arltianos de la locura y la traición[22]. Premat va un

---

[20] Walter Benjamin desarrolla la idea sobre una lengua degradada a habladuría en «Sobre el lenguaje en general y sobre el lenguaje de los hombres» (2007: 91-108) y sobre experiencia, narración y memoria en «El narrador» (1999: 111-134).

[21] Sobre la iluminación profana véase Benjamin 1983.

[22] «Tal vez no sea azaroso que según hace constar éste [Piglia] al final de la novela *Plata quemada* fuera finalizada el 25 de julio de 1997, es decir, la víspera de cumplirse cincuenta y cinco años de la muerte de Arlt» (Fornet 1998: 140).

poco más lejos al relacionar *Nombre Falso* con *Plata quemada* en el diseño de la trama:

> La verdad (la de la historia sucedida) habla del imaginario del autor, de una tradición literaria, de la dificultad de inventar historias. Habla de la sombra del «Escritor fracasado» de Arlt, ese «tipo que no puede escribir nada original, que roba sin darse cuenta» según leemos en el «Homenaje a Roberto Arlt», el cuento de Piglia, y también leemos allí: «así son todos los escritores en este país, así es la literatura acá. Todo falso, falsificaciones de falsificaciones». A ese «fracaso» se le agrega una teoría y una representación del autor como oyente, ladrón, sujeto presente y ausente, máquina, ente despersonalizado, enfrentado a una imposibilidad, a un freno, a una inconcebible palabra propia. (Premat 2004: 238-249)

Sandra Garabano, por último, afirma que Plata quemada es una nueva «celebración» del estilo de Roberto Arlt y en particular en el manejo de la lengua: «*Plata quemada* constituye un homenaje indirecto que va más allá de la evocación de los atracadores y rufianes alucinados que pueblan sus novelas. Piglia usa una lengua que evoca el estilo "mezclado e impuro" de Arlt y a través de esa operación lleva a un límite las relaciones entre oralidad y escritura en la ficción» (2003: 89).

También en la trama vemos un elemento caro a Piglia y relacionado con su lectura de Arlt, la ficción del dinero:

> Los delincuentes de *Plata quemada*, como la mayoría de los personajes de las novelas de Arlt, jamás piensan en ganar dinero a través del trabajo. En el mundo de Arlt el trabajo sólo trae pobreza y miseria. [...] Para sus personajes las operaciones económicas siempre están fuera de la ley y todo enriquecimiento es de alguna manera ilícito. Por otro lado, para estrechar esa relación entre el mundo de ambos escritores, el gesto de quemar el dinero antes de entregarse o morir sólo puede entenderse en un mundo en el cual no existe la lógica de la acumulación. (Garabano 2003: 90)

No estoy de acuerdo con esta última afirmación, porque en el gesto de quemar el dinero es, en mi opinión, justamente donde Piglia sobrepasa el mundo circular de Arlt. La observación de que los personajes de *Plata quemada* tienen ideas similares a los personajes marginales de

Arlt en relación con el dinero, su circulación, su manera de obtenerlo, puede confirmarse, sin embargo, con muchos ejemplos en la novela:

>   –En el campo, un solazo te cocina los sesos. Los pajaritos se caen de los árboles, del calor, en verano. No se gana nada trabajando –decía el Gaucho Dorda–. Cuanto más se trabaja menos se tiene, mi hermano el más chico tuvo que vender la casa cuando se enfermó la mujer y había trabajado toda la vida.
>   –Pero claro –se reía el Nene–. Fesa, ahora te avivás, a más laburo, más esclaveta... (Piglia 2000a: 68)

Arlt está en todas partes en la novela. Como estos tres críticos dicen de pasada, es inevitable pensar en *Los siete locos* ante las aventuras desmesuradas (aunque reales) de la banda de *Plata quemada*. A ello hay que agregar que el lenguaje escogido para narrar esta historia es un lenguaje que recuerda la «mezcla impura» de Arlt. La mayor parte de las conversaciones ocurren entre personajes del mundo del crimen que hablan una consecuente jerga callejera. El otro registro lingüístico es el de la prensa de asunto policial. *Plata quemada* está escrita haciendo uso de los «desechos del lenguaje». Sólo que la mezcla de *Plata quemada*, a diferencia de la de Arlt, es una mezcla de fragmentos en estado puro, que no llega a conformar un lenguaje homogéneo.

Las biografías criminales

Arlt acecha también en las biografías criminales, en las referencias indirectas a la Frenología, a las teorías de Lombroso y a las torturas policiales, y se asoma en las peripecias de Dorda aunque muchos de los elementos que se prestan a comparación parecen tener una doble filiación. Jorge Fornet ha observado que *Plata quemada* incluye pequeños homenajes al policial norteamericano. Ha reparado, por ejemplo, en que en el relato «Los asesinos» de Hemingway puede ser la base para la descripción de los mellizos al principio de la novela. También en que el asesinato de «la rusita» cometido por Dorda se parece al disparo del personaje masculino en el desenlace de *They Shoot Horses, Don't They?*

de Horace McCoy, la famosa novela llevada al cine por Sydney Pollack. Esto es muy probable por ser un caso de entendimiento «telepático» entre el asesino y la chica. Pero ya antes en Arlt abundan los casos de entendimiento telepático o de magia negra. Erdosain mata a una chica también con un tiro en la cabeza al final de *Los lanzallamas*.

Es plausible la comparación porque en el caso de Dorda la telepatía que le hace oír el ruego de la prostituta polaca es más que problemática, y no estamos nada seguros de que «la rusita» quisiera morir (como tampoco se puede estarlo con «la Bizca» que mató Erdosain[23]). En los perfiles psicológicos de los mellizos, encontramos una serie de elementos arltianos: «El Nene», como Erdosain en su niñez, construye casas con su imaginación en la cárcel para después destruirlas. La oscilación entre el sadismo y el placer de la humillación en los mellizos es parecida a la oscilación que sufre y goza Erdosain, que busca y se deja humillar por mujeres que considera inferiores y a las que a veces por último maltrata sin contemplaciones. En los mellizos esta tendencia aparece vinculada estrechamente a sus aventuras homosexuales:

> [El Nene] Sentía de pronto la necesidad de humillarse, era como una enfermedad, como una gracia, un soplo en el corazón, algo que no se puede impedir. La misma fuerza ciega que arrastra al que siente la atracción de entrar a una iglesia y confesarse. Él se arrodillaba frente a esos desconocidos, se hincaba (sería mejor decir, había dicho, contó la chica) ante ellos como si fueran dioses, sabiendo todo el tiempo que al menor gesto falso, a la menor insinuación de una sonrisa, de una burla, podía matarlos. (2000a: 96)

Es una historia que fácilmente puede compararse con las historias que Erdosain le cuenta a su esposa (para martirizarla):

---

[23] Por mi parte, me arriesgo a sugerir que buena parte del *pathos* del relato carcelario de «El Nene» le debe bastante a *Por el pasado llorarás* de Chester Himes, un autor de la serie negra norteamericana, cuyas ideas sobre el dinero, la narrativa y la vida lo aproximan en extremo a Piglia. Hay que mencionar también el parentesco de la novela carcelaria –autobiográfica– de Himes con temas piglianos como la homosexualidad en la cárcel y en general el encierro, la represión y los mundos masculinos.

Debido a la lluvia, hoy a la mañana no la vi. Esta noche estuve una hora esperándola bajo la garúa, en el sitio donde sabía que bajaba. Por fin llegó. ¿Te pensás que se emocionó de ver que la esperaba? Se limitó a decir «¡Usted por aquí!». ¡Ah, si supieras qué curioso! Estaba resuelto a continuar la comedia, a dejar que me humillara hasta donde le alcanzara la imaginación, pero el caso es que de pronto perdí la paciencia, y tomándola de un brazo, con tal fuerza que casi se pone a gritar, le dije: «¿Vos sabés lo que te merecés? Pues que te escupan a la cara». «Yo no le he dicho que me esperara», replicó furiosa la viborita, y entonces fue cuando estalló el salivazo. (Arlt 1980: 74; a continuación Erdosain la maltrata con violencia)

También el Gaucho Dorda busca la humillación: «Lo llevaban bajo los puentes y lo sodomizaban (ésa era la palabra que usaba el Dr. Bunge) y lo disolvían en una niebla de humillación y de placer, de la que salía a la vez avergonzado y libre» (Piglia 2000a: 203).

En cierto sentido, la libre sexualidad inclasificable de los mellizos, especialmente la sensación de Dorda de que por dentro es una mujer, es un remedo irónico del ideal hermafrodita del Astrólogo:

–No. Atiéndame bien. Lo que hay son avances interiores de la voluntad de vivir. Cuanto más intensa y pura sea la voluntad de vivir, más extraordinaria será la sensibilidad que capta conocimiento, de manera que en un momento dado el cuerpo humano llega al estado del hermafrodita...
–¿Cómo?...
–Es hombre y mujer simultáneamente. Pero, ¿ve? ya usted se asombra groseramente. Ha pensado innúmeras obscenidades en un minuto. Se le ha ocurrido un hombre masculino y femenino, simultáneamente. No hay nada de eso. Este hermafroditismo es psíquico; el cuerpo envasa a la mujer y al hombre tan perfectamente con sus dos distintas sensibilidades, que la personalidad doble absorbe las energías sexuales, y entonces la resultante es un hombre o una mujer sin las necesidades sexuales de uno u otro. Es decir, es perfecto en su perfecta soledad sin deseos. Está más allá del hombre. Es el superhombre. (Arlt 1980: 44)

Pero el hermafroditismo de Dorda está justamente gobernado por el deseo y sus tendencias no se anulan aunque, como un místico, a veces luche para frenar o anular sus eyaculaciones en una especie de economía sexual (y así de cierta manera se parece a Ergueta, el lector alucinado de la Biblia): «Cuando la carne escaseaba, se acostaban juntos, el Nene y el Gaucho Rubio, pero cada vez menos. Dorda era medio místico, le daba por dejar de coger y no hacerse la paja porque era muy supersticioso. Pensaba que si se le iba la leche, perdía la poca luz que todavía le alumbraba la cabeza y se quedaba seco y sin ideas» (Piglia 2000a: 70).

Los personajes de *Plata quemada*, como el Erdosain de Roberto Arlt, hablan con fantasmas –así, el Nene Brignone convive en su niñez con el fantasma de su tío Federico y el Gaucho Dorda escucha voces[24]–.

El periodista y los narradores

Otros elementos que hacen de *Plata quemada*, al menos parcialmente, la novela que Arlt pudo haber escrito y nunca escribió es la ligazón con el relato periodístico:

> Como Walter y su brusca salida de la redacción en busca de noticias en el final de *Los lanzallamas*, Arlt se lanza a la calle y en bares o barrios, cines o teatros, fiestas públicas o centros políticos, recupera anécdotas populares que corren de boca en boca, confidencias secretas que se susurran en alguna mesa de café. Arlt se apropia de historias y experiencias configurando en sus notas un entramado de voces que se entrecruza con los discursos provenientes del periodismo, los nuevos saberes tecnológicos, la literatura y la política. (Saítta: 1993: 65)

El «entramado de voces» que menciona Saítta en su artículo sobre Arlt es comparable a la «selva de voces» de la que se habla en *Plata quemada*. Si Arlt constituye un ejemplo latinoamericano del *flâneur* convertido en reportero al que se refiere Walter Benjamin[25], no es aventurado ver en

---

[24] Erdosain habla con un soldado de la primera guerra mundial (figura de su remordimiento). Al Nene en su niñez se le aparece un tío suyo fallecido. Erdosain conversa con una voz que le acusa o le discute, como le sucede a Dorda con sus voces.

[25] «El tono de esta versión es claramente crítico y funciona como advertencia a los "flâneurs" intelectuales de su propio tiempo. Benjamin describe las formas más modernas de este tipo social: el Reportero, un *flâneur* transformado en detective, busca

la figura de Renzi (reportero de *El mundo,* además) la reproducción en la ficción de un joven Arlt, reportero, columnista (un poco detective) y sobre todo un periodista que aspira a ser escritor. Es algo que podemos comprobar en el estilo de redacción de Renzi, que a menudo no coincide tanto con el del autor ficcional Piglia, sino con el lenguaje de *Aguafuertes porteñas*: «Es a partir de *acá* (según el cronista de *El mundo*) que empezaría *a cocinarse* el más *formidable asedio que se conozca en los anales* de la policía del Río de la Plata» (Piglia 2000a: 121; énfasis mío).

Como *flâneur* hecho reportero, Renzi (como Arlt) debe elegir entre convertirse en un propagandista «de las modas ideológicas» (el «hombre sándwich» al que se refiere Benjamin) o incidir en la realidad como un intelectual crítico. Se trata de la misma ambigüedad que Piglia ha señalado en la figura del detective privado. Desde su libertad de acción el detective oscila entre dos extremos opuestos: ser el confidente de la policía o ser el intelectual crítico[26]. Renzi parece haber elegido este último papel, el de contrapunto de los discursos y versiones oficiales, el de periodista que hace una lectura desconfiada e inquisitiva del poder.

El otro elemento arltiano, quizás el más importante, es la compleja y ambigua delegación narrativa en ambos textos. En *Los siete locos* y en *Los lanzallamas* se produce una narración mediada en diferentes niveles. Existen los distintos narradores, «entramado de voces» que cuentan la historia desde distintos ángulos o su parte en el todo de la narración, sus confesiones por lo general. Existe también un «comentador» que aparece en formas de notas que le permiten opinar sobre los personajes y los acontecimientos. Las dos novelas son una larga confesión hecha

---

la primicia; el fotoperiodista ronda como un cazador listo para disparar. El *flâneur* no es un vagabundo (*Musse*), más bien el vagabundear (*Mussigang*) es su oficio. Es el prototipo de una nueva forma de asalariado que produce noticias / literatura / anuncios con el propósito de información / entretenimiento / persuasión (estas formas no pueden distinguirse claramente). Como reportero de las verdaderas condiciones de la vida urbana en realidad disipa el tedio de su audiencia» (Buck-Morss 1995: 333-334).

[26] «El detective es una figura inventada, construida, es un experto en la interpretación, en un sentido el Dupin de Poe es el último intelectual. Entonces yo asociaría al crítico con el detective, no con el policía; lo cual no quiere decir que no haya habido o que no existan críticos policiales» (Piglia 2000b: 232). Sobre el detective como amigo, confidente de la policía, véase Piglia 2000b: 69.

por Erdosain a este anónimo comentador. El comentador, entonces, es alguien que transcribe y distribuye las intervenciones, que da la palabra y de vez en cuando comenta. En tercer lugar está también la voz del «autor», que en algún momento llega a confundirse, en la misma nota a pie de página, con el comentador. Es el comentador quien al final de *Los lanzallamas* escribe un «Epílogo»: «Después de analizar las crónicas y relatos de testigos que viajaron en el mismo coche con Erdosain, así como los legajos sumariales, he podido reconstruir más o menos exactamente la escena del suicidio» (Arlt 1980: 163).

En *Plata quemada* esta delegación es muy parecida pero no idéntica. También aquí los personajes cuentan (no confiesan) su parte en la trama o su historia personal. El comentador es Renzi, quien a veces interviene para aclarar o explicar quién está al habla. Transcribe las confidencias, pero también los fragmentos relevantes de los periódicos. Por último, en el epílogo aparece la figura ficcionalizada de un «autor» llamado «Piglia», que hace indicaciones sobre el surgimiento del texto y especula sobre la suerte definitiva de Malito.

PROSTITUTAS Y SUEGRAS EN ESPACIOS CERRADOS

En *Plata quemada* se dan situaciones notablemente arltianas como el encuentro revelador, esencial, íntimo con prostitutas (Dorda con «la rusita» y el Nene con Giselle). Son momentos en los que los personajes, como los de Arlt, buscan algo cardinal y antiguo, perdido o desvirtuado por la vida. El Nene consigue hablar de sí mismo con Giselle, una mujer en la que vio la posibilidad de la hermana que siempre quiso tener y la única persona, aparte de Dorda, en la que se confía y a la que le confía recuerdos perdidos de «un tiempo anterior al tiempo muerto en el que había empezado a caer preso» (2000a: 99). Era un tiempo en que tenía «poderes mágicos» –los poderes mágicos de la niñez pre-lógica–. Le cuenta el antiguo secreto de su clarividencia, su contacto sobrenatural con un tío difunto. También le cuenta su amor por Dorda. El Nene se ofrece así al juicio de Giselle, escucha sus vagas palabras como si hablara con un oráculo. Es probablemente en ese departamento («bulín») que se afirma en su lealtad a Dorda y en la voluntad de seguir con él hasta el final: «¿Te hablé de él? Le dicen el Gaucho porque vivió mucho tiempo en el campo, en Dolores... Tiene problemas neurológicos, es muy callado, oye voces que le hablan. Yo lo cuido y lo quiero a él más que a mi mujer y a mis hijos. ¿Eso tiene algo de malo?» (2000a: 104).

Dorda, el incapaz de expresarse, se encuentra a los 14 años con una prostituta extranjera que le habla en polaco o en un español argentino incomprensible –«palabras cariñosas como un canto incomprensible que sólo ellos dos entendían y que le entraban al Gaucho en las entretelas del corazón» (2000a: 202)– y que es la única persona con la que siente que se entiende o le gustaría entenderse, alguien a quien servir como se sirve a «una princesa polaca» y a quien poder explicarle todo, y por la que se siente (como Erdosain, como los personajes de Dostoievski) una intensa piedad y una suerte de adoración.

Otra situación que puede calificarse de arltiana es una forma particular de hipocresía y de cinismo ligada a las madres o a cierto tipo de suegras. En *Los lanzallamas*, en una de las escenas más duras de la novela, la dueña de la pensión donde vive Erdosain, protestando un abolengo puritano y respetable que realza su hipocresía, «vende» su hija de catorce años, la Bizca, a Erdosain por 500 pesos, al admitir un dudoso noviazgo que en realidad es una transparente transacción económica. Erdosain la había puesto a prueba cínicamente y la señora cedió. En *Plata quemada* Blanca, una adolescente de quince años, establece una relación con el Cuervo Mereles sabiendo que se trata de un criminal (que además le lleva más de veinte años), siguiendo en el fondo un mandato de su madre:

> «Tenés que aprovechar ahora que sos joven» le dijo su madre cuando empezó a llevar plata. El padre don Antonio Galeano vivía en babia, no sabía nada [...] La que se malició todo enseguida fue su mamá, se quejaba siempre de su padre, que no ganaba más que para vivir con lo justo, y en cuanto se enteró, empezó a quedarse sola con la Nena para que le contara. Las hijas hacen siempre lo que las madres quieren. (2000a: 26)

En ambos casos «habla la plata»; es decir, el dinero y la hipocresía juegan un papel determinante para una «suegra» cínicamente permisiva. La diferencia es que la madre de la Bizca envuelve la maniobra financiera en una retórica moralista y católica, mientras que la madre de Blanca hace gala de un «difuso cinismo universal» contemporáneo[27].

Y cuando lo conoció a Mereles la madre sintió los ojos del degenerado del Cuervo en las tetas y se empezó a reír. La Nena la miró y ella supo que también podía tener celos de su madre. «Parecen hermanas» dijo Mereles, «permítame que le dé un besito».
–Claro, querido –dijo la madre–, me tenés que cuidar a Blanquita, mirá que si el padre se entera… (2000a: 26)

Una última situación que cabría calificar como arltiana es la conjura en espacios cerrados que mezcla el crimen común con las intenciones políticas. En *Los siete locos* y *Los lanzallamas* los personajes, reclutados y adoctrinados por el Astrólogo, planifican una absurda revolución social haciendo uso del terrorismo indiscriminado. En *Plata quemada* hay militantes de la resistencia peronista de los sesenta involucrados en la trama del asalto. También ellos, como el Astrólogo, soñaban una alianza con el crimen para una conspiración revolucionaria de signo dudoso. La diferencia está en que en Arlt el Astrólogo dirige la conspiración y en *Plata quemada* son los criminales los que determinan el contenido de la acción y los «militantes» peronistas sólo cumplen un papel de colaboradores.

En *Plata quemada* el papel enigmático del Astrólogo lo cumple Malito. Como el primero, el segundo es admirado por sus capacidades –diabólicas, conspirativas– y lo rodea un aura de misterio e infalibilidad. Ambos personajes desaparecen de la escena justo antes de la hecatombe, cuando más se los necesita, abandonando a los hombres que ellos mismos habían

---

[27] Es una de las nuevas formas del cinismo que propone Peter Sloterdijk: «La función del dinero se manifiesta en su capacidad de implicar los valores superiores en negocios sucios […] Es el poder de la seducción. Él ejerce su poder sobre aquellos cuyos deseos, necesidades y planes vitales han aceptado la forma de lo venal… y éstos, en la cultura capitalista, son más o menos todos. Sólo en una situación de seducción universal –en la que además los seducidos sienten la palabra corrupción como moralmente exagerada– puede este talante frívolo del que habla Simmel convertirse en clima cultural frente a los bienes vitales superiores. No es otro que aquel que nosotros hemos definido al principio como "difuso cinismo universal"» (Sloterdijk 2004: 464-465).

reclutado. Ambos son carismáticos y expertos en el arte de la manipulación. La diferencia es que el Astrólogo es más que nada un retórico y Malito un hombre práctico, un «ingeniero».

Desviarse de Arlt

Los parecidos entre la novela de Piglia y la obra de Arlt son notables. Las diferencias, a mi modo de ver, son todavía más importantes: el lenguaje de *Plata quemada* no es el de Arlt porque aquel trabaja con registros distintos pero diferenciados, y el de Arlt es un lenguaje que mezcla lo culto y lo popular en un lenguaje único y por eso nuevo. El lenguaje de *Plata quemada* mezcla y suprime las jerarquías entre los registros pero los deja en estado puro. Las distintas lenguas, las del rufián, el policía, el periodista, el testigo, se reconocen justamente por su registro y tono. Se conservan como fragmentos independientes, yuxtapuestos pero no fundidos. Arlt produce realmente un lenguaje exótico al fusionar lenguajes de distinta procedencia en un discurso inconfundible que es único y es el suyo. La consecuencia es que en *Plata quemada* el narrador eventual está más oculto que en las novelas de Arlt, porque no abarca la novela con su habla traductora. La desaparición del narrador se produce desde la estructura lingüística del relato.

La otra gran diferencia tiene que ver con el tema de la traición. Desde un punto de vista social, la traición de los personajes arltianos se ejecuta hacia abajo, mientras que la de los protagonistas de *Plata quemada* hacia arriba. Dorda se reconforta de haber llegado al final sin traicionar: «[Y] sin embargo había terminado bien, entero, sin traicionar a nadie, sin dar el brazo a torcer» (2000a: 200). Entre los tres personajes que encaran la resistencia existe una fatal complicidad, mientras que en la «comunidad de humillados» (Massota 1982: 70) que conforman los personajes de Arlt toda complicidad desemboca en la traición. Según el penetrante análisis de Oscar Massota, Erdosain mata a la Bizca por repugnancia de clase, puritanismo y miedo (1982: 76-78). Dorda mata a la «polaca» o «rusita» por un imaginario afecto telepático (Piglia 2000a: 215).

Los personajes de *Plata quemada* no son exiliados de la clase media que circulan entre el *Lumpenproletariat* como el Rufián melancólico en *Los siete locos* (un profesor de matemáticas vuelto proxeneta), Silvio Astier (*El juguete rabioso*) o el propio Erdosain (*Los lanzallamas*). Los pistoleros no dudan entre el crimen y una existencia sedentaria en el seno de la clase media (como Erdosain); son hampones convencidos, «ñatos jugados» de «la pesada». Identifican sin vacilar sociedad y crimen. No escogen cometer un crimen «para existir», viven en él como el único mundo posible. No matan por razones metafísicas sino por oficio. No conocen los tormentos de la culpa (que acosan a Erdosain), y tampoco se confiesan: sus historias son autobiografías orales, confidencias que se hacen en la zona de no violencia, la del afecto o la de la confianza, sin incertidumbres morales ni remordimientos. A diferencia de Erdosain, no se arrepienten ni se suicidan. Mueren matando.

Narraciones de la legalidad

En la página 13 de la novela se discuten los nombres y sobrenombres de los personajes. La extraña coincidencia de que el criminal Malito se llame «Malito», y que un policía se llame Verdugo, Esclavo o Delator. ¿Hasta qué punto en los nombres propios está inscrito un destino?

«Gaucho» es un alias de Marcos Dorda y él mismo es de origen italiano aunque tiene memorias rurales criollas y modelos y destino matrero. A diferencia del Dahlman de Borges, en Dorda no hay pugna de linajes. En momentos extremos de la novela los personajes intercambian su nombre verdadero. Giselle le confiesa a el Nene antes de la catástrofe que su verdadero nombre es Margarita. El Nene llama a Dorda «Marquitos» por primera vez justo antes de morir durante el cerco policial a la banda. Pronunciar el nombre verdadero parece el santo y seña de una relación auténtica y se da y se recibe como un testamento. Los demás nombres, verdaderos o falsos, son nombres de guerra y coinciden con los roles sociales que desempeñan sus titulares, es decir, son, como ha escrito Germán García, «nombres impropios» (2000: 126-127).

La voz de los criminales no aparece como doctrina ni como noticia sino como narración confidencial. Básicamente son el relato de un «llegar a haber sido», es decir, como microrrelatos proustianos, contados en la forma retrospectiva que exige explicar el origen del presente. Es la búsqueda de Proust que puede resumirse como el relato de «como llegué a ser escritor» (Ricoeur 1999: 185), que en los mellizos se trata del relato de «como llegué a ser criminal».

Las biografías de los mellizos son «atípicas» porque no provienen de familias «antisociales», «alcohólicas» o «sifilíticas» como predica el comisario Silva. Brignone es hijo de un empresario y cae en el crimen de manera casual, y Dorda es hijo de una familia trabajadora de inmigrantes italianos. Llega al crimen a través de su sexualidad y de las voces que escucha. El Nene Brignone es encarcelado como cómplice de un crimen que no proyectó y del que ni siquiera fue testigo, pero desde entonces entrelazó su vida con los circuitos de la delincuencia y de la ilegalidad. Por sus confidencias sabemos que su aprendizaje de la vida adulta, su formación, se dio en el reformatorio y en la cárcel, así como la de Dorda tuvo lugar en los reformatorios y en «el frenopático». El Nene Brignone se convirtió en «carne de presidio». Las biografías de los mellizos desmienten las tesis esenciales de la criminología clásica de Lombroso y también las curas que éste recomendaba. Los paralelos entre la cárcel y la clínica se presentan como un laberinto de simetrías: Dorda es internado por loco y sale de la clínica convertido en criminal. El Nene fue encarcelado por criminal y aprende que el objetivo de la prisión, del encierro, de la soledad y de la violencia carcelaria es el trastorno mental: «...todo el tiempo pensás que los tipos quieren volverte loco. Que están para eso. Y te vuelven loco, tarde o temprano» (Piglia 2000a: 88).

La educación carcelaria de El Nene

Lo que la experiencia carcelaria de Brignone significa no lo podemos saber a través de los recortes de periódicos ni a través de los informes policiales. Conocemos su historia gracias a los momentos de pura narración que se saltan las limitaciones de una perspectiva narrativa verosímil. Un cronista anónimo y fantasmal nos cuenta las conversaciones entre los mellizos en los contados momentos en los que estos dos eternos fugitivos descansan y dejan fluir las palabras y los recuerdos. La narración de la experiencia carcelaria personal eclosiona entonces en esos momentos de no violencia en el que la inesperada «ternura» (entre los mellizos) o el interés de un tercero dispuesto a escuchar sin intervenir ni juzgar abre una dimensión propicia (y utópica) para el relato de una experiencia:

> (y el Gaucho lo dejaba hablar, le decía que sí, a veces incluso le agarraba la mano, en la oscuridad, los dos despiertos, fumando, boca arriba, en la cama, en alguna pieza, en algún hotel, en algún pueblo de la provincia, escondidos, guardados, los mellizos tomados de la mano, rajando de la taquería, con la pistola en el piso envuelta en una toalla, el auto escondido entre los árboles, parando un poco la marcha, tratando de descansar y de calmarse, dejar de rajar por lo menos una noche, dormir en una cama). (Piglia 2000a: 86-87)

En ese tono de confidencia abandonada a sí misma aprendemos la experiencia del tiempo en la cárcel, como pérdida de la noción del calendario, como un fluir interminable de las horas y el tedio –«La cárcel hace lentos los días y veloces los años. ¿Quién decía eso?» (Piglia 2000a: 207).

Nos enteramos del aprendizaje de la violencia, del entrenamiento en la violencia para sobrevivir al maltrato de los otros presos y de los carceleros: «Y el Nene alucinaba, ahí había aprendido a sentir el veneno de los valerios que lo verdugueaban porque sí, porque era joven, porque era lindo, porque tenías un gorompo más grande que el de ellos (decía el Nene) aprendí a guardarme el odio adentro...» (Piglia 2000a: 87). Se aprende el sentido del encierro, la humillante privación sexual, el trato vejatorio hasta destruir toda noción de amor propio, el desarrollo gradual de un profundo resentimiento:

> ...hombres grandes que no pueden coger, porque para eso te encanan, para que no puedas garchar, por eso te llenás de veneno, te tienen en una heladera, te meten en una jaula llena de machos y nadie puede coger, vos querés y te verduguean, o peor te hacen sentir un mendigo, un croto, terminás hablando solo, viendo visiones... (2000a: 86)

El encierro, la quietud, el transcurso vacío del tiempo, el insomnio generan el surgimiento de una vida paralela, la de la imaginación que postula mundos posibles, la alucinación: «¿Te acordás Gaucho? Vivís en la cabeza, te metés ahí, te hacés otra vida, adentro de la sabiola, vas, venís, en la mente como si tuvieras una pantalla, una tele personal, la metés en el canal tuyo y te proyectás la vida que podrías estar viviendo o ¿no es así hermanito?» (Piglia 2000a: 87).

Las historias que se inventa el preso pueden ser obsesivas, alucinadas o directamente sexuales. Cada preso es en su cabeza un pequeño Sade que va llenando su calabozo de imágenes permanentemente renovadas en una serie infinita de combinatorias inspiradas en el deseo:

> Me acordaba de minitas de ocho, diez años que había conocido en la escuela y las hacía crecer, las veía desarrollarse, saltar la soga, a la hora de la siesta, les veía los soquetes blancos, las piernas flacas, las tetitas que empiezan a llenarse, y a la semana de estar en ese mambo ya me las estaba moviendo, no las dejaba crecer mucho… (2000a: 88).

Es en el relato propio que se encuentra la posibilidad de una explicación de la vida criminal de Brignone, que desmiente la explicación usual de la delincuencia por una niñez problemática en una familia problemática.

> Pero las mujeres no son lo peor, porque las mujeres, mal o bien, podés verlas, acordarte, lo peor es que te tienen encerrado y no vivís, estás como muerto y ellos te hacen hacer lo que quieren y esa vida vacía a la larga te quiebra, te llenás de rencor, te envenena. Por eso el que va preso es carne de cárcel, sale y vuelve y eso pasa por el gran veneno que te inculcan ahí adentro. El Nene había jurado que nunca más iba a caer… (2000a: 89).

Frase, esta última, que adelanta el final de la historia. Pero no se trata sólo de que esta imposible confidencia nos permita oír la voz propia de Brignone, sino de que su relato es una lectura del mundo y de la sociedad desde la cárcel, es decir, desde la violencia, desde un «afuera» de la sociedad. Es el relato carcelario de una vida y una visión desde la perspectiva del presidio, el relato de un aprendizaje, la extracción de una sabiduría brutal sobre los hombres:

En cana (contaba a veces) aprendí lo que es la vida: estás adentro y te verduguean y aprendés a mentir, a tragarte la vena. En la cárcel me hice puto, drogadicto, me hice chorro, peronista, timbero, aprendí a pelear a traición, a partirle la nariz de un cabezazo a tipos que si los mirás torcido te rompen el alma... (Piglia 2000a: 86).

El «verdugueo» hace del cuerpo un cuerpo atormentado y libera el pensamiento en el delirio imaginativo. En la cárcel vive el propio límite de la experiencia como límite de lo pensable, como anulación del sentido. Percibe el tiempo en su radicalidad, el lenguaje como mentira o vacío y la conciencia como locura.

Si la tragedia clásica situaba el castigo y la expiación como una forma de conocimiento de la ley a través del dolor, esta «versión argentina de una tragedia griega» presenta la expiación del crimen como aprendizaje de una sombría picaresca. Como el hijo de Martín Fierro, el Nene ha hecho su aprendizaje del crimen como un aprendizaje social, pero para él no hay «Vuelta», no hay reconciliación ni consejo del padre que lo devuelva a la moral del Estado. Más aún: Brignone aprende la óptica criminal necesaria para tratar con una sociedad que se descubre como criminal.

Dorda, máquina de escuchar

Marcos Dorda, el Gaucho rubio, además de un temerario pistolero que «sonríe como una nena» es un psicótico adicto a las drogas, implacable y sensible, profundamente dependiente afectivamente de su compañero el Nene (Franco Brignone). Dorda es un hombre del campo que lee (como un urbano personaje de Arlt) *Mecánica popular*, tiene una sexualidad que no puede clasificarse en una orientación definida y repiensa el universo desde el principio, como un filósofo presocrático: «Estamos hechos de aire –decía–. Piel y aire. Después, adentro, está todo húmedo, entre la piel y el aire –trataba de explicarse científicamente, el Gaucho Rubio–; hay unos tubitos [...] Estamos hechos de leche, de sangre y de aire –dijo el Gaucho una noche volado con coca, y locuaz» (2000a: 71).

Dorda tiene recuerdos como sueños a medias recordados. Muchos de ellos son literarios y tienen una extraña coherencia: son rurales y decimonónicos: «Habían entrado a caballo por el patio embaldosado y la mujer salió a pedirles respeto con la escopeta de dos caños bajo el brazo. ¿De dónde venía ese recuerdo?» (Piglia 2000a: 207).

Los «recuerdos» provienen, entre otros, de *La cautiva*, de *Facundo*, de *Martín Fierro*, de *Moreira* o de *Una excursión a los indios ranqueles*. Resulta evidente que Dorda lleva las marcas heterogéneas de un corpus de obras que se confunde con el nacimiento de la nación y que ha sido consagrado por la tradición, pero que ha perdido su capacidad de chocar.

En este sentido, las obras decimonónicas actuarían como el depósito textual (un archivo) de las luchas e ilusiones del pasado recordadas como un sueño. Su perfil, sin embargo, como personaje está hecho de residuos reconocibles de esa tradición.

En mi opinión, Dorda además de evocar modelos del errático bandidismo decimonónico tiene un claro antecedente en un personaje de Lucio Mansilla: el «cabo Gómez». Pueden descubrirse asombrosas coincidencias entre ambos: el «cabo Gómez» era un hombre silencioso, temerario en el campo de batalla, casi un héroe de la patria, pero que cuando bebe se vuelve brutal y sufre alucinaciones que lo convierten en un individuo peligroso, en un asesino. Mansilla nos cuenta que Gómez es el soldado más valiente a sus órdenes pero que tiene un turbio pasado. Había matado a su querida cuando en una alucinación creyó ver en ella misma un rival que la abrazaba; que borracho y alucinado mató también a otra persona confundiéndola con un oficial que lo había humillado; que murió fusilado por las mismas autoridades que lo habían usado como carne de cañón y que tenía una hermana melliza con la que se comunicaba «telepáticamente» (Mansilla: en línea).

También Dorda es silencioso –sufre de afasia–, es intrépido y asesino y alucina con voces e imágenes imposibles. También mató a una mujer que amaba, «la polaca», «la rusita», «la cautiva», por culpa de sus voces (2000a: 215). También piensa que se comunica telepáticamente con un «hermano», el Nene. Y también muere, por último, ejecutado por las autoridades.

Pero hay más huellas decimonónicas: se nos dice que Dorda (como Martín Fierro, como Hormiga Negra o Juan Moreira) era un «matrero» (2000a: 203), que como Martín Fierro, mató a un hombre después de una borrachera (204) y que esa fue «su primera muerte»; que como Martín

Fierro tiene el recuerdo de haber sido «estaqueado» y teme que lo castiguen así en el futuro («Me van a estaquear…» (2000a: 205). Él y el Nene forman como Cruz y Fierro una pareja trashumante, de fugitivos unidos entre ellos por fuertes lazos de afecto. Es como si la memoria de Dorda estuviera conformada por memorias de perseguidos y de excluidos, de delincuentes sociales, y su «inadaptación» incluyera marginados sociales emblemáticos de la literatura argentina. El criminal de hoy podría haber sido un héroe si el Estado lo hubiera necesitado en otras épocas –como lo fueron los lanceros de Coliqueo mientras estuvieron bajo el mando de Mitre, o los gauchos de las guerras de independencia antes de convertirse en un desecho social–. «Si hubiera una guerra, un supongamos, que hubiera nacido en la época del general San Martín, el Gaucho, decía el Nene, bueno tendría un monumento. Sería no sé, que sé yo, un héroe, pero nació fuera de época» (2000a: 72).

Mansilla describe al cabo Gómez cubriendo en solitario la retirada de sus compañeros en el asalto a Curupaití ante el avance imparable de las tropas paraguayas: «Y ebrio con el olor de la pólvora y de la sangre, hacía fuego y cargaba su fusil con la rapidez del rayo, como si estuviera ileso. Aquel hombre era bravo y sereno como un león» (1870: en línea). También Dorda se agiganta en el combate: «Pero el tipo más entero y más valiente que se haya podido ver (según Brignone). Una vez con una Nueve se enfrentó a la yuta y los tuvo a raya hasta que el Nene pudo entrar con un auto marcha atrás y sacarlo, en Lanús. Fue alucinante. Parado y tirando con las dos manos, *sereno*, bum, bum, con una elegancia y los canas cagados de miedo» (Piglia 2000a: 72; énfasis mío).

Dorda tiene la memoria de los perdedores de la historia social argentina. Pero también es el príncipe Myshkin, el idiota de Dostoievski que se hace cargo del dolor ajeno. Así lo vio Renzi cuando lo sacaron, medio muerto y ensangrentado y la gente se le echó encima para golpearlo: «Un Cristo, anotó el chico de *El Mundo*, el chivo expiatorio, el idiota que sufre el dolor de todos» (Piglia 2000a: 217).

Un Cristo, un idiota, un Myshkin «invertido» porque es violento, mata, roba y es implacable. «Sanguinario enigma de la nación», es «el otro» por definición, como el caudillo riojano en la famosa introducción al *Facundo* donde Sarmiento habla del dictador, emblema de la barbarie y «enigma de la nación», el monstruo que también es esfinge muda, «mitad mujer y mitad tigre».

Dorda parece entonces una versión más modesta de esta mezcla de feminidad y ferocidad felina: «Y sonreía como una nena, más frío que un gato» (Piglia 2000a: 69). La «inversión sexual» de Dorda que los psiquiatras le atribuyen se aplica más bien a otros ámbitos. Es un gaucho fuera de su tiempo, un «gaucho rubio»; un redentor que asesina, un mudo que trasmite las voces de todos. La propia excentricidad de Dorda, su ser inclasificable para los demás (salvo como «criminal nato» o «retrasado mental»), su «extraña» sexualidad, su dificultad para ser asimilado como personaje, para ser reconocido, la resistencia que presenta a la identificación, actualiza, destruyendo su forma convencional heredada, las figuras legendarias del bandido convertido en héroe popular. ¿No fue acaso el gaucho matrero o «malo», antes de *Martín Fierro*, un personaje inclasificable, por su raza incierta, su lenguaje híbrido y su modo de vida nómada, su incivilidad sexual? El propio Martín Fierro era un bebedor, un matrero, un asesino, un desertor[28]. El lenguaje del gaucho decimonónico estaba hecho también de los restos de otros lenguajes y guardaba la memoria inconsciente del romancero español junto a residuos de los lenguajes indígenas. Lengua híbrida, lengua propia, hecha de lenguas perdidas. El gaucho histórico fue un oxímoron antes de ser emblema de la barbarie y después folklore nacional. La figura extraña de Marcos Dorda retoma de alguna manera ese choque, esa violencia.

Las voces que le hablan a Dorda no son tampoco fidedignas ni coherentes. Le llegan fragmentariamente y las «citas» literarias que recibe como recuerdos ajenos le llegan distorsionadas y mezcladas —como por ejemplo la historia de un improbable cacique ranquel acusado de sodomía y ahogado en una laguna del sur, o los pasajes distorsionados de la Biblia que contienen también esta anécdota apócrifa (2000a: 64)–. No

---

[28] Borges en una encuesta de 1946 de la revista *El Hogar* y a propósito de los premios literarios, decía lo siguiente: «Imaginemos que en 1872 ya hubiera existido un mecanismo de recompensas como el actual y que José Hernández hubiera, muy humanamente, considerado la posibilidad de que le tocara una de ellas. ¿Se habría animado a exhibir al gaucho como desertor, como borracho, como asesino y como matrero? En otras palabras: ¿hubiera escrito el *Martín Fierro*?» (Borges 2000: 168).

se trata de citas, ni siquiera de parodias, sino de una forma específica de irreverencia y rescate: la literatura como parte de la memoria personal, los recuerdos literarios como síntoma psicótico. En la cabeza de Dorda los fragmentos de recuerdos o de textos que no leyó, en clave de delirio (narcótico), se emancipan –especialmente después de la muerte de El Nene– de cualquier referencia. El Gaucho Rubio es un personaje arcaico y a la vez absolutamente moderno. La memoria de Dorda es un campo ruinoso, repleto de desechos, como pedazos de historia que han perdido su unidad original pero donde se cuelan, además de las amenazas y las advertencias del poder, las voces dificultosamente articuladas del sufrimiento y la insumisión:

> Eran gritos de las ánimas perdidas en las angustias del infierno, las almas extraviadas en el concéntrico sistema del Infierno de Dante, porque ya estaban muertos, eran ellos los que, al hablar, hacían llegar sus voces desde el otro lado de la vida, los condenados, los que no tienen esperanza, ¿en qué graznidos se convierten sus voces? se preguntaba el radiotelegrafista que, cuando podía concentrarse, distinguía crujidos agudos, disparos y gritos y también palabras en un idioma perdido. (2000a: 162-163)

Hacia el final de la novela, cuando Dorda, el último sobreviviente del combate prolongado con la policía, siente que ha llegado al límite de sus fuerzas, se produce en él una condensación de todos estos fragmentos y avisos en la imagen de un «matrero» que recuerda haber visto en su niñez: el «gringo Anselmo» o el «loco Anselmo». Se trata además de un matrero lector que roba y lee cartas ajenas y Dorda lo recuerda como una figura admirable, que lleva con orgullo sus manos esposadas flanqueado por dos agentes que lo custodiarán en el viaje en tren hacia la cárcel, «… orgulloso de ser un mal hombre, un rebelde,…» (2000a: 210). Junto a la imagen, las palabras de la madre que ella pronuncia como un exorcismo y una advertencia pero que en Dorda han funcionado como mandato del destino: «–Así vas a terminar vos –la finada le dijo esa noche» (Piglia 2000a: 210). Esa imagen, que no es leída sino vivida pero que se recuerda como un sueño, como una ficción, actúa como una condensación final de todos esos recuerdos literarios en un modelo ético, una forma de dar sentido a la experiencia.

En el momento de máximo peligro y de cara a la muerte, Dorda se adhiere oscuramente a un destino de matrero (tal como, según Borges, entiende Cruz su «destino de lobo» al unirse a Martín Fierro) o a una muerte de acuerdo a un linaje elegido (como el Dahlmann de «El sur»).

La herencia psíquica, textual, que satura la memoria de Dorda parece tener mucho más que ver con la metempsicosis o la reencarnación que con la herencia de sangre (biológica) que sugiere el Dr. Bunge y difunde el comisario Silva en sus ruedas de prensa. La elección procesada en la interioridad de Dorda se inscribe en una herencia literaria que vio en el coraje un lujo del excluido[29].

Las palabras del poder

En la jerga criminal, en el lunfardo, y en general en el habla coloquial argentina (Borges decía que el argentino tenía un «esnobismo al revés» y que gusta de imitar el lenguaje del hampa) existe el verbo «verduguear» (derivado de verdugo) que significa el maltrato, la tortura, el castigo físico o psíquico. Los personajes de *Plata quemada* lo usan para referirse al modo de manifestación del poder; en la novela el poder «verduguea» por definición. Los poderes «verdugueantes» son principalmente las instituciones de la clínica y el presidio, el médico y el policía. Los mellizos son «carne de loquero» (2000a: 67, Dorda) o «carne de cárcel» (2000a: 89, El Nene). El representante de los saberes clínicos es el doctor Bunge (el «tordo Bunge») y el de los policiales es Cayetano Silva (el «Chancho Silva»). Ambos saberes institucionales al servicio de la «normalidad» se complementan y entrelazan en la vigilancia social y en la represión.

En la violencia vigilante, como sabemos, se entrecruzan saberes clínicos, sociales y policiales. Hay una guerra que se lleva a cabo con conceptos, clasificaciones, delimitaciones. La violencia del discurso es invisible pero hiere, y en esta novela tiene dueños. En *Plata quemada* la política,

---

[29] En «El gaucho» Borges escribe de éste que «su pobreza tuvo un lujo: el coraje» (Borges 2003: 74).

el periodismo y los saberes profesionales forman un intenso entretejido cuyo núcleo es el enfrentamiento, una continuación de antagonismos violentos por otros medios, una forma particular de la violencia.

Si Dorda es el personaje híbrido por definición, el «idiota», y parece por eso estar en contacto con el sueño, con la noche y con los muertos, Silva y Bunge son vigilantes, son la ley, es decir: cuidan «el espacio de vela» de la ciudad[30]. En *Plata quemada* son los representantes del discurso público de la autoridad y como tales, vigilan, silencian y ocultan (matan) pero también «hacen hablar» (torturan), confesar o inventar si es necesario. Ellos definen el peligro y el enemigo. Califican, predican y enseñan, y a veces su retórica descansa sobre una poderosa violencia léxica. Cuando la banda escucha por primera vez desde su último refugio la voz del megáfono que los conmina a rendirse los delincuentes reconocen la voz de la autoridad:

> La voz llegaba distorsionada, en falsete, una típica voz de guanaco, retorcida y prepotente, vacía de cualquier sentimiento que no fuera el verdugueo. Tipos que gritan seguros de que el otro va a obedecer o se va a hundir. Ésa es la voz de la autoridad, la que se escucha por el altavoz en los calabozos, en los pasillos de los hospitales, en los celulares que llevan a los presos en medio de la noche por la ciudad vacía a los sótanos de las comisarías para darles goma y máquina.
> Entonces Mereles miró al Nene.
> –La yuta. (2000a: 134)

La violencia léxica que comparten los criminales y los policías es el generador de un lenguaje hecho para herir, intimidar y destruir:

---

[30] «...pues el ser de la ciudad no puede surgir sino con la apertura del koinon, de lo común hallado en el claro discurso público. Lo común denomina aquí la condición de una inteligencia de organización que vela como "ley", nomos, por la ciudad y sus miembros. Ante esta veladora conciencia diurna de la comunidad se representa la noche, necesariamente, como antagonista. La noche es el estado en que cada ciudadano aislado abandona el koinon para descender a su "propio mundo" a su idiotez, a su diálogo onírico con los muertos. Los durmientes son anónimos, apolíticos, anestésicos, alógicos. Durmiendo, los ciudadanos descienden al Hades bajo la ciudad» (Sloterdijk 2001: 334).

Los restos muertos de las palabras que las mujeres y los hombres usan en el dormitorio y en los negocios y en los baños, porque la policía y los malandras (pensaba Renzi) son los únicos que saben hacer de las palabras objetos vivos, agujas que se entierran en la carne y te destruyen el alma como un huevo que se parte en el filo de la sartén. (2000a: 168)

Patología criminal

Una de las figuras más notables de *Plata quemada* es el Doctor Bunge, obviamente caricaturesco y ligeramente anacrónico, pero con un linaje histórico reconocible. El doctor Bunge es casi como una de las voces de su paciente Dorda y es Dorda quien lo cita, pero el cronista ha tenido acceso a sus informes sobre el Gaucho.

Bunge representa una instancia muy seria de asignación léxica, de violencia verbal clínica. La primera intervención, cita, del Doctor Bunge aparece como un informe sobre la relación entre Dorda y el Nene:

«su *oscura mente patológica*» (decía el informe psiquiátrico del doctor Bunge) pensaba rara vez en otra cosa que no fuesen las drogas y las voces que escuchaba en secreto. Es lógico (según del Doctor Bunge) que dejara, el Gaucho, las decisiones a cargo del Nene Brignone. «Un caso muy interesante de simbiosis gestáltica. Son dos pero actúan como una unidad. El cuerpo es el Gaucho, *el ejecutor pleno, un asesino psicótico*; el Nene es el cerebro y piensa por él». (Piglia 2000a: 63; énfasis mío)

Resulta un tanto extraño este informe que sólo pudo ser concebido después de los hechos, ya que Bunge había atendido a Dorda antes de su encuentro con el Nene. Otra vez estamos ante la distancia brechtiana que da prioridad a la discusión sobre y con los personajes independientemente de la cronología de la trama. Para el doctor Bunge existen tipologías como la del criminal, que pueden leerse en las facciones o el cráneo: «Dorda tiene entonces la cara perfecta de la clase de sujeto que representa (agrega el Doctor Bunge), la de un lunático criminal que actúa con una sonrisa nerviosa, angelical y sin alma» (Piglia 2000a: 66).

Aparentemente Bunge cree aún en la frenología de Gall y piensa que la inclinación de sus pacientes a la delincuencia está escrita en sus cuerpos. Su tarea es determinar junto al derecho y a la policía el grado de peligrosidad del paciente, establecer un diagnóstico que pueda servir no tanto para entender sino para clasificar y controlar. «–Bueno Dorda –dijo el doctor Bunge–. Está bien por hoy. –Y anotaba, en la ficha, obseso sexual, perverso polimorfo, libido desmedida. Peligroso, psicótico, invertido. Mal de Parkinson» (Piglia 2000a: 67).

La descripción de Bunge, sus anteojos, su barbilla, su lenguaje modernista y su retórica de especialista neutral, el dogma de un saber clínico aplicado a los fenómenos sociales, lo delatan como una caricatura del médico positivista de principios del siglo XX. La figura emblemática de esta corriente clínica aplicada a la criminología es la del italiano Lombroso (1835-1909), autor de un clásico de la criminología, *El hombre delincuente* (1876). Sus tesis partían del origen biológico de la delincuencia, descrita como «atavismo», es decir, como retroceso al hombre prehistórico o como «degeneración», y sostenían que esa inclinación estaba escrita en las facciones y en el cuerpo del delincuente. El método empírico podía descubrirla, «leerla».

Según Lombroso, la tendencia al delito se manifestaba en rasgos reconocibles del carácter. Su tesis más famosa y polémica fue la de vincular la epilepsia con la tendencia al crimen. El alumno local más destacado de esta corriente –de enorme audiencia en la época, no hay que olvidarlo– fue el italoargentino José Ingenieros (1877-1925), ensayista de perdurable impacto, fundador de la criminología argentina, modelo de intelectual modernista y considerado, después de la muerte de José Enrique Rodó en 1917, «Conductor de las juventudes de América». Ingenieros fue un intelectual de convicción positivista y prosa modernista que dejó clásicos de lectura masiva, al punto que sus libros llegaron a venderse en ediciones baratas en los kioscos de periódicos. Con motivo de la creación de los Archivos de Psiquiatría y Criminología, Ingenieros discutió las tesis de degeneración de Lombroso en *Criminología* (1907), donde sostenía que sea social o congénita, la degeneración, en última instancia, es biológica. Sobre una herencia original se inscriben factores sociales que determinan el grado de inadaptación social.

Ingenieros defendía una clásica idea de progreso social que podría sintetizarse en la dicotomía productor-parásito. Todo alienado, loco o delincuente era una fuerza negativa para la sociedad. Había que constituir entonces una medicina social preventiva como defensa contra individuos inadaptados, una terapéutica del delito. Había que determinar, en el afectado, el grado de «peligrosidad», y segregar en establecimientos adecuados a los diversos casos, es decir, abandonando toda interpretación del delito en términos de libre albedrío, responsabilidad y castigo.

La retórica de Bunge está construida con conceptos y nociones que fueron popularizadas por José Ingenieros en la Argentina y que crearon toda una escuela de criminología de profundas repercusiones durante la primera mitad del siglo xx. La relación íntima de Bunge con los aparatos represivos del Estado, su papel en la lucha contra la delincuencia o la inadaptación como «psiquiatra de la cárcel» podrían estar basados en datos biográficos del propio Ingenieros, quien en 1900 trabajó en el Servicio de Observación de Alienados de la Policía de la Capital federal y mucho más tarde en el Instituto de Criminología de la Penitenciaría Nacional de Buenos Aires.

Algunas tesis de Ingenieros consagraban como principios biológicos prejuicios sociales, sexuales y de género, y su violencia discursiva descansaba sobre todo en el diseño de toda una categoría de «patologías» como base para las conductas que antes se habían considerado sencillamente inmorales: las adicciones, la homosexualidad, la delincuencia, la violencia, algunas formas de simulación, conductas «poco viriles» o conductas renuentes al trabajo. Proteger a la sociedad de la delincuencia y la desviación era una forma de tratar con los problemas sociales desde un ángulo médico[31]. Y es precisamente a este ideario que parece responder devotamente el doctor Bunge. Su objetivo es la normalización. En la institución clínica *Melchor Romero* esta normalización se intenta por la persuasión discursiva, en alianza con medios más contundentes:

---

[31] En una nota de Edgardo H. Berg (2004: 219) encuentro una confirmación indirecta de este vínculo entre Bunge e Ingenieros: «[L]a crítica argentina, basada en aportes de Alberto Villanova, especializado en la historia de las ideas, advierte ciertos matices del positivismo argentino de fin de siglo y resonancias lambrosianas en la construcción de la figura del Gaucho Dorda».

...todavía no le habían vaciado la cabeza con los shocks eléctricos, con las inyecciones de insulina para que fuera como todos. Fue el Dr. Bunge con sus anteojitos redondos y la barbita en punta el primero que le empezó a decir que tenía que ser igual a todos. Que se buscara una mujer, que hiciera una familia. Porque desde siempre, el Gaucho que era un matrero, un retobado, un asesino, hombre de agallas y de temer en la provincia de Santa Fe, en los almacenes de la frontera, al Gaucho siempre le habían gustado los hombres... (Piglia 2000a: 203)

Se trata de un mandato de normalidad ya ejercido por la madre de Dorda, que implicaba también una advertencia y una profecía; «Vos vas a terminar mal» (Piglia 2000a: 199), le dice su madre y como un eco científico de la sabiduría materna, el doctor Bunge repite «Si sigue así va a terminar mal Dorda» (2000a: 204). Curar su desorden sexual, su «inversión», es una tarea médica y también moral: «Por eso lo trataban con las inyecciones y las pastillas en el hospital para curarlo, para volverlo sordo, para sacarlo del pecado de la sodomía» (Piglia 2000a: 204)[32].

A ratos el linaje del doctor Bunge resulta cristalino y el eco de Ingenieros parece una cita textual: «A veces el Dr. Bunge pensaba que era un simulador, Dorda, que buscaba zafar de la ley y se hacía el loco para no ser condenado. En el informe, de todos modos, Bunge explicó la «caracteropatía» de Dorda como la de un esquizo, con tendencia a la afasia» (2000a: 64)[33].

Si se toma en cuenta que Dorda, como hemos visto, es un «idiota que se comunica con los muertos», es probable que las dudas de Bunge

---

[32] Esto no impide que el primer día de internamiento en la clínica lo violen tres enfermeros, demostrando que los guardianes de la normalidad y del dinero son a veces los que más practican las llamadas «perversiones», así como la policía a menudo practica «apropiaciones ilícitas».

[33] Compárese con: «Las simulaciones de estados patológicos se encuadran en el principio común a los demás fenómenos de simulación, siendo, como todos ellos, simples medios adaptativos a las condiciones de la lucha por la vida. Sus móviles más comunes son tres: la explotación de la beneficencia, eludir el servicio militar y la simulación de la locura para obtener la irresponsabilidad penal. Son casos particulares de la ley general que comprende a todos los fenómenos de simulación» (Ingenieros 1901: en línea).

estuvieran fundadas en comentarios como el de su maestro Ingenieros sobre los simuladores antiguos:

> Conocida es la propensión de los neurópatas y las histéricas a fingir toda clase de afecciones, sin excluir la locura; famosos son los falsos demoníacos y los falsos inspiradores, que en todo tiempo han simulado ese estado mórbido de la mente que permite el éxtasis, la profecía, la posesión por seres sobrenaturales, la comunicación con entidades invisibles; en cuanto ese estado mental puede mirarse como patológico, los que lo han fingido han sido verdaderos simuladores de la locura. (Ingenieros 1901: en línea)

La figura del doctor Bunge aparece entonces como un comentario irónico sobre la violencia de los «saberes clínicos» al servicio del poder[34]. Posiciones como la suya en su papel como asistente de autoridades penitenciarias y policiales han sido discutidas por Foucault en *Vigilar y castigar*:

> Bajo el nombre de crímenes y de delitos, se siguen juzgando efectivamente objetos jurídicos definidos por el Código, pero se juzga a la vez pasiones, instintos, anomalías, achaques, inadaptaciones, efectos de medio o de herencia; se castigan las agresiones, pero a través de ellas las agresividades; las violaciones, pero a la vez, las perversiones; los asesinatos que son también pulsiones y deseos […] El examen pericial psiquiátrico, pero de una manera más general la antropología criminal y el discurso insistente de la criminología, encuentran aquí una de sus funciones precisas: al inscribir solemnemente las infracciones en el campo de los objetos susceptibles de un conocimiento científico, proporcionar a los mecanismos del castigo legal un asidero justificable no ya simplemente sobre las infracciones, sino sobre

---

[34] Resulta curioso que varios comentaristas de la obra elogien el «cuadro patológico de Dorda» como retrato clínico bien logrado, o bien lo critiquen como una información innecesaria, dos maneras de tomarse en serio al Doctor Bunge: «Menos feliz resulta la tendencia a describir de a ratos la psicología de los personajes, en vez de dejarlos actuar y que el lector forme su opinión propia» (Schoo 1997: en línea). Mucho más chocante resulta el siguiente ejemplo, dado que el critico retoma como un eco las palabras del Dr. Bunge y las hace suyas: «Estos son delincuentes "poco comunes", drogadictos feroces, homosexuales, tránsfugas del bajo mundo, ex presidiarios que conforman un cuadro típico de psicopatía hábilmente dibujado por Piglia» (Torres-Gutiérrez 1999: en línea).

los individuos; no ya sobre lo que han hecho, sino sobre lo que son, serán y pueden ser [...] [los jueces] se han puesto, pues, a juzgar otra cosa distinta de los delitos: el «alma» de los delincuentes. [...] ¿El papel del psiquiatra en materia penal? No experto en responsabilidad, sino consejero en castigo; a él le toca decir si el sujeto es «peligroso», de qué manera protegerse de él, cómo intervenir para modificarlo, y si es preferible tratar de reprimir o de curar. (Foucault 2002: 19, 20, 23)[35]

Marcos Dorda, el Gaucho Rubio, mantiene una sexualidad inclasificable que sólo responde a los imperativos difusos del deseo. El personaje ha confundido a los críticos, que hablan de una sexualidad «extraña», y en general al «público», que ha querido, sin éxito, reconocer en Dorda las señas de identidad de una subcultura gay[36]. Ahora bien, Dorda y el Nene no se orientan a un sexo específico. En Dorda el deseo abarca desde la heterosexualidad a un misticismo de la plena renuncia. A mi modo de ver, habría que hablar de una subjetividad débil montada sobre una circulación libre, caprichosa, del deseo tal y como la describieron (y promovieron) Gilles Deleuze y Felix Guattari.

La «extraña» sensualidad de Dorda es análoga a su hibridez sociológica (la de sus linajes, a la vez inmigrante y criollo) y a su reciclaje textual (textos de la literatura percibidos como contenidos de la memoria). Su delirio transcurre por circuitos que exceden la «escena familiar» clásica del psicoanálisis[37]. Lo que más se acerca a la sexualidad de los mellizos es el discurso libertino del siglo XVIII, sólo que la esencia del libertino

---

[35] Frente a la normalización represiva propugnada por Bunge aparece quizás en el texto, secretamente, la figura de quien realizó una reflexión radical sobre el origen de la clínica y la voluntad de poder en las ciencias humanas: «El médico de guardia era un pelado con anteojos que tomaba nota en una libreta» (Piglia 2000a: 67). Michel Foucault trabajó en una clínica sueca como enfermero mientras escribía su *Historia de la locura en la época clásica*. Entre estos dos títulos homónimos, entre estas dos «historias de la locura», se tejen los diálogos entre Dorda y el Dr. Bunge.

[36] La película basada en la novela enfatiza este aspecto transformando a los mellizos en una clásica pareja «gay», propia de las imágenes contemporáneas de una nueva forma de normalidad.

[37] Michel Foucault opone al movimiento gay la tesis de que la liberación sexual no es la puesta al día de las verdades secretas concernientes a uno mismo o a su deseo, no es la definición de una identidad u «orientación sexual» (como la homosexualidad),

no está en sus actos sino en un discurso que se mueve entre la razón ilustrada y la «sin razón» de la sexualidad. La sexualidad de los mellizos, y en particular la de Dorda, se inscribe en una lógica transgresiva pero silenciosa. En este sentido esa muda desmesura evoca el nacimiento de ciertos «mutismos» de la literatura moderna[38].

El «caso Dorda» fascina a los psiquiatras precisamente por resultar «ilegible»: «Siempre había sido objeto de interés para los médicos, los psiquiatras. El criminal nato, el hombre que se ha desgraciado de chico, muere en su ley. Era un destino al que no podía escapar...» (Piglia 2000a: 212). Aquello que no se puede explicar, a lo que no puede dársele un sitio y un nombre «se le llama el "mal absoluto"» (Piglia 2005b: 83). Dorda es para sus psiquiatras y carceleros un enigma y un peligro. Es un fenómeno en el que coinciden la etimología y el uso de la palabra «monstruo»: ese ser mitad felino, mitad mujer (que fue el misterio de la barbarie para Sarmiento). En torno a él, al ilegible, al inexplicable, se teje un discurso de alerta, de temor y de vigilancia.

Silva, el discurso vigilante

El discurso clínico no se detiene en la meticulosa diagnosis del Dr. Bunge. Se extrema y se exaspera, se hace abiertamente político, en manos de Cayo Silva. Su prédica se basa en la igualación entre delincuencia y oposición política. Representa las posiciones menos veladas de un discurso oficioso y latente en cuyos enunciados puede leerse, retrospectiva y proféticamente, los de las dictaduras futuras: la del general Onganía primero, pero sobre todo la que encabezaría el general J. R. Videla desde marzo de 1976:

---

que representaría otra forma de «normalidad». El sexo no sería una fatalidad, sino la posibilidad de acceder a una vía creadora (Foucault 1994: 739).

[38] «La obra de Sade tiene la pretensión, tuvo la pretensión de ser la borradura de toda filosofía, de toda literatura, de todo el lenguaje que ha podido serle anterior, y la borradura de toda esa literatura en la trasgresión de un habla que profanaría la página vuelta así a tornarse blanca... creo que Sade es el paradigma mismo de la literatura» (Foucault 1996: 70).

Había armado un escuadrón de la muerte siguiendo el modelo de los brasileños. Pero actuaba legalmente [...] «Se terminó la delincuencia común» decía Silva. «Los criminales ahora son ideológicos. Es la resaca que dejó el peronismo. [...] Son delincuentes sociales, son terroristas [...] Son como los argelinos, están en guerra contra toda la sociedad, quieren matarnos a todos» [...] Y bajaba línea, todo el tiempo, hacía discursos, explicaba. [...] La policía de Buenos Aires venía llevando una campaña de exterminio. (Piglia 2000a: 60-61).

Una de las funciones de esta prédica («línea») es justificar la necesidad de aniquilar a los miembros de la banda sin contemplaciones, enfatizando su peligrosidad social (y sexual): "Los que huyeron (ha dicho *off the record* el comisario Silva) son sujetos peligrosos, antisociales, homosexuales y drogadictos", y agregó el jefe de policía "no son tacuaras ni peronistas de la resistencia, son delincuentes comunes, psicópatas y asesinos con frondosos prontuarios"» (Piglia 2000a: 84). Y también:

> Estos señores son psicópatas, homosexuales –miró a Renzi–. Casos clínicos, basura humana. [...] A ellos no les asusta el peligro, traen la muerte en la sangre, matan inocentes en la calle desde los quince años, hijos de alcohólicos, de sifilíticos, son resentidos, carne de frenopático, delincuentes desesperados, más peligrosos que un comando de soldados profesionales, son una manada de lobos acorralados en una casa. (2000a: 179)

Es evidente que Silva no es sólo el funcionario obediente y brutal especializado en la tortura, también es un ideólogo y un agitador: desarrolla una labor de adoctrinamiento. Silva, sin embargo, no ha inventado nada, los materiales de su discurso se encontraban embrionariamente en el pensamiento en los propios *Maestros de juventud* a principios de siglo.

Resulta interesante comparar esta combinación de retórica policial y clínica con un pasaje de José Ingenieros dedicado a la descripción de un personaje de novela, un anarquista violento, Germán, en la novela *Hacia la justicia* (1902) de Francisco A. Sicardi:

> Germán, instigador de la multitud anarquista, es un *degenerado hereditario*, hijo de un padre *criminal nato* y de una madre que no conoce. Le han faltado la caricia maternal y la tibia dulzura del hogar. Su educación

es torcida. De los brazos mercenarios, en que oyera las nemias adormecedoras, pasa al Colegio de jesuitas, donde un vaho de hipocresía rebela precozmente su espíritu. Las lecturas anarquistas encuentran en su alma un humus propicio para el florecimiento de las odiosidades. Su padre, en un venenoso testamento, le conmina a las más abstrusas venganzas contra toda la sociedad. Así se forma esta *siniestra psicología* que se precipita locamente en el despeñadero de la *criminalidad colectiva*. (Ingenieros 1903: en línea; énfasis mío)

El comisario Silva teme, significativamente, el retorno de una alianza entre el crimen político y el social. Teme la alianza entre delincuentes y resistencia peronista y alude precisamente al «tiempo de los anarquistas»: «La gente de la resistencia peronista (resumía Silva) cansada de la militancia heroica había empezado a chorear por su lado. Había que cortar esa conexión porque si no iba a volver el tiempo de los anarquistas cuando no se distinguían los chorros de los políticos» (Piglia 2000a: 61).

Silva alude a los vasos comunicantes entre delincuencia social y resistencia política. Al mismo tiempo atribuye a sus enemigos una serie de patologías, entre las que notablemente se encuentra siempre la homosexualidad. Propaga un discurso «paranoico», propio de los Estados policiales de perpetua vigilancia. Representa el discurso de un régimen que se siente amenazado desde la multitud, que sufre el estrés político que supone la amenaza múltiple, invisible y anónima. El discurso de Silva extiende la sospecha como método, y fabrica *extranjeridad*, es decir, *crea* al enemigo interno como recurso político de autolegitimación.

El texto de Piglia se construye sobre el eterno retorno de narrativas pasadas, su recurrencia, su reciclaje, su reaparición en contextos siempre diferentes. La criminología surgió a finales del siglo xix como reflejo «paranoico» –diría Piglia– de una burguesía que se sentía amenazada por un nuevo peligro: las masas urbanas de desposeídos inclinadas a la revuelta y al delito contra la propiedad. Como la novela policial, nació como un reflejo temeroso respecto a la muchedumbre anónima[39]. En esa

---

[39] Sigue resultando interesante al respecto el comentario de Walter Benjamin: «...la masa aparece como el asilo que protege al asocial de sus perseguidores. Entre

medida, fue el intento de anticiparse a la violencia ilegal por medio de estrategias de control, identificación y diagnóstico. Las nociones penales de la criminología positivista coincidieron con la preocupación de las clases privilegiadas y les proporcionaron un instrumento práctico y teórico para conjurar la amenaza que las llamadas *classes dangereuses* representaban para el orden establecido (Romero 1999: 89).

De modo que el personaje de Silva, extremo y nítido como una figura caricaturesca del teatro circense popular del XIX, evoca la historia del Estado argentino tanto como Dorda encarna la historia de sus enemigos.

Dos violencias y un mismo botín

Los razonamientos del cronista sobre las complicidades oficiales del robo añaden luz adicional a las circunstancias de la inmolación de la banda, revelan su motivación secreta: la ruptura de «los tratos implícitos que rigen la ley no escrita entre la pesada y la patota» (Piglia 2000a: 37), es decir: las convenciones de entendimiento entre la delincuencia armada y la represión policial.

Se trata de un tema reiterado en Piglia y que tiene un linaje arltiano, y está en relación con el tema de la propiedad y las formas de apropiación como núcleo esencial tanto de lo social como de la ficción. La sociedad se asienta en formas legales de apropiación y en formas legales de violencia. Habría que decir mejor: la propiedad es un robo legalizado *a posteriori* por el más fuerte y el derecho es en el fondo esa violencia del poderoso empeñada en eternizarse[40]. En la ilegalidad el robo alcanzaría sus formas puras.

---

sus lados más amenazadores se anunció éste con antelación a todos los demás. Está en el origen de la historia detectivesca [...] El contenido social originario de las historias detectivescas es la difuminación de las huellas de cada uno en la multitud de la gran ciudad» (1988: 55 y 58).

[40] A esto se refiere también el epígrafe de Brecht que encabeza la novela y que proviene de la *Ópera de los dos centavos* de 1928: «¿Qué es robar un banco comparado con fundarlo?».

La sensación de que la policía y los delincuentes son un espejo invertido se ve subrayada por las cabezas visibles de los dos grupos. Cayetano Silva se especializa en la tortura; su personalidad se caracteriza por la frialdad y la eficiencia: «un tipo profesional, inteligente, bien preparado pero muy fanático» (2000a: 61). Mario Malito se enorgullece secretamente «por la difusión de la desgracia» (2000a: 52) que su banda provoca. También es un «tipo frío», o al menos así le gusta que lo vean: «un tipo frío y calculador, un científico que organizaba sus acciones con la precisión de un cirujano» (2000a: 53). Silva desconfía profundamente de la multitud y se mueve por la ciudad sospechando siempre el delito detrás de las apariencias: «Hay crímenes, adulterios, robos, pero uno anda por las calles y todo se mueve normalmente y con el aire de falsa tranquilidad...» (2000a: 79).

Malito también tiene enemigos invisibles, piensa que todos los teléfonos de la ciudad están intervenidos, también teme a la multitud y se lava las manos con alcohol porque piensa que el contacto con las manos de otras personas trasmite enfermedades contagiosas (Piglia 2000a: 18). Malito planifica el asalto como una operación militar (19), y Silva alecciona a los policías de la encerrona diciéndoles que se trata de una operación de guerra (179). Ambos tienen marcas de la violencia en el cuerpo: Silva una cicatriz en la cara, de la herida que le provocó un ladronzuelo asustado (78), y a Malito le llaman «el rayado» porque está loco y porque en la espalda tiene las cicatrices de los azotes que le dio un policía de pueblo (18). Ambos son implacables, científicos y «paranoicos», y ambos comparten la obsesión por la higiene. Silva quiere «limpiar la ciudad de esta bosta» (61) y Malito ve bacterias por todas partes, como si el temor al contagio y el discurso de la higiene fueran las patologías del poder[41]. Los discursos del poder son discursos de la vigilia y de la vigilancia. Representan fuerzas que mantienen la alerta de la ciudad, «una inteligencia de organización que vela como "ley", *nomos,* por la ciudad y sus miembros» (Sloterdijk 2001: 334), dándole sentido a la vida colectiva. Pero estas instancias discursivas vigilantes aparecen en el texto de

---

[41] El propio Piglia ha comentado que la dictadura de los años setenta alimentó una «ficción médica»: la subversión se describió como virus y la intervención militar como una dolorosa pero necesaria intervención quirúrgica (2000b: 113).

Piglia como atravesadas por la *hibris*. Son fuerzas inseguras, «estresadas», represivas, que no pueden ofrecer la hospitalidad de un discurso público coherente y creíble.

Los pistoleros sabían que serían ultimados sin contemplaciones porque se habían arriesgado a apropiarse de todo el dinero y porque sabían demasiado. Su acto también representó un sabotaje a la estructura de la delincuencia institucional. Fue también una rebelión «laboral» (y social) dentro de una sociedad del crimen en la que hay jerarcas o «patronos» (que no manchan sus manos), que se mueven e incluso representan la legalidad o las instituciones, y del otro lado, ejecutantes o trabajadores del crimen: los que se arriesgan. El enfrentamiento entre la banda de Malito y la policía (podría decirse también: entre la banda de Malito y la banda de Silva) es un enfrentamiento entre la violencia ilegal y la legal. En *Plata quemada* este enfrentamiento es, en realidad, el de dos partes criminales implicadas al principio en un mismo delito. La diferencia entre las dos violencias no es moral sino jerárquica.

El estado, la prensa y la violencia: el *flâneur* degradado

En el contexto del régimen político argentino de los años sesenta, la novela de Piglia parece retratar las conductas de un Estado amenazado por su mala conciencia. Como se sabe, se trata de una democracia limitada que proscribe el peronismo y que poco después se convertirá en dictadura. La autoridad policial que muestra *Plata quemada* es obsesiva y paranoica: se muestra rodeada por enemigos reales o supuestos (peronistas, criminales). Es en este contexto en el que han de leerse los gestos nerviosos de vigilancia del comisario Silva (y no como una referencia «al Mal» en un sentido metafísico, como proponen algunos críticos[42]). «Muchas veces Silva se quedaba levantado hasta la madrugada, en su casa, sin poder dormir y miraba la ciudad desde la ventana,

---

[42] Víctor Bravo, por ejemplo, parece tomar en serio a Silva y participar de su lógica al hablar de «el mal» en su artículo «El relato policíaco postmoderno en tres novelas argentinas contemporáneas» (Bravo 1998: en línea).

a oscuras. Todos trataban de ocultar el mal. Pero la maldad acechaba en las esquinas y dentro de las casas» (Piglia 2000a: 79-80).

En los años treinta del siglo pasado Walter Benjamin desarrolló la ya famosa idea del *flâneur* parisino, una forma de caminar sin objeto por la ciudad que auspicia un tipo de percepción, una mirada específica sobre la ciudad moderna decimonónica. En un principio, la actividad de un poeta o escritor que «sale al mercado» (como Baudelaire, que hizo de su vagabundeo un arte) y que callejea por los pasajes y ausculta la ciudad (Benjamin 1988: 49 y ss.). En un sentido amplio, todo investigador de la muchedumbre mantiene algún parentesco con este paseante. También el agente secreto, el periodista y el detective aunaron el vagabundeo urbano con la observación interesada de la muchedumbre.

Si Renzi es un *flâneur* vuelto «detective» y periodista y «Piglia» es el que se encuentra con «la mujer que pasa», Silva es un *flâneur* vuelto policía a sueldo, que ausculta la multitud y sigue huellas «y cualquiera que sea la huella que el *flâneur* persigue, le conducirá a un crimen» (Benjamin 1988: 56). Sólo que los métodos de Silva no son la observación y el análisis del detective clásico sino la tortura y la delación (Piglia 2000a: 60). Ahora bien, la parte que la retórica policial de Silva escamotea y al mismo tiempo deja entrever versa sobre los lazos más o menos visibles que entretejen las relaciones entre la delincuencia y las instituciones del Estado. Es la parte oculta de la prédica de Silva y la que el cronista, posiblemente Renzi, quiere develar: «Pero la policía [argentina] buscaba algo más. Lo más probable es que haya querido matarlos y no agarrarlos vivos para impedir que incriminaran a los oficiales que (según las mismas fuentes) habrían participado secretamente en el operativo sin recibir la parte del botín que había sido pactada» (2000a: 128).

Esta lectura desconfiada del periodista, tal vez Renzi, aporta la práctica detectivesca que «el duro» Silva, partidario de métodos mucho más drásticos, desdeña. Su pesquisa parece querer desmontar las mentiras de las autoridades y sacar a la luz lo que ocultan o disimulan los partes policiales. Aprendemos a reconocer las intervenciones de este cronista por su contenido crítico, por su discurso de la sospecha respecto al poder. De esta manera problematiza el papel del discurso periodístico en el laberinto de las ficciones sociales.

La prensa es la amplificación del poder pero también su reflexión. Es la página policial la que convierte las imágenes del crimen en mercancía, alimentando un sadismo de *voyeur* en su público:

> Malito era entonces, como todos los pistoleros profesionales, un ávido lector de la página policial de los diarios, y ésa era una de sus debilidades, porque el sensacionalismo primitivo que resurgía brutal ante cada nuevo crimen (la nena rubia cuya carita había sido desfigurada por un tiro) le hacía pensar que su cabeza no era tan extraña a la de los sádicos degenerados que se alucinan con los horrores y las catástrofes, le hacían sentir que su mente era igual a la mente de los tipos que habían hecho lo que leía en los diarios... (2000a: 52)

La crónica roja participa así del crimen, magnificando sus actos, deleitándose en la violencia y en sus detalles macabros, mientras muestra una hipócrita repulsa moral. Desde el principio los criminales recurren a las páginas policiales (hacia el final es la televisión la que se encargará de informarles de la propia batalla en la que participan) para hacerse una idea de su situación. De esta manera, surge un «círculo vicioso según la crónica roja se alimenta de la labor de los delincuentes y viceversa» (Fornet 1998: 141). Este círculo es parte también de una confusión entre realidad y ficción que atraviesa todo el relato. Pero por otra parte, el periodista de la crónica roja del diario *El mundo* incomoda al poder con preguntas que sabotean el discurso policial:

> El chico de *El mundo* anotó lo que había empezado a declarar Silva.
> –Son enfermos mentales.
> –Matar enfermos mentales no está bien visto por el periodismo –ironizó el cronista–. Hay que llevarlos al manicomio, no ejecutarlos...
> Silva miró a Renzi con expresión cansada; otra vez ese pendejo irrespetuoso, de anteojitos y pelo crespo, con cara de ganso, ajeno al ambiente real y al peligro de la situación, que parecía un paracaidista, el abogado de oficio o el hermano más chico de un convicto que se queja por el trato que los criminales sufren en las comisarías. (Piglia 2000a: 178)

En la figura de Renzi, Piglia despliega un tema que vincula la historia argentina con el periodismo político. Basta pensar en el enfrentamiento entre la prensa de la dictadura de Rosas y la de sus críticos unitarios en el exilio uruguayo y chileno. El enfrentamiento entre la ficción promovida desde el Estado y las contraficciones alternativas de sus críticos es siempre el mismo en configuraciones políticas diferentes y en condiciones cambiantes.

En los mismos años en que transcurre esta historia, la precaria democracia vigilada estaba en crisis y se avecinaba el golpe militar del general Onganía. El periodismo crítico de investigación lo ejercía entonces con brillantez y valentía (lo inventaba, más bien) Rodolfo Walsh, autor entre otras obras de *Operación masacre* (1957) y de *¿Quién mató a Rosendo?* (1969). En la dictadura siguiente, la que comenzó una década más tarde, en marzo de 1976, los periodistas tendrán menos chances (y los «comisarios Silva» muchos más). Los escuadrones de la muerte se convertirán en los «grupos de tareas de las fuerzas armadas», y Aramburu y Rojas se convertirán en precursores de Videla y Massera. Rodolfo Walsh pasará de incómodo testigo a víctima, y su «dar testimonio en momentos difíciles» (1995: 415) le costará la vida.

La consecuencia de esta manera de tratar los relatos de la historia implica que esta crónica del pasado implícitamente se proyecta hacia el futuro. El texto es una mirada retrospectiva de los sesenta desde una década, los noventa, que conoce los horrores de la dictadura que se avecinaba.

Hay una dinámica dialógica de la novela que relaciona las «pesadillas» recurrentes de la historia o bien la historia misma como pesadilla, y el centro de estas «pesadillas» lo ocupan la propia construcción de la nación y el Estado como creador de ficciones de ocultamiento («cortinas de humo»). Esta convicción forma parte consustancial de la novela[43].

---

[43] Aunque se refiere a *Respiración artificial*, resulta pertinente también aquí lo que sostiene Idelber Avelar: «Piglia no escribe una distopía proyectada en el futuro y modelada a partir de la exacerbación del presente, a lo Orwel, sino que más bien relata el presente del lector, proyectado por el pasado como una pesadilla que tiene lugar en el futuro» (Avelar 2004: 192).

La versión argentina de una tragedia griega

Piglia, es decir, su figura ficcional de autor, declara en el epílogo que en el relato de los hechos de sangre que le hace Blanca Galeano creyó ver «la versión argentina de una tragedia griega». Interesa examinar más de cerca el funcionamiento de este elemento genérico.

El joven periodista Emilio Renzi tuvo también esa intuición a la hora de decidir cómo iba a contar esta historia. Primero, a partir del concepto griego de *hybris*. «"Hybris" buscó en el diccionario el chico que hacía policiales en *El mundo*: "la arrogancia de quien desafía a los dioses y busca su propia ruina". Decidió preguntar si podía ponerle ese título a la crónica y empezó a escribir» (Piglia 2000a: 84).

Entre los griegos *hybris* era también el mundo subterráneo de los muertos. Es una palabra que puede aludir al desafío arrogante de la ley en los personajes y a la memoria fragmentaria de Dorda. Luego, en forma un tanto más problemática, en torno al concepto de *Muthos*: «De todos modos el destino había empezado a armar su trama, a tejer su intriga, a anudarse en un punto (y esto lo escribió el chico que hacía policiales en *El mundo*) los hilos sueltos de aquello que los antiguos griegos han llamado el *muthos*» (Piglia 2000a: 97).

La idea de que Renzi, un periodista que sigue los acontecimientos sobre la marcha, decida darle una forma de tragedia griega a su relato tiene en principio dos implicaciones: la primera supone una conciencia profética de lo que va a pasar. El enfrentamiento trágico supone el desarrollo de una confrontación fatal, en el doble sentido de inevitable y letal, que Renzi ya está suponiendo y previendo. La segunda implica una voluntad de ficción que rompe el pacto narrativo que se ha establecido sobre la base de una colección de testimonios.

Por otra parte, aporta un ingrediente importante de significación: al definir el conflicto de la novela como trágico, y calificar a sus protagonistas como «héroes trágicos», Renzi pretende elevar la dignidad de la historia y convertir una sórdida anécdota policial en un choque mítico. El enfrentamiento de la banda «contra toda la sociedad» sería entonces un choque fatal entre los hombres y los dioses, entre los hombres y su destino.

¿Hay elementos para considerar la historia de esta manera? Uno de los elementos característicos de la tragedia es el del linaje. Algunos personajes trágicos no pueden evitar un destino forjado antes de su propio nacimiento (Edipo, Agamenón). Es difícil encontrar entre los antepasados biográficos de los mellizos este tipo de predestinación. Más bien al contrario. Sin embargo podemos decir que el Gaucho, en su sobrenombre y en los textos que llegan a su memoria desde un lugar desconocido, lleva las marcas de un destino, el destino de matrero con el cual, al final de la novela, termina identificándose a sabiendas. Es esta elección consciente, esta filiación elegida en el momento final lo que lo convertiría en un personaje trágico.

Los criminales, moviéndose en un trasfondo social atravesado por una moral hipócrita que valora el dinero por encima de todas las cosas, son en los ojos de los demás «mortales» (piénsese en Blanca y su madre y en el empleado de banco y su mujer que fantasean con un robo) algo así como héroes o semidioses clandestinos.

Otro motivo recurrente en la tragedia es la arrogancia frente al orden cósmico, frente a los dioses. Puede decirse entonces que esta situación de enfrentamiento mítica se hace tragedia «profana» si consideramos el Estado, la autoridad, como fuerza mítica en tanto fuente y fuerza del derecho, y frente a la cual el individuo rebelde está condenado a perecer. El acto de arrogancia que atrae sobre los personajes toda la violencia del mito convertido en derecho, en Estado, es la decisión de la banda de no entregar la mitad del dinero a sus protectores. En cuarto lugar tenemos los avisos, las advertencias que les llegan a los personajes, las señales que deben interpretar. En esta versión profana y argentina de la tragedia las señales llegan principalmente de los diarios y la televisión. Por otra parte los textos, las citas, que el Gaucho escucha o recibe –sus antepasados literarios, el cabo Gómez, Martín Fierro, Moreira– y la memoria de las palabras de su madre y del Dr. Bunge son otras tantas señales que advierten a Dorda de un enfrentamiento final con la autoridad, y que constituyen en sí mismas un aviso de muerte.

En su conversación con Giselle (Margarita), el Nene recibe de ella un enigmático consejo que a medias pero que parece haber influido en sus decisiones posteriores: «–Nene –le dijo ella, que hablaba de un modo confuso, pero con gran emoción, como si estuviera diciendo verdades importantes–. Conozco bien la escena. Tienes que fingir que no te importa nada y seguir adelante con aquellos a los que realmente no les importa nada, o te hundes tú...» (Piglia 2000a: 102).

Las palabras son confusas pero tienen la convicción –y la capacidad persuasiva– de las que pronuncia la servidora de un oráculo: la chica está bajo la influencia del hachís y se expresa como una pitonisa griega bajo la influencia de fármacos. Una posible interpretación sería la recomendación al Nene de seguir adelante hasta el final con aquellos a los que «no les importa nada», algo que valdría para el Gaucho Dorda.

Los héroes de las tragedias suelen recibir ambiguos mensajes oraculares que no siempre interpretan correctamente. Es de alguna manera la situación del Nene, pero también la del lector. Como los personajes, el lector se convierte en figura trágica cuando siente que entender la red de mensajes de este libro tiene algo que ver con su propio destino. Es también la situación de Dorda. Figura del lector atormentado, Dorda percibe (oye) fragmentos de antiguas historias y, como todo lector que busca en los libros una forma de orientarse en la vida, siente que esas palabras le están destinadas. Escucha o cree escuchar, por ejemplo, los pensamientos de «la rusita» y este escuchar es una lectura, y la lectura una forma elemental de telepatía. Cuando decide que tiene que matar a «la rusita» Dorda ha hecho una interpretación literaria de la rusita, como campesina, «virgen», princesa sufriente y en particular como «cautiva». Es su lectura piadosa, su convicción de estar entendiéndose con ella en una lengua imposible, su lectura equivocada y subjetiva, la que provoca el asesinato.

Finalmente, el combate a muerte con la policía se convierte en trágico después de la quema del dinero, cuando el desafío a la sociedad (una sociedad y una economía que se viven como destino) se hace total.

Puede resultar, sin embargo, una equivocación considerar esta versión como la llave interpretativa del relato sólo por ser Renzi el «*alter ego* del autor», aun cuando lo fuera. No se puede desdeñar el hecho de que hay dos autores postulados ficcionalmente: uno lleva el nombre de Renzi y otro el nombre de «Piglia». Ambos son parte del texto y encomendar a ellos la interpretación es arriesgado.

Creo que debe tenerse en cuenta este elemento: la tragedia descansa sobre la idea de destino, fundamentalmente en la fatalidad asociada con un enfrentamiento al orden mítico del universo. Si la historia se lee como tragedia estaría cerrada. Los pistoleros obtuvieron el castigo ejemplar que supone todo desafío al orden del cosmos. Si consideramos la historia desde la tradición del criminal como héroe popular, el culto al coraje mostrado por los personajes o desde el héroe pícaro del cuento folklórico, el relato se abre. La quema del dinero y la resistencia insólita supondrían *una ruptura con el mito*: el hombre resiste a los dioses y es derrotado pero no vencido.

Violencia legal e ilegal

La violencia en esta novela no se trabaja discretamente sino al contrario: se expone y se despliega. Se trata de un despliegue correlativo a la difuminación gradual de la referencialidad, y alcanza su punto culminante al dejar de ser medio para un fin y convertirse en una expresión pura. La violencia no se restringe a los numerosos actos de agresión física (y armada) que la saturan, sino a múltiples formas de agresión que incluyen desde el lenguaje hasta el tiro de pistola o metralleta, pasando por toda una serie de mecanismos de coerción y disciplinamiento social, policial, médico y político. Los personajes se mueven en un mundo cerrado con un lenguaje propio y son «carne de presidio o frenopático». La formación de la subjetividad de los protagonistas está atravesada por la tortura, la coerción, el encierro, la humillación y la «desviación» sexual. Sus cuerpos son el territorio de un deseo rebelde y de un resentimiento feroz. «El Gaucho odiaba a los canas por encima de cualquier otra cosa y antes de que el tipo tuviera tiempo para suspirar, le metió un tiro en el pecho» (Piglia 2000a: 112).

Existe la violencia directa e indirecta del poder, la que se manifiesta en la reclusión, la vejación, la tortura de la policía y la indirecta psiquiátrica y criminalista, como metáfora política de las clases dominantes, «que piensa los conflictos sociales como enfermedades» (Piglia 2005: 127). Este tipo de violencia se basa en la represión pero también en un discurso de estigmatización y normalización. Los conceptos psiquiátrico criminalistas del Dr. Bunge son ecos de la escuela positivista de la criminología, fundada sobre el concepto del delincuente nato y la herencia genética delictiva. El discurso policial del poder utiliza toda la escala posible de descalificaciones que justifiquen el exterminio de los pistoleros. Al mismo tiempo que trata de ocultar su propia complicidad en el asalto, la policía echa mano a interpretaciones que difunde en la prensa: desde la calificación de los pistoleros como «políticos» terroristas (peronistas) y delincuentes, hasta «delincuentes natos» o «enfermos mentales» que llevan «la muerte en la sangre» (Piglia 2000a: 179). Esta violencia del poder es también violencia léxica, violencia ejercida mediante el nombrar, empeñada en la domesticación de las conductas por un lado y en la creación discursiva de un antagonista radical por el otro. La tarea real de los agentes del poder es en última instancia la simple desaparición del inadaptado, una tradición que hunde sus raíces en la historia nacional. Es también una historia secreta por haber sido ocultada en la «historia oficial». Surge como síntoma psicótico en Dorda, que involuntariamente funciona coma la máquina de matar y narrar de Arlt[44].

El reflejo de esta violencia, su doble obsceno –porque no necesita del velo de la legitimidad– es la violencia sin escrúpulos de los asaltantes que sabiéndose de antemano condenados operan con desdén por la vida propia y por la de quien se interponga en su camino. Usando la terminología de Benjamin, podría decirse que la del Estado y las instituciones es una violencia del derecho, la «violencia legal» originalmente asentada en el mito y empeñada en la preservación del derecho, pero de un derecho que a su vez es expresión de una violencia social (Piglia 1995: 40).

Las estructuras jurídicas y penales son violencia sublimada y las múltiples formas de violencia que viven los distintos personajes muestran hasta qué punto las tensiones de este edificio político y jurídico se manifiestan agresivamente sobre el cuerpo de los sujetos. Frente a esa violencia del poder o del derecho, o de la simple policía, tenemos otra ilegal, cuyo

---

[44] Los personajes de Arlt (como Astier y más tarde Erdosain) inventan máquinas de matar; el propio Arlt concebía sus relatos como artefactos de matar y el efecto de su literatura como «un cross a la mandíbula». También en *La ciudad ausente* hay un ser mitad máquina y mitad mujer que narra sin cesar.

origen está en una lectura criminal de la sociedad, en una visión de la sociedad como jungla donde el dinero y la fuerza son los únicos valores. Esta violencia ilegal o criminal, en el caso de *Plata quemada*, germina en las mismas fisuras del orden legal, en la decadencia de su legitimidad política y en su corrupción. Los pistoleros son contratados por personas con cargos públicos y el robo incluye en la conjura a una parte de la propia policía.

El «antivalor» del dinero es en el fondo compartido por toda la sociedad, como ponen de relieve, en los sueños de Martínez Tobar, sus fantasías de robar algún día el maletín que custodia y sustituir los millones con dinero falso: «Hablaba [de su plan] en la oscuridad y su mujer lo escuchaba subyugada» (30). O la actitud de la madre de Blanca o de la propia Nena, que «se calentó como una loca con el pistolero» (25) cuando se enteró de que Mereles era un delincuente. Es decir, la sociedad comparte en el fondo los ideales y las prioridades de los pistoleros, su visión de lo que importa y lo que no importa. La diferencia entre la gente decente y los criminales es el coraje. Por otra parte, a menudo el objeto codiciado es la droga (Florinol, cocaína, heroína, etcétera) y como explica el mismo Piglia, la droga es quintaesencia de la mercancía, creadora de adicción por definición, una metáfora perfecta de la propia sociedad de mercado[45]. Añado por mi parte que la droga, en esta novela, es además antídoto y sustancia «mágica» que permite soportar, resistir y comunicar. Como hemos visto, esta lectura de la sociedad desde el crimen implica que los pistoleros consideran el trabajo honrado como un engaño y una estafa, y a quienes lo desempeñan como víctimas o cobardes. También la homosexualidad alegoriza un situarse afuera de la ficción dominante. La novela «materializa» los discursos sociales: la lectura desde el crimen y desde el deseo disoluto se construye en clave de inversión, donde lo masculino se presenta entonces como papel y el contacto homosexual como figura de un deseo libre, fuera de los relatos

---

[45] «La droga es la mercancía por excelencia, el lugar donde la sociedad condensa esta relación entre consumidor y producto: todas las otras mercancías aspiran a construir adictos. La droga, repudiada por toda la sociedad, es al mismo tiempo su metáfora más perfecta. Pero, más allá de esa mirada moralizante, aparece la noción de que ahí existe una metáfora de la sociedad» (Piglia 2001: 8).

éticos y los relatos del poder: es el relato pleno, lo homosexual es el otro relato. Como la ficción final, como la irrupción del imaginario, el deseo trastoca y desdibuja lo representado, mezcla las categorías, invierte la compilación, la investigación, la escucha respetuosa de las voces sociales (Premat 2004: 238-249).

La cita de Brecht que aparece en el epígrafe –«Qué es robar un banco comparado con fundarlo»– encuentra su perfecto complemento en esta otra del mismo Brecht: «The bourgeoisie's fascination with bandits rests on a misconception: that a bandit is not a bourgeois. This misconception is the child of another misconception: that a bourgeois is not a bandit. Does this mean that they are identical? No: occasionally a bandit is not a coward» (Brecht 1979: 92).

La violencia ilegal que transcurre fuera del ámbito del derecho y sus aparatos represivos y que es, por lo tanto, en sí misma un desafío al Estado, suscita espontáneamente admiración aunque esa admiración sólo se manifieste en privado, como se puede entrever en diversos pasajes de *Plata quemada*[46]. El Estado no combate en los pistoleros sus actos cruentos (que la autoridad también comete), sino su insubordinación.

La clandestinidad de la ternura

Plata quemada se desarrolla en ambientes cerrados, el «aguantadero» de Buenos Aires, los refugios de Montevideo, departamentos donde los pistoleros tienen siempre que esperar y en uno de los cuales acabarán sus vidas. Pero la historia en su totalidad se desenvuelve también en un mundo cerrado. Los pequeños exordios dedicados a algunos testigos nos dejan entrever una vida tediosa y sin ilusiones (tanto Spector como Martínez Tobar nunca habían salido de San Fernando, por ejemplo). En *Plata quemada* la ciudad en su normalidad es una comunidad de miedo y renuncias.

---

[46] Sobre esto escribió Walter Benjamin en su *Zur Kritik der Gewalt*, de 1921: «Precisamente a ese héroe y esa violencia de derecho quiere actualizar el pueblo aún hoy cuando admira a los grandes malhechores» (Benjamin 1999a: 39).

Los dos mundos, el de «la patota» y el de «la pesada», comparten la violencia de un lenguaje brutal y extremo también cerrado, replegado sobre la provocación, el insulto o la humillación sexual y psíquica. Basta considerar las torturas de Silva (cuya rutina es golpear rateros atados a una silla) y las venganzas de Malito (que incluyen la violación de su enemigo). Con los representantes del Estado los pistoleros comparten un lenguaje que es la continuación de la violencia por otros medios:

> Si está el Chancho puto de Silva que suba él a negociar, que no se arrugue. Tenemos una propuesta que hacer, si no, va a morir mucha gente esta noche... Qué tienen que meterse ustedes, yorugas, en esta historia, somos políticos peronistas, exiliados que luchamos por la vuelta del general. Sabemos muchas cosas nosotros, Silva, mirá que empiezo a contar, ¿he? [...] Silva se acercó entonces y se apoyó contra el tablero del intercomunicador. Él no iba a hablar con esos mierdas, los iba a hacer salir de la cueva y entonces ellos iban a tener que hablar (2000a: 145)

Al margen de ese «espacio cerrado de la violencia» se detecta también el que cabría llamar un «espacio marginal de no violencia». Es el espacio de la confidencia, entendida literalmente como forma de confianza, y que hay que ubicar en las antípodas de la confesión, a menudo arrancada mediante la tortura. En este espacio surgen los nombres propios («Marquitos»[47], «Margarita»), y es en él que eclosiona el relato autobiográfico. Son las conversaciones nocturnas de los mellizos, donde media el afecto o inesperadamente aflora la ternura: «y el gaucho lo dejaba hablar, le decía que sí, a veces incluso le agarraba la mano, en la oscuridad, los dos despiertos, fumando boca arriba, en la cama, en alguna pieza, en algún hotel, en algún pueblo de provincia, escondidos, guardados, los mellizos tomados de la mano, rajando de la taquería...» (2000a: 86-87).

Se puede leer en las confidencias hechas al cronista misterioso que puede ser Renzi, y en las confidencias (telepáticas) de Dorda a «la Rusita»

---

[47] «—No aflojés Marquitos —dijo el Nene. Lo había llamado por su nombre, por primera vez en mucho tiempo, en diminutivo, como si fuera el Gaucho quien precisara consuelo» (2000a: 197).

o de Brignone a Margarita / «Giselle»: «Él le contó la historia cuando empezaron a fumar porque era como hablar de una época de su vida que había perdido, nunca hablaba con nadie de cuando era chico, del tiempo anterior al tiempo muerto en el que había empezado a caer preso» (1997: 99).

Podríamos decir que de Arlt a Piglia se pasa de la *confesión* a la *confidencia*, y esto resulta muy significativo: los personajes centrales de *Plata quemada* viven al margen de ideologías normativas. Sus confidencias son comunicación no violenta porque excluyen la culpa y el juicio. El Erdosain de Roberto Arlt se humilla o mata desde una consciencia culpable que se deleita en la introspección dolorida. Dorda y Brignone actúan instintivamente y sin remordimientos. Lo mismo sucede si consideramos la sexualidad: entre Puig y Piglia la homosexualidad deja de ser un fenómeno mediado por toda clase de construcciones ideológicas y se convierte en la expresión directa de un deseo en circulación azarosa[48].

Erdosain (como el Raskolnikov de *Crimen y castigo*) quiere confesarse y ser castigado: su signo es la pulsión culpable y el remordimiento. Es capaz de raptos de idolatría, no de ternura. Sus relaciones sentimentales están basadas en la desigualdad (la posibilidad del sadismo o de la humillación). Los mellizos siguen en cambio una dinámica pulsional a la vez trivial y transgresiva, natural e indisciplinada. Las filiaciones son elegidas: Brignone y Dorda no son hermanos mellizos pero se comportan como si lo fueran. A Brignone le atrae la idea de que Giselle fuera una hermana para él: «Una hermana era la chica y a la vez, una mujer perdida. Siempre había querido tener una hermana, una mujer joven y hermosa, en la que pudiera confiar y a la que estuviera obligado a mantener lejos de su cuerpo. Una mujer de su edad, bella, con la que exhibirse, sin que nadie supiera que era su hermana» (2000a: 95).

---

[48] «Quizás, cabría leer *Plata quemada* como una continuación, como la etapa siguiente después de esa primera ruptura que implicaba la imposible historia de amor de *El beso de la mujer araña*, ahora fuera de la cárcel, fuera del poder del estado, fuera de la definición de roles sexuales, fuera de la ética, fuera de toda reivindicación; es una figura de lo imposible, de lo perdido, de un goce violento y autodestructor» (Premat 2004: 132).

Esta forma de fraternidad buscada (o necesitada) por los protagonistas admite lazos postizos de familiaridad y excluye las instituciones, el contrato, la rivalidad y la desconfianza. Es la única forma en la que los criminales pueden concebir universos comunicativos no violentos. A pesar de los espacios claustrofóbicos, los mellizos habitan un afuera ético caracterizado por una paradójica libertad. Estos espacios son «la respiración artificial», metáfora de oxigenación que parece realizarse a través de otra lengua posible, al margen de la habladuría cotidiana, una lengua donde acaece el nombre propio[49].

Violencia apocalíptica

Se trata aquí de una violencia «pura», en la medida en que no es instrumental y que no proviene originalmente de los pistoleros. Parece provenir de un más allá, y estalla al final de la novela como ira ciega y anónima. Los pistoleros intuyen que no tienen salida y cierran el pacto implícito de no entregarse y de resistir hasta el final. Hasta ese momento, la violencia podía ser organizada significativamente, según la lógica del dinero: el robo, la huida, la ilusión de una vida en los Estados Unidos. En un determinado momento queman los quinientos mil dólares en una chapa de remover brasas: «Empezaron a tirar billetes de mil encendidos por la ventana. Desde la banderola de la cocina lograban que la plata quemada volara sobre la esquina. Parecían mariposas de luz, los billetes encendidos» (2000a: 171).

La quema del dinero supone la desaparición de los motivos materiales de la violencia y de cualquier posibilidad de negociación. Se transforma en violencia de signo trágico porque entonces el desafío al poder es total, inescrupuloso, suicida. El gesto es un eco de la quema del dinero en *El idiota*, de Dostoievski, donde la semiprostituta Natasha Filippovna arroja el dinero, con el que se la quiere comprar, al fuego y dice a su avaro marido que si se atreve a sacarlo de las llamas con sus propias manos el

---

[49] Como bien dice Idelber Avelar, «toda la tensión de la obra de Piglia se juega aquí: lo falso, lo artificial, por un lado; la respiración, el nombre por el otro» (2004: 197).

dinero será suyo[50]. El acto provoca una enorme consternación en la sala: el asombro, la indignación y los lamentos se suceden rápidamente. Algunos de los invitados caen de rodillas rogando por el dinero. El marido de Filippovna entabla una tensa lucha interior entre su honor y su avaricia.

Se trata del mismo gesto de desafío que los pistoleros exhiben cuando intiman a Silva a subir a buscar el dinero si se atreve. La misma consternación colectiva que hace exclamar a los presentes que los pistoleros son auténticos malvados:

> Si la plata era lo único que justificaba las muertes y si lo que han hecho lo han hecho por plata y ahora la queman, quiere decir que no tienen moral, ni motivos, que actúan y matan gratuitamente, por el gusto del mal, por pura maldad, son asesinos de nacimiento, criminales insensibles, inhumanos […] Pero todos comprendieron que ese acto era una declaración de guerra total, una guerra directa y en regla contra toda la sociedad. (2000a: 172-173)

Se trata de la violencia como expresión o de una violencia expresiva –tal como hay «dinero expresivo» en Arlt, según Piglia (1974), como manifestación *estética* de un resentimiento arcaico y profundo que se abre a la sinrazón. Los pistoleros arrojan al aire los billetes encendidos y de esa manera su enfrentamiento deja de ser táctico para ser estratégico: están en «guerra con toda la sociedad». Han dejado de luchar por el botín. Se apean definitivamente del sentido. Destruyen alegóricamente aquello en torno a lo cual se estructuran y regulan los significados, las ilusiones y desilusiones colectivas: la propiedad, la producción, el intercambio, el

---

[50] «"Well, listen, Ganya, I want to look at your soul for the last time; you've been tormenting me for three long months; now it's my turn. Do you see this packet? There's a hundred thousand in it! I'm now going to throw it into the fireplace, onto the fire, before everyone, all these witnesses! As soon as it catches fire all over, go into the fireplace, only without gloves, with your bare hands, with your sleeves rolled up, and pull the packet out of the fire! If you pull it out, it's yours, the whole hundred thousands is yours! You'll only burn your fingers a little –but it's a hundred thousand, just think! I won't take long to snatch it out! And I'll admire your soul as you go into the fire after my money. They're all witnesses that the packet will be yours! And if you don't get it out, it will burn; I won't let anyone else touch it. Stand back! Everybody! It's my money! I got it for a night with Rogozhin. Is it my money, Rogozhin?"» (Dostoevsky 2002: 171).

consumo, la escasez. Si la vida de los pistoleros no representaba nada, si eran vidas condenadas y «sin sentido», en el momento de la quema del dinero algo se ilumina por algunos minutos antes de desaparecer para siempre, algo que atañe a toda la sociedad y que incluye incluso a los muertos de antaño:

> Y después de todos estos interminables minutos en los que vieron arder los billetes como pájaros de fuego quedó una pila de ceniza, una pila funeraria de los valores de la sociedad (declaró a la televisión uno de los testigos), una columna bellísima de cenizas azules que cayeron desde la ventana como la llovizna de los restos calcinados de los muertos que se esparcen en el océano o sobre los montes y los bosques pero nunca sobre las calles sucias de la ciudad, nunca las cenizas deben flotar sobre las piedras de la selva de cemento. (2000a: 174-175)

Es en este momento de la narración que *Plata quemada* se aparta de los locos de Arlt. Las vidas de los personajes de Roberto Arlt están tiranizadas por el destino: por la economía y las jerarquías sociales vividas como destino. En *El juguete rabioso* Astier delata conscientemente a su amigo y camarada en el crimen y de esa forma se reintegra a los valores «decentes» –y sin embargo malévolos– de su propia clase social. En Arlt, la traición es el pasaje de retorno al restablecimiento de jerarquías.

A la inversa, las dos grandes traiciones de los personajes de *Plata quemada*, las traiciones que los condenan, se realizan contra sus «destinadores»: la primera consiste en no entregar el dinero a sus «patrones», y la segunda consiste en quemarlo. Si la traición en los personajes de Arlt se hace contra el débil y el pobre en un acto que confirma, por exasperación, las relaciones jerárquicas entre las clases sociales, en *Plata quemada* las traiciones equivalen a desafíos.

Esta violencia es apocalíptica, porque reúne la memoria con la profecía, y es política por separar modos de existencia. Expresa la nitidez de un cíclico antagonismo embrionariamente anunciado en las voces y recuerdos rurales de Dorda (las matanzas civilizadoras del siglo XIX, por ejemplo). Es también una violencia profética porque el lector sabe que pocos años más tarde la violencia se recrudecerá. El lector descubre con inquietud que el futuro de esta historia es su presente. Los billetes quemados iluminan, durante quince largos minutos, una conjunción significativa entre presente, pasado y futuro.

Después de la muerte del Nene los delirios de Dorda abandonan todo anclaje en la verosimilitud (tiene recuerdos que son del Nene, por ejemplo). Le llegan mensajes desde emisores anónimos, se reconoce en el matrero Anselmo, termina su monólogo interior como una invocación al padre, acepta y corrige un destino muchas veces profetizado: se enorgullece de no haber traicionado y surgen los recuerdos «como relámpagos».

La focalización, ya de por sí misteriosa, se convierte en fantasmal y mágica. En términos de medios y fines la violencia que sigue a la quema deja de ser un «instrumento para un fin», o en otras palabras, alcanza la pureza de una violencia soberana[51]. El estallido de una violencia pura por ininteligible corre en paralelo a la operación de desmontar gradualmente el relato de no ficción, llevándolo hacia un territorio cada vez menos referencial. La desaparición paulatina de la referencialidad lleva también el relato a su soberanía como ficción, emancipándolo del dominio de la información. La figura luminosa de los billetes encendidos en el aire puede verse, entonces, como una metáfora de condensación y de iluminación.

---

[51] Un estallido de violencia que por su carácter extraordinario y no instrumental lo acerca al sugestivo, aunque oscuro, concepto de una violencia redentora de Walter Benjamin: «De nuevo están a disposición de la pura violencia divina todas las formas eternas que el mito mancillara con el derecho. Podrá manifestarse en la verdadera guerra de la misma manera en que se manifestará a la masa de criminales en el juicio divino. Desechable es, empero, toda violencia mítica, la fundadora de derecho, la arbitraria. Desechable también es la conservadora de derecho, esa violencia administrada que le sirve. La violencia divina, insignia y sello, jamás medio de ejecución sagrada, podría llamarse, la reinante» (Benjamin 1999a: 44-45)

Alexis y Ariel: el letrado y la violencia latinoamericana en *La virgen de los sicarios* de Fernando Vallejo

La virgen de los sicarios de Fernando Vallejo (2002) es la historia de un intelectual colombiano –un «gramático»– de regreso en Medellín, su ciudad natal, después de muchos años. Fernando, que dice escribir desde su nombre propio, cuenta a un lector puesto a veces en la posición de un turista extranjero o de un etnógrafo jirones de su biografía, en especial los que refieren a su amor por dos jóvenes sicarios: Alexis y Wílmar. Los sicarios son asesinos a sueldo que en general habían trabajado para los carteles del narcotráfico y que, una vez muerto el poderoso traficante Pablo Escobar, perdieron, según sugiere la novela, una de sus principales fuentes de empleo y comenzaron a ofrecerse al mejor postor.

El gramático recorre con Alexis la ciudad, mientras despliega por un lado una suerte de oda amorosa al muchacho y por otro una extrema diatriba contra la ciudad, contra Colombia, sus instituciones, su gente y «la raza» que la habita.

Cada vez que a Fernando le molesta la actitud o la mera presencia de alguien en la calle, su amante lo ejecuta sin miramientos ni dilaciones. De esta manera se relatan decenas de asesinatos a sangre fría. Mientras el habla de Fernando, nuestro guía y traductor en Medellín, se contamina de la fulgurante oralidad de «las comunas», él mismo se transforma insensiblemente en el instigador de la violencia que denosta. El lector que ha venido acompañándolo, que ha estado escuchando su monólogo de explicaciones, recuerdos y anatemas no puede dejar de sentir que gradualmente se va implicando en la matanza. El discurso de Fernando parece asumir la complicidad del lector. Alexis mismo muere asesinado por otro sicario. Fernando entabla una relación similar con

Wilmar sin saber que es éste quien mató a Alexis. Finalmente, Wilmar también muere asesinado. Fernando «se despide del lector» frente a una estación de autobuses.

Ciertos elementos de la novela –el monólogo incesante de un narrador misógino, cínico y racista, la homosexualidad y la prostitución masculina asumidas sin disimulos– originaron controversias que el propio autor azuzó y prolongó en sus intervenciones públicas. Inevitablemente, los comentarios críticos a la novela se centraron en los aspectos extremos del discurso del narrador que el Fernando Vallejo autor ni desmiente ni relativiza.

El que retorna a la ciudad natal descubrirá al volver lugares que el mero paso de los años ha convertido en entrañables. Lugares para otros insignificantes que sin embargo para el retornado son apoyos de la memoria, «textos» elocuentes, historias o secuelas de historias, reminiscencias, explicaciones. Habrá también lugares que se han vuelto irreconocibles. Nuevos edificios, remodelaciones de calles, cines y tiendas que han cerrado. Nuevos hábitos y nuevas palabras. En la ciudad revisitada el retornado se reconoce y se desconoce, es oriundo y extranjero al mismo tiempo. La narración de Fernando en nuestra novela acusa esta tensión.

Una ciudad muestra cuál es su orden social en su arquitectura y en la distribución de sus edificios y espacios. En sus desechos puede conocerse lo que la ciudad consume y en sus márgenes a quienes desplaza. Sus monumentos, sus estatuas ecuestres, sus placas, sus mausoleos, si son atendidos, hablarán de cómo la ciudad construyó su pasado: qué linajes reclaman sus élites y quienes fueron vencidos. Por sus hiatos (y sus silencios) también puede conocerse lo que sus gentes o sus gobiernos intentan olvidar o desvirtuar[1], y en sus ruinas se leen «ilusiones perdidas». Para sus habitantes, la ciudad es una topografía sensible. Una «tierra de la memoria» y también un sistema de signos que prohíben, permiten, obligan o encauzan. Según Ángel Rama, las ciudades en América,

---

[1] Un caso muy elocuente de amnesia autoinducida es quizás la transformación del Penal de Punta Carretas, en Montevideo, presidio que albergó a cientos de detenidos políticos de la dictadura uruguaya entre 1972 y 1984, en un lujoso y colorido Shopping center. El edificio sólo conserva la fachada de la cárcel, que cada vez más es la puerta de un inocente centro comercial.

> [...] despliegan suntuosamente un lenguaje mediante dos redes diferentes y superpuestas: la física, que el visitante común recorre hasta perderse en su multiplicidad y fragmentación y la simbólica que la ordena y la interpreta, aunque sólo para aquellos espíritus afines capaces de leer como significaciones los que no son nada más que significantes sensibles para los demás, y, merced a esa lectura, reconstruir el orden. Hay un laberinto de las calles que sólo la aventura personal puede penetrar y un laberinto de los signos que sólo la inteligencia razonable puede descifrar, encontrando su orden. (Rama 1998: 40)

Tomando como base los conceptos de Rama se podrían distinguir dos dimensiones de la ciudad: la primera es la ciudad material o real fragmentada, múltiple e inmanente, que crece sin plan ni finalidad, sin modelo preconcebido. Su configuración topográfica se despliega como un texto, pero se trata aquí de un texto con una gramática latente, siempre cambiante y con reglas provisorias. Las construcciones ilegales de su población marginal surgen como surgen las palabras nuevas que inventa la muchedumbre con el paso de las generaciones. Como la ciudad de Zoira de *Las ciudades invisibles* (2006) de Italo Calvino, hay ciudades como colmenas en cuyas celdas se almacenan recuerdos. Su historia silenciada o no articulada está contenida en sus calles, esquinas y edificios. Su pasado puede leerse de la misma manera en que se pretende leer «el pasado y el futuro de una vida en las líneas de una mano» (Franco 2002: 192).

Ésta es la ciudad real y sólo puede llegar a conocerse aventurándose en ella sin premeditación. Es quizás la memoria involuntaria proustiana la que puede recobrarla y la narración la que puede hacerla visible. Pero su texto es inevitablemente posterior y lo que cuenta es siempre provisorio.

La segunda es la ciudad de los símbolos (la ciudad de Tamara en el libro de Calvino). Signos convenidos, nombres, ideas, fórmulas que son la manifestación de un impulso de apropiación de la realidad, en su nivel imaginario y sensual. Sus edificios (como la estética de sus Palacios de gobierno, Congresos, Catedrales, Plazas mayores, Cabildos, puertas o muros) son la expresión de una idea o ideal, y el orden de sus calles representa también un ideal de orden social y político. Es un orden legible para quien esté adiestrado en su «gramática». Sus signos están fijos, tienen su propio diccionario y sus reglas convenidas. Hay un sistema específico de los espacios y de los límites, un sistema de autorizaciones y prohibiciones que se apoya en los textos indicadores, los edificios institucionales, los monumentos y los lugares del rito y la ceremonia. Expresan una finalidad, un proyecto, pero también la manifestación de una voluntad disciplinaria, de domesticación y producción de cuerpos y sensibilidades. Proyectada antes de su existencia, se construye y conserva en «pugna con las modificaciones sensibles que introduce sin cesar el hombre común» (Rama 1998: 40).

Se trata de una ciudad que puede leerse antes de ser construida, porque ha sido diseñada en planos y pensada según un patrón político, cultural y estético. Ejemplos de este tipo de espacios son las ciudades coloniales construidas siguiendo instrucciones de la metrópoli, pero también la Argerópolis de Domingo Faustino Sarmiento y la Brasilia de Oscar Nimeyer, que fueron ideas antes de ser o no ser ciudades impuestas a la realidad: son ciudades con una lectura establecida de antemano y su gramática, como la de la lengua oficial, está pensada para perdurar por encima de la contingencia. Para orientarse en la ciudad ideal hay que entender las indicaciones, el mensaje previamente codificado en una red de símbolos y signos deliberados, pero para conocer la ciudad real hay que saber perderse en ella, y eso también requiere adiestramiento[2].

El libro de Rama participó de una tendencia ya presente en el estructuralismo, que empezó a considerar el plano de la ciudad como un texto a descifrar según sus particularidades funcionales[3]. También anticipó un renovado interés por la crítica sociológica y filosófica del espacio en nuestro tiempo[4].

---

[2] «Not to find one's way in a city may well be uninteresting and banal. But to lose oneself in a city —as one loses oneself in a forest— this calls for a quite different schooling» (Benjamin 1999b: 598).

[3] «Me gustaría subrayar aquí que mis especulaciones no hubieran sido posibles si el simple hecho de vivir en San Pablo, de atravesar la ciudad a pie durante largos paseos, no me hubiera ejercitado para considerar el plano de una ciudad y todos sus aspectos concretos como un texto que, es necesario, para comprenderlo, saber leer y analizar» (Lévi-Strauss 1966: 16).

[4] Algunos de los muchos ejemplos recientes son libros como el de Edward Casey, *The Fate of Place* (1997), la trilogía filosófica de Peter Sloterdijk *Esferas* (I, 1998, II,

Como señalaba en la primera parte de este trabajo, considero a la ciudad letrada como el espacio de acción reservado tradicionalmente a esa «sociedad de lectores» que Peter Sloterdijk ha considerado en *Normas para el parque humano*; como el núcleo del humanismo, es decir, como el ámbito que desde la antigüedad, y de forma renovada durante el Renacimiento, los hombres de letras constituyeron como una forma de sociabilidad distinta y opuesta al espectáculo de la violencia.

Este modelo de amistad letrada en «telepática» comunicación con otros escritores y lectores del pasado constituyen la cultura como legado y como tradición. Desde otro ángulo conforman la matriz de un proyecto de *civitas* basada en el intercambio epistolar como modelo relacional y de domesticación humana.

Quiero considerar *La virgen de los sicarios* como un acercamiento a la ciudad que vincula recorridos y lecturas, calles y textos, y a su narrador, Fernando, como un experto de la ciudad ideal, un letrado extraviado en la «ciudad sumergida»[5]. Él es, parece, el último letrado (el «último gramático» como él mismo dice) en una gran ciudad globalizada que ha perdido sus contornos. En este sentido, su anunciada muerte, o su condición de «muerto en vida», se pueden interpretar como la encarnación de una conciencia agonizante.

Fernando ofrece su trágica topografía sentimental de Medellín en un resumen elocuente:

> Podríamos decir, para simplificar las cosas, que bajo un solo nombre Medellín son dos ciudades: la de abajo, intemporal, en el valle; y la de arriba en las montañas, rodeándola. Es el abrazo de Judas. Esas barriadas circundantes levantadas sobre las laderas de las montañas son las comunas, la chispa y leña que mantiene encendido el fogón del matadero. La ciudad de abajo nunca sube a la ciudad de arriba pero lo contrario sí: los de arriba bajan, a vagar, a robar, a atacar, a matar. (2002: 117-118)

1999, III, 2000) o conceptos como la «cartografía cognitiva» de Fredric Jameson en *The geopolitical aesthetic. Cinema and space in the world system* (1992).

[5] En *La ciudad sumergida* Alberto Flores Galindo explora los avatares de la ciudad real en la historia de Lima. El libro de Flores Galindo, imprescindible complemento del de Rama, ha sido comentado por Boris Muñoz y Silva Spitta (2003: 20-21).

La desmesurada diatriba de Fernando tiene todo que ver con esta mirada sobre la ciudad. La ciudad real, la que se construyó caprichosamente sobre las laderas del valle, es para Fernando la ciudad de la violencia ante cuyo desorden desaparece la Medellín supuestamente «intemporal» y junto con ella el cronista. Medellín es una megalópolis latinoamericana que se ha vuelto inabarcable y ha perdido su centro en el sentido de que se ha difuminado el lugar de la verdad social, el lugar de los edificios del gobierno, de los bancos y de las iglesias. Se va al centro a reencontrar «la soberbia plenitud de la realidad» (Barthes 1991: 48). La crónica urbana es un género amorfo donde se encuentran el periodismo, el diario de viajes, la literatura y la narración oral. No haré un análisis pormenorizado de este género que ya posee una ingente bibliografía[6]; tampoco creo necesario fundamentar la presencia de otros elementos genéricos obvios como la modalidad autobiográfica. Baste decir que si en el relato de Fernando se confunden la experiencia personal y la vida de la ciudad, esto ya resulta suficiente como para asentar los géneros predominantes en *La virgen de los sicarios*.

Aceptado este presupuesto distingo, eso sí, una específica modalidad de relato sobre la ciudad que podría inscribirse en la crónica urbana como una suerte de subgénero que llamaré aquí «la ficción del regreso». La crónica urbana confronta al narrador sobre todo con la extensión en la múltiple horizontalidad del presente y la ficción del regreso con la evolución de la ciudad en el tiempo, digamos verticalmente. En ambas coordenadas el narrador se encuentra con el avance de las comunas. En la percepción de las clases medias, los pobres de las comunas, como descendientes de campesinos iletrados, pertenecen al pasado, es decir, al atraso. En el plano espacial, estos campesinos o hijos de campesinos pertenecen «a otro lugar», al espacio rural. La presencia de estos sectores en la ciudad se ve entonces como anacrónica y literalmente *desubicada*. Hay una guerra de espacios en la ciudad moderna, una de cuyas conse-

---

[6] Para una discusión sobre la inestabilidad genérica de la crónica urbana véase Avilés Fabila 1999. Según Ángel Rama (1970) la crónica contemporánea latinoamericana nació con el modernismo y fue el espacio en el que el escritor ensayaba su articulación con el mercado. Fue también el vehículo de una crítica de ese mercado y de su modernidad, la que el escritor modernista le disputa a ese mismo mercado.

cuencias es la «erosión del espacio público» (véase Reguillo 2003). En este sentido, la mezcla de espacios responde a una tendencia que Peter Sloterdijk ha señalado y descrito como algo que caracteriza la globalización contemporánea: la globalización como acortamiento de las distancias y lugar de la difusión del pánico (Sloterdijk 2006: 271 y 281).

Cuando Fernando llega a Medellín esta primitiva y doble suposición espaciotemporal se ve desmentida por la presencia de los sicarios. En tanto rigurosos conocedores de la sociedad de consumo, los sicarios son «absolutamente modernos». En tanto sicarios, son poderosos porque están armados. En tanto jóvenes y marginados, los sicarios son simultáneamente cuerpos deseados y condenados.

El monólogo del narrador está construido con los materiales retóricos de la diatriba: la crítica directa a un adversario imaginario o supuesto, la injuria, el insulto y la ironía. También pertenece a esta figura retórica la gran libertad para pasar de un tema a otro. Los temas de Fernando son básicamente el amor y la violencia. Pero entre lo uno y lo otro el monólogo se explaya en el tema de los recuerdos, los juicios sobre el hombre, la raza y el siglo, y las iglesias de Medellín.

Habladuría y noticia como fuentes

La ciudad es el territorio donde lo íntimo y lo público, lo familiar y lo extraño se encuentran. Es un espacio donde se mezclan personas que no se conocen y se entrecruzan biografías dispares en un limitado espacio de tránsito. La ciudad es un territorio de distancias, diferencias e inevitables proximidades. Uno de los filósofos que abrió el pensamiento a la consideración filosófica de la cotidianidad fue Martin Heidegger, en el primer tercio del siglo xx. Aunque Heidegger hace una ontología del ser cotidiano, no específicamente de la vida urbana, puede sernos útil a la hora de inventariar rasgos esenciales de la existencia urbana que veremos exacerbados y en clave de violencia en la novela de Vallejo.

Resulta evidente que es en la ciudad moderna donde se despliegan los rasgos del «estar uno con el otro» que describe Heidegger en *Ser y tiempo* como característicos de un «estado de caída». Allí es donde reina el hombre común, lo que Heidegger ha llamado «das Man», y por eso la ciudad es el espacio ideal para el despliegue de la incesante «habladuría» y para el «afán de novedades» (Heidegger 1951: 186 y 189).

La habladuría urbana se nutre de la repetición de lo que se escuchó o leyó en alguna parte. Es la forma del comprenderlo todo sin haber llegado nunca a un genuino conocimiento de las cosas. «Lo hablado por el habla traza círculos cada vez más anchos y toma un carácter de autoridad. La cosa es así porque así se dice. En semejante trasmitir y repetir lo que se habla, conque la ya incipiente falta de base asciende a una completa falta de la misma, se constituyen las habladurías» (Heidegger 1951: 188).

En la ciudad «se» dice lo que se dice, es «uno» el que habla. La palabra que más se escucha es la de los medios de comunicación masiva, y la que más se ve o lee es la de los periódicos, las revistas, el graffiti y la publicidad. Hoy habría que añadir la incesante producción de textos previsibles de Internet y el *chatting* electrónico, que han redimensionado el espacio urbano en la época de la globalización.

En la ciudad moderna el sujeto urbano aprende la novedad, lo «que debe tener leído y visto» (Heidegger 1951: 192) y lo que tiene que dar «por sabido». En la avidez de novedades el hombre procura «no demorarse» en las cosas. Verlas no para conocerlas, sino para tenerlas vistas. Las novedades son una forma de desarraigo permanente, un estar en todas partes y en ninguna. Siempre enterado y siempre ausente. Por las calles se pasea lo impropio de cada uno, aquello que se comparte con los demás. Si para Heidegger el ser vive arrojado a lo impropio (o lo inauténtico) el lugar por definición de esa impropiedad es el espacio urbano, donde cada uno de nosotros puede ser «el hombre de la multitud» del relato de E. A. Poe.

El ser «uno con el otro» no puede renunciar o escapar a estas formas de «interés común» (Heidegger 1951: 194). La comunicación y la disipación constituyen «su más obstinada realidad».

Desde otro ángulo, Walter Benjamin también habló de la habladuría como una forma de lenguaje caído (1999a: 59-74), y en «El narrador» (1999a: 111-134) relaciona el afán de novedad y el lenguaje de la información con la pobreza de experiencias en la ciudad moderna. La vivencia moderna y urbana se relaciona con la sorpresa, el shock y su necesario amortiguamiento. El individuo de la sociedad urbana industrial y capitalista es un ser que tiene que estar continuamente alerta. La ciudad moderna inauguró una nueva percepción del tiempo y del espacio protagonizada por el azar, lo inesperado, lo sorprendente, lo fugaz y lo nuevo (Benjamin 1988: 123-170).

En un mundo regido por el fetichismo de la mercancía, la experiencia está en permanente estado de crisis. El sujeto de la modernidad urbana vive zarandeado entre la necesidad de aferrarse a lo que considera auténtico y no contaminado por el artificio moderno (como los productos de la artesanía o los lugares rurales tradicionales) y el insaciable «afán de novedad».

Algo de estos diagnósticos reconocemos en los personajes de Fernando y sus sicarios. Fernando está apegado a los monumentos urbanos de su memoria y los sicarios viven en una vertiginosa actualidad sin recuerdos. En ella los sicarios (como Alexis) manejan un conocimiento bastante exacto de lo que ofrece el mercado: los *nikes*, la televisión, la música internacional, las armas que pueden adquirirse, los electrodomésticos que sueñan con regalar a sus madres, la novedad del noticiero con el eterno retorno de los «*mismos nuevos muertos*». Ambos representan dos actitudes clásicas de la ciudad moderna, la mirada nostálgica y la inmersión en la actualidad sin contextos explicativos.

María Fernanda Lander ha señalado que la transformación del intelectual en autor intelectual, es decir, en asesino, se refleja en su progresiva adopción de la oralidad de las comunas; su rechazo a las reglas del lenguaje está en sintonía con el progresivo rechazo de la ley que Fernando aparenta representar (Lander 2002: 85).

Esto no sitúa, sin embargo, correctamente las frases lapidarias de Fernando sobre la ciudad que el personaje narrador lanza desde el principio de la novela. Olvida también algo que me parece de radical importancia: si bien deja claro que está escribiendo, el lenguaje de Fernando lleva las marcas de la oralidad desde el comienzo. Lo que experimentamos como una progresiva adopción del lenguaje ágrafo de las comunas es el resultado de una contaminación entre dos formas de ficción de oralidad. La de Fernando es una oralidad posible para las clases medias. La importancia de este detalle radica en que su discurso carece de los condicionamientos ligados en general al lenguaje escrito. Sus palabras no parecen estar sometidas a la coherencia de una escritura que deberá rendir cuentas en el futuro. Maneja un discurso no vigilado por la tradición textual, son palabras entregadas a la fugacidad, pronunciadas azarosa y descuidadamente en la calle. Su enciclopedia de intelectual se mezcla desde el principio con una locución urbana que se rige por la lógica de la habladuría.

Explícitamente reduce el alcance o la autoridad de su relato a lo que él puede «ver y oír», pero se hace también eco de la retórica monocorde de los medios de comunicación –la radio y el periódico *El colombiano*– y hasta de las llamadas leyendas urbanas: «Amaneció a la entrada del edificio un mendigo acuchillado: les están sacando los ojos para una universidad» (Vallejo 2002: 36).

Con todo este material realiza una singular operación retórica que caracteriza el proyecto literario del autor: las palabras de la ciudad letrada se deconstruyen desde su interior al mezclarse con los saberes urbanos de los medios y los murmullos de la muchedumbre. Fernando rechaza todo discurso que quiera remontarse por encima del saber cotidiano y que tenga, por consiguiente, pretensiones científicas o universales. Practica una reducción sistemática de toda su herencia cultural y moral a la cotidianidad urbana de Medellín, que es la cotidianidad de la violencia:

> Esto que veis aquí Marcianos, es el presente de Colombia y lo que les espera a todos si no paran la avalancha. Jirones de frases hablando de robos, de atracos, de muertos, de asaltos (aquí a todo el mundo lo han atracado o matado una vez por lo menos) me llegan a los oídos pautadas por las infaltables delicadezas de «malparido» e «hijueputa» sin las cuales esta raza fina y sutil no puede abrir la boca. (Vallejo 2002: 92)

Pero ésta es precisamente la temática y deviene, gradualmente, el estilo del narrador. El discurso injurioso de Fernando, su agresividad, su radicalidad, su propia volubilidad, no provienen de las comunas. La ética de la violencia de Fernando forma parte de una retórica urbana preexistente y propia de su clase. «La crisis de la terminología» y la «puesta en crisis del discurso de la ilustración» provocada por el desafío de los sectores marginales (Rotker 2000: 12) no ha engendrado, a mi modo de ver, el discurso violento de Fernando; ha facilitado su liberación como exabrupto, su despliegue textual. La alianza de Fernando con Alexis transformó una retórica violenta –«Mi respuesta es un sí rotundo como una bala» (Vallejo 2002: 41)– en acto inapelable.

El legado racista

La diatriba «antinacional» (véase Ludmer 2005) de Fernando, su desprecio de las masas, se inscribe en una genealogía fácilmente rastreable en la historia de la ilustración americana. En el libro de Rama podemos leer una cita interesante del preilustrado mexicano de fines del siglo XVII Carlos Sigüenza y Góngora respecto a «las masas», que en aquel momento eran meramente «la plebe»:

> plebe tan en extremo plebe, que sólo ella lo puede ser de la que se reputare la más infame, y lo es de todas las plebes, por componerse de indios, negros, criollos y bozales de diferentes naciones, de chinos, de mulatos, de moriscos, de mestizos, de zambaigos, de lobos y también de españoles que en declarándose zaramullos (que es lo mismo que pícaros, chulos y arrebatacapas) y degenerando de sus obligaciones, son los peores entre tan ruin canalla. (Rama 1998: 45-46)

Es obvio que el concepto de «plebe» es muy diferente al de «masas» o «multitud» que refiere a la escena urbana en los albores de la modernidad, a fines del siglo XIX, pero es interesante constatar una continuidad argumentativa, o continuidad en la injuria, que unen a Sigüenza y Góngora con por ejemplo Baudelaire, y con el narrador Fernando.

Este pequeño fragmento de un texto colonial reúne casi todos los tópicos que caracterizan el discurso de Fernando: la posición del que habla es más la de un desterrado en tierra de gentiles que la de un autóctono. Escribe a un lector de la metrópoli europea en un tono cómplice y juzga su propio entorno desde una ajenidad aristocrática. Un tono de desprecio inversamente proporcional a la necesidad de ser redimido de su exilio por los lectores metropolitanos. A la vez que se distancia de su prójimo inmediato, asume la posición de alguien que lo conoce profundamente. El letrado colonial ya era un guía, ya pretendía ser un traductor que, al mismo tiempo que traduce, fustiga las bajezas de su entorno. En Fernando encontramos el mismo tópico sobre la «índole canallesca» que se aprecia en los estratos bajos de la ciudad en las referencias a una «raza limosnera» o «raza perversa» (Vallejo 2002: 78) o «raza depravada y subhumana» (2002: 92), y un parecido vigor en la condena: «No hay plaga mayor sobre el planeta que el campesino colombiano, no hay alimaña más dañina, más mala. Parir y pedir, matar y morir, tal su miserable sino» (2002: 120).

Pero también se incluye a «los españoles», a los blancos descendientes de europeos que «degeneran de sus obligaciones», lo que acerca estos textos tan distantes en la historia de una manera muy significativa. Fernando también fustiga a la clase política, al poder judicial, a la iglesia, al gobierno corrupto responsable de todo este nuevo desorden. El anatema a la mezcla racial «plebeya» que aúna «la mala índole» del mestizo con la «indolencia» del peninsular constituye una historia y un diagnóstico sobre el nuevo mundo americano que ha operado desde los tiempos de la colonia y que, abandonando el ámbito de «la corrección política» después de los años cuarenta del siglo XX, ha seguido existiendo hasta hoy.

El carácter de periferia colonial que ha tenido América ha dado al desprecio aristocrático hacia la plebe una coloración específica. Los males de la plebe se explican como males locales. No es en tanto plebe sino en tanto población autóctona, en tanto raza o fatal mestizaje que constituyeron una «infamia».

¿Cuándo los círculos letrados del continente latinoamericano escribieron por última vez abiertamente de «la raza» como doctrina y como problema? Por lo menos a finales del siglo XIX y principios del XX, cuando el debate se centraba en la llamada «decadencia de la raza latina» y en el pesimismo racial sobre el mestizo.

La raza —confusa noción que oscilaba desde lo histórico-cultural hasta lo biológico— era concebida, y aun sentida, como el modo más natural de integración supranacional de las comunidades con características afines:

> La idea racial había sido prestigiada por el romanticismo, el positivismo, la sociología evolucionista y la mayor parte de las corrientes de la época. Entre 1895 y 1900 aparecieron, casi simultáneamente, varios libros en los

que se denunciaba o presagiaba la decadencia latina y el triunfo inminente de lo sajón o lo eslavo. El más difundido de ellos fue el de Edmond Desmolins, con su *A quoi tient la superiorité des anglo-saxons* (1897), que fue traducido en España dos años después. El tema tuvo, desde este lado del Atlántico una modalidad especial. Fue la de la colusión, casi nunca evitada, entre la decadencia de lo español, vencido en Cuba en 1898, y la incapacidad de lo mestizo, pronosticada por el racismo arianista, ya entonces actuante. Las dos ideas se ayuntaron para esparcir una alarma que fue intensa y que se acendró con la presencia y la expansión triunfal de la potencia y el modelo estadounidense (Real de Azúa 1984: 29).

Mientras los intelectuales «latinos» reaccionaban conjuntamente contra la amenaza anglosajona y ponían en orden sus deberes filiales respecto de la vencida España, resultaba perfectamente natural a principios del siglo XX hablar todavía de los pueblos indígenas y de la población afroamericana como de razas «enfermas y contaminantes». Este es el tenor de un muy citado fragmento de crítica de José de la Riva Agüero, que data de 1905, al *Ariel* de José Enrique Rodó en Perú, donde le reprocha «Proponer la Grecia antigua como modelo para una raza contaminada con el híbrido mestizaje con indios y negros; hablarle de recreo y juego libre de la fantasía a una raza que si sucumbe será por una espantosa frivolidad; celebrar el ocio clásico ante una raza que se muere de pereza» (Castro 2000: 108).

Las formas tradicionales del racismo latinoamericano, las que afloran en prácticas sociales y políticas discriminatorias y sus formas ambiguas, diversas y en sus conceptualizaciones imprecisas (o vergonzantes), han tenido a lo largo del último siglo una persistencia y una continuidad notables, pero más bien al margen de la escritura culta[7]. La escisión

---

[7] Este «autodesprecio» ha sido explorado de distintas maneras en la ensayística de los años cincuenta del siglo XX, preocupado por las identidades nacionales, cuando el racismo explícito y doctrinario empezaba a desaparecer gracias al impacto moral que tuvo la política racial del nazismo. Inevitablemente han sido ensayos que exploraron una suerte de inconsciente colectivo y recurrieron al psicoanálisis (Octavio Paz) o a una alegórica «radiografía» (Martínez Estrada) para hacer aflorar, entre otras cosas, esa mala conciencia filial, que hace sentirse al mexicano un huérfano, un producto del estupro o la traición, y al argentino el fruto de un error primordial, de un trasplante

entre el discurso escrito y las prácticas cotidianas sobre este tema ha sido detectada por varios investigadores:

> Algunos autores han llamado la atención sobre *la falta de concordancia que existe, en las sociedades latinoamericanas, entre el discurso y las prácticas sociales, de manera particular en torno al racismo*. En efecto, mientras que, a pregunta expresa, la enorme mayoría de las personas parece rechazar la existencia de razas superiores o inferiores, las prácticas de discriminación y los prejuicios racistas *son generalizados*. Esta duplicidad es resultado de la complejidad de los procesos identitarios en los pueblos que tienen un pasado colonial. (París Pombo 2005: 293; énfasis mío)

Rosana Reguillo ha resumido *coloquialmente* en su artículo «Las derivas del miedo» la habladuría que toma una identidad profunda étnica o social (los pobres) como «explicación» o como causa de comportamientos anormales: «es indio, luego es tonto y culpable de su propia miseria; es negro, luego entonces no cabe aquí; y en último caso, es peligroso, luego es pobre, lo que seguramente indica que es indio o negro, o campesino» (Reguillo 2003: 177).

Atribuir los males nacionales a una estirpe ilegítima y a una mezcla genética desafortunada es un tópico desprestigiado que desapareció o más bien se atenuó[8] en la cultura escrita, pero que se mantuvo tercamente

---

fracasado. Este tipo de ensayos tuvieron que acudir a la oralidad (las canciones, las malas palabras, los dichos y la habladuría urbana) para mostrarlo.

[8] Aún persisten lamentablemente en la historiografía argentina actual, por ejemplo, tópicos que provienen del ensayismo liberal del siglo xix. Dice Carlos M. Tur Donatti, por ejemplo: «Investigar a fondo cómo se fraguó a lo largo de siglos la población de base en las regiones chaqueña y noroeste y cuál fue la participación real de las poblaciones indígenas en la convulsionada historia política del siglo xix, echaría por tierra mitos ideológicos que todavía subsisten en la trama profunda de muchas obras. Esta lectura convencional, la más aceptada del pasado argentino, se ha construido desde el centro del poder político nacional, la ciudad de Buenos Aires, y ha servido para justificar la riqueza y el poder de las viejas familias y los descendientes de inmigrantes europeos que aprovecharon la movilidad social de la vieja Argentina anterior a 1975. Ha sido la interpretación de los triunfadores, la que proyectó el viejo Estado hacia las clases subordinadas y el mundo exterior» (Tur Donatti 2004: en línea).

vivo en el imaginario continental. Vallejo no hace más que devolverle una brutal visibilidad a través de los razonamientos racistas del narrador.

> De mala sangre, de mala raza, de mala índole, de mala ley, no hay mezcla más mala que la del español con el indio y el negro: producen saltapatrases o sea changos, simios, monos, micos con cola para que con ella se vuelvan a subir al árbol. Pero no, aquí siguen caminando en sus dos patas por las calles, atestando el centro. Españoles cerriles, indios ladinos, negros agoreros: júntelos en el crisol de la cópula a ver qué explosión no le producen con todo y la bendición del papa. Sale una gentuza tramposa, ventajosa, perezosa, envidiosa, mentirosa, asquerosa, traicionera y ladrona, asesina y pirómana. Ésa es la obra de España la promiscua, eso lo que nos dejó cuando se largó con el oro. Y un alma clerical y tinterilla, oficinesca, fanática del incienso y el papel sellado. Alzados, independizados, traidores al rey, después a todos estos malnacidos les dio por querer ser presidente. Les arde el culo por sentarse en el solio de Bolívar a mandar, a robar. Por eso cuando tumban los sicarios a uno de esos candidatos al susodicho de un avión o una tarima, a mí me tintinea de dicha el corazón. (2002: 129-130)

Fernando asume sin complejos un discurso sobre «la raza» inaceptable en su formulación y en sus premisas para la moral (letrada) contemporánea. Es un discurso que como hemos visto «cita» de hecho textos «serios» de la época colonial –que forman el magma primigenio del racismo latinoamericano– y convicciones científicas del racismo decimonónico.

También es un discurso cuyas huellas se pueden rastrear en prácticas contemporáneas de exclusión. El narrador no cita textos actuales académicos sino la creencia que aflora indirectamente en la charla de café, la publicidad televisiva que promueve modelos blancos, la palabra «indio» o «negro» pronunciadas como insulto. Es de la vida cotidiana que Fernando recoge o hereda este discurso callejero y lo articula con la naturalidad del que escribe como habla y habla como siente, atravesando las fronteras entre lo que se dice y lo que no se dice o entre lo que se dice y no se debería decir, pero se piensa. En los años noventa del siglo XX resulta una provocación, no en tanto algo pronunciado, sino en tanto escrito.

La incontrolada oralidad de Fernando penetra en el texto de la novela bajo el signo de la permisividad. El narrador dice haber sido educado con los padres salesianos. Frente a este trasfondo de ética religiosa que sugiere contención y recato, Fernando parece desplegar una actitud opuesta de incontinencia verbal, sexual y moral que atraviesa toda la novela: prácticas sexuales que las normas morales de la ciudad católica no permiten pero que se realizan de hecho. Fernando practica su propia sexualidad sin reservas pero su discurso participa también del desprecio a los homosexuales, como lo demuestran repetidos sarcasmos contra los «mariquitas» de la iglesia y del Estado.

Esta actitud se refleja también en la permisividad de Fernando respecto a Alexis (como comprarle el arma) o en mencionar nombres que según Fernando no deberían mencionarse: «y cuyo nombre debería omitir aquí pero no lo omito por la elemental razón de que no se pueden contar historias sin nombres» (Vallejo 2002: 12). También el omnipresente juicio a la raza corresponde a un «saber» que no debería formularse: «Pero estas cosas no se dicen, se saben. Con perdón» (2002: 12). Lo que no debería mencionarse a la vez por «sabido» y por «incorrecto» Fernando lo articula sin matices ni remordimientos.

Fernando niega la existencia de Dios pero ruega favores en las iglesias y deplora el uso que los jóvenes sicarios hacen de los templos. Su duplicidad se expresa en las ejecuciones que el narrador y su sicario se permiten y cuya responsabilidad «intelectual» Fernando contradictoria y cínicamente asume y absuelve.

Quizás para explicar este permanente sabotaje a su propio discurso alega tener varias personalidades: «más de mil» (2002: 35). El discurso incesante del narrador participa tanto del precepto moral heredado como de su trasgresión. Es obvio que no ha inventado este tipo de creencias primarias. Sus interlocutores y sus eventuales lectores las conocen muy bien y quizás muchos en el fondo las comparten, aunque no quisieran verlas escritas.

El escándalo no radica en la presentación de un burdo «devocionario nazi», sino en practicar una forma extrema de «oralidad» que no se limita a la oralidad pintoresca de la comuna iletrada. Fernando hace visible otra oralidad más oculta y consecuente: la de las educadas clases medias en el nivel de su propia inconfesada «habladuría».

Los exabruptos racistas de Fernando forman parte de una segunda oralidad que no está signada por la incorrección gramatical sino por la «incorrección política». Al darle visibilidad y actualidad, la novela enfrenta a la ciudad letrada con su propio pasado y con su propia doblez porque, aunque el racismo latinoamericano ha sido expulsado del «orden del discurso», por decirlo en palabras de Foucault, reina en el mercado informal de la palabra.

Después de la influencia marxista y del indigenismo, después de la experiencia del nazismo, después de la influencia de la teología de la liberación y del «subalternismo», la provocación de la novela radica en la formulación escrita de esta creencia antigua, persistente e implícita que hace tiempo ha perdido su inocencia, no para desaparecer, sino para convertirse en uno de los tantos cinismos contemporáneos.

El lenguaje de la información

En un mundo que nadie vacila en llamar «la era de la información», la noticia constituye la piedra angular sobre la que descansa nuestra representación de la realidad social.

Los contenidos de lo que hemos llamado anteriormente «habladuría», definida por Heidegger como lo que se supone que uno tiene que «tener sabido», se trasmiten a través de los medios y estos trazan lazos significativos entre la experiencia individual y local y un discurso general, una «doxa» que trasciende cada situación particular. Este discurso es el discurso de la información. La información, la noticia, sin embargo, tiene ciertas particularidades retóricas que determinan en gran medida toda una visión de la realidad. Se trata de operaciones básicamente lingüísticas y narrativas y dan forma, o más bien, construyen la realidad social: «Noticia es una representación social de la realidad cotidiana producida institucionalmente que se manifiesta en la construcción de un mundo posible» (Alsina 1993: 18)[9].

El mundo «real» es la fuente que produce el acontecimiento, es decir, es el mundo de los acontecimientos, pero este mundo «real» ya es una construcción cultural limitada. Para seleccionar del caos de lo real el

---

[9] Sobre el concepto de mundo posible véase Eco 1981.

acontecimiento es necesario contar con los mundos de referencia a partir de los cuales el acontecimiento puede encuadrarse. A este mudo referencial el periodista remite los hechos y presta «marcas referenciales» que acrecientan la credibilidad de la noticia. Los mundos de referencia son construcciones culturales que dependen de la enciclopedia del periodista y criterios de veracidad que, como se sabe, son esencialmente retóricos. El mundo posible es el que tiene el carácter de

> mundo narrativo, construido por el sujeto enunciador a partir de los otros dos mundos citados. Si en el mundo real se producía la verificación y en el mundo de referencia se determinaba la verosimilitud, en el mundo posible se desarrolla la veridicción. El enunciador debe hacer parecer verdad el mundo posible que construye. Para lo que se vale de marcas de veridicción que permiten crear una ilusión referencial que es condición necesaria para la virtualidad del discurso. (Alsina 1993: 190)

El espacio de la ciudad dejó de ser un lugar de recorridos comunes que creaban una sensación de territorio abarcable definido por marcas históricas, un espacio narrable, limitado por puntos de referencia. La ciudad megalópolis de fines de los noventa sólo puede abarcarse, apropiarse, a través de los medios de comunicación. Al ser el único espacio público que recoge una cierta representación de lo cotidiano, los medios y el discurso de la información son la fuente privilegiada para hablar de la violencia, precisamente el fenómeno que ha provocado «una crisis de los significados» (Martín-Barbero 2000: 11). La información de radio y televisión y la de los periódicos sensacionalistas no puede producir una narración significativa.

Jesús Martín-Barbero ha señalado que «cada día estamos informados de más cosas pero cada día sabemos menos qué significan» (Martín-Barbero 2000: 33). Todavía más importante es la constatación de que la influencia de la televisión por ejemplo no es medible en términos de *ratings* de audiencia, sino en términos de interpelación y mediación social:

> En la realidad de un país con una muy débil sociedad civil, un largo empantanamiento político y una profunda esquizofrenia cultural la que recarga continuamente la capacidad de representación y la desmesurada

importancia de los medios. [...] la verdadera influencia de la televisión reside en la formación de imaginarios colectivos, esto es, una mezcla de imágenes y representaciones de lo que vivimos y soñamos, de lo que tenemos derecho a esperar y desear [...]. [E]l peso político y cultural de la televisión, como el de cualquier otro medio, no es medible en términos de contacto directo e inmediato, sólo puede ser revaluado en términos de la mediación social que logran sus imágenes. (Martín-Barbero 2000: 32)

Fernando y el discurso de la información

Aunque Fernando tiene desconectada la televisión y jamás lo vemos leyendo la prensa ni escuchando la radio más que por accidente, se refiere repetidamente a el periódico *El colombiano*, popular matutino que difunde gráficamente los asesinatos de los sicarios en la ciudad. «El Colombiano es el periódico de Medellín, el que da los muertos: tantos hoy, ¿mañana cuántos?» (Vallejo 2002: 44).

Fernando deplora la adicción televisiva de Alexis:

> El vacío de la vida de Alexis, más incolmable que el mío, no lo llena un recolector de basura. Por no dejar y hacer algo, tras la casetera le compré un televisor con antena parabólica que agarra todas las estaciones de esta tierra y las galaxias. Se pasa ahora el día entero mi muchachito ante el televisor cambiando de canal cada minuto [...] Impulsado por su vacío esencial Alexis agarra en el televisor cualquier cosa: telenovelas, partidos de fútbol, conjuntos de rock, una puta declarando, el presidente. (Vallejo 2002: 30-31-46).

La radio y el televisor son un trasunto de los sonidos de infierno, conforman los ruidos incesantes de la ciudad, el sonido que la envuelve. Las voces de las radios se escuchan en la calle y en los autobuses y las de la televisión en cada una de las viviendas:

> Las comunas son, como he dicho, tremendas. Pero no me crean mucho que sólo las conozco por referencias, por las malas lenguas: casas y casas y casas, feas, feas, feas, encaramadas obscenamente las unas sobre las otras, ensordeciéndose con sus radios, día y noche, noche y día a ver cuál puede

más, tronando en cada casa, en cada cuarto, desgañitándose en vallenatos y partidos de fútbol, música salsa y rock, sin parar la carraca. ¿Cómo hacía la humanidad para respirar antes de inventar el radio? Yo no sé, pero el maldito loro convirtió el paraíso terrenal en un infierno: el infierno. No la plancha ardiente, no el caldero hirviendo: el tormento del infierno es el ruido. El ruido es la quemazón de las almas. (Vallejo 2002: 80)

Los medios son la voz que emite la ciudad, la voz que la dice y la explica. También una especie de respiración. Es la radio y la televisión el discurso interrumpido del que no se puede huir, y lo que trasmite son las noticias de los muertos, mezcladas con una serie de frivolidades como el fútbol y casi sin solución de continuidad. Es como si a través de las ondas mediáticas hablara la ciudad como por medio de un ventrílocuo: «Cuando paró de retransmitirse el pajarraco deslenguado, el radio, reconfortante como un café caliente, oficioso y mañanero, pasó a darnos las noticias de la noche que acababa y las cifras de los muertos. Que anoche no habían sido sino tantos... La vida seguía pues» (Vallejo 2002: 128). O también:

El muerto más importante lo borra el siguiente partido de fútbol. Así, de partido en partido se está liquidando la memoria de cierto candidato a la presidencia, liberal, muy importante, que hubo aquí y que tumbaron a bala de una tarima unos sicarios, al anochecer, bajo unas luces dramáticas y ante veinte mil copartidarios suyos en manifestación con banderas rojas. Ese día puso el país el grito en el cielo y se rasgaba las vestiduras. Y al día siguiente ¡goool! Los goles atruenan el cielo de Medellín y después tiran petardos o «papeletas» y «voladores», y uno no sabe si es de gusto o si son las mismas balas de anoche. (Vallejo 2002: 55-56)

A pesar de que el narrador se pasa toda la novela rehuyendo los medios, toda su argumentación viene de ellos. La imagen apocalíptica que va construyendo de la ciudad y del futuro de Colombia no puede prescindir de los periódicos, la radio y la televisión. Es a los medios que se refiere cuando alude a una sabiduría espontánea como la de los teólogos y los pescadores: «¿Que cómo sé tanto de las comunas sin haber subido? Hombre, muy fácil, como saben los teólogos de Dios sin haberlo visto.

Y los pescadores del mar por las marejadas que les manda, enfurecido, hasta la playa» (Vallejo 2002: 123).

Son los medios los que mantienen a Fernando al tanto de la magnitud de la violencia en su ciudad. Son los medios los que entretejen una especial narración de la ciudad estableciendo sus prioridades y jerarquías específicas. Su «espontáneo» conocimiento de lo que sucede en la ciudad o en las comunas proviene básicamente de una red mediática con una presencia en el imaginario colectivo comparable a la omnipresencia de Dios. Y no sólo respecto a su presencia literal en forma de receptores, sino a la presencia de una mirada, la informativa, que pretende abarcar toda la realidad: «[E]l empirismo ilimitado de los medios imita en cierto grado a la filosofía al apropiarse de la mirada de ésta sobre la totalidad del ser, por supuesto no una totalidad en conceptos sino en episodios» (Sloterdijk 2003a: 453-454).

Frente a los medios con su incesante recuento de casos de violencia y de muertos, el espectador o el lector sienten naturalmente una angustia que es la suma entre la desmesura de los acontecimientos, la impotencia que se siente frente a unos hechos a los que uno ha sido ajeno y la frecuente imposibilidad de poder asimilarlos en un marco explicativo tranquilizador. Las noticias, a diferencia de la narración, se experimentan como una serie de *shocks* dispares y reiterados cuyas secuencias están organizadas por el criterio de la simple sucesión temporal. De esto se deduce que soportar el noticiero exige un serio entrenamiento[10].

Mientras que los amigos sicarios de Fernando viven en el mundo de la información armados de un hábito (un entrenamiento) que los hace invulnerables a la sucesión de imágenes violentas y lo que es quizás más

---

[10] «Nuestras cabezas están entrenadas para perspectivar una escala enciclopédicamente amplia de indiferencias, una indiferencia respecto a cada uno de los temas que no surge de sí mismo, sino de su ordenación en el río informativo de los medios. Ninguna conciencia humana sin un entrenamiento de embotamiento y elasticidad de años podrá hacerse con todo aquello que se le exige en el mero hojear una única revista de mayor formato; y sin un ejercicio intenso nadie soportará, a no ser que quiera correr el riesgo de manifestaciones de desintegración espiritual, ese constante vibrar de cosas importantes y de cosas que no son, ese arriba y debajo de noticias que el momento presente nos exigen una considerable atención para, en el momento siguiente, quedar totalmente desactualizadas» (Sloterdijk 2003a: 453-454).

importante, habiendo participado ellos mismos de hechos que después se reiteran en la televisión, Fernando acusa la angustia del noticiero, su incapacidad para tolerar o aceptar como natural el mundo posible que se desprende de las noticias y pasa el tiempo rogando a los taxistas que apaguen la radio o huyendo de la televisión de Alexis para refugiarse en la intemporalidad de las iglesias –«El televisor de Alexis me acabó de echar a la calle» (Vallejo 2002: 32)–. Pero Fernando tampoco está a salvo en la calle del incesante trasfondo informativo:

> Yo no resisto una ciudad con treinta y cinco mil taxis con el radio prendido. Aunque vaya a pie y no los tome, sé que ahí van con su carraca, pasando noticias de muertos que no son míos, de partidos de fútbol en los que nada me va, y declaraciones de funcionarios mamones de la teta pública que están saqueándome a mí, Colombia, el país entero. (Vallejo 2002: 50)

Y una de las consecuencias de estar expuesto a las noticias es la indiferencia, en el doble sentido de abstenerse del compromiso y de asimilación de identidades desiguales: «Todo se puede convertir en noticia: como primer plano o como fondo, lo que es importante y lo que no lo es; lo que es tendencia y lo que es sólo episodio. Todo se puede ordenar en una línea uniforme en la que la uniformidad produce igualmente indiferencia y equivalencia» (Sloterdijk 2003: 460-461).

Lo que vincula todas estas unidades desiguales y heterogéneas es la yuxtaposición. La magia de la conjunción copulativa que es capaz de crear una síntesis del caos de la realidad mediante el expediente de la adición.

Esta relación de falsa semejanza conlleva a una desintegración espiritual porque organiza las distintas entidades o hechos o acontecimientos en un sistema de falsas equivalencias que, a la larga, promueven la pérdida de la capacidad de diferenciar y discriminar. Pensar en pseudoequivalencias es la forma de ser un ciudadano de derecho en una civilización cínica[11].

---

[11] «El "y" es la moral del periodista. [...] Una cosa es una cosa, y en medio no permite nada más. Establecer contextos entre cosas supondría ideología. Por eso quien establece contextos es despedido. [...] El empirismo de los medios sólo tolera informes aislados, y este aislamiento es más efectivo que cualquier censura, ya que

En el Medellín de Fernando, una muerte es igual a otra muerte, una violencia es igual a otra, todas ellas no son más importantes que un partido de fútbol. En esta yuxtaposición (y añadiríamos, repetición de lo eternamente novedoso, del retorno de lo nuevo que al mismo tiempo es lo mismo, el muerto de hoy igual al muerto de ayer), en los hiatos que se instauran entre tragedia y tragedia, entre catástrofe y catástrofe, se puede destilar, Fernando lo hace, una mentalidad o creencia que se conforma por omisión.

De la misma manera que para analizar una película hay que segmentarla en fotogramas que revelan su sintaxis pero que ocultan su diégesis, una sucesión ininterrumpida de fotos de víctimas iguala los casos de violencia y los asimila a otras novedades en principio más triviales. Fuera quedan los contextos sociales y políticos que están en la base de la violencia colombiana. Fuera quedan las concretas historias personales de las víctimas. Más esencial, quiza, es el hecho de que esas muertes, convertidas en noticia, se trasmiten en un lenguaje objetivo. La noticia es una forma de apropiación indiferente. La experiencia se transforma en archivo de datos que anulan el acontecimiento en lo que tiene de esencialmente inaprensible, de lejanía. El discurso informativo trasmite el acontecimiento como un «paquete muerto» (Collingwood-Selby 1997: 129) del que está excluido el deseo y la fundamental inaccesibilidad del ser a sí mismo. La noticia pretende comunicar lo incomunicable; sustituye el misterio, la distancia (los ojos abiertos del muerto) por la reproducción y el registro.

El efecto de esta igualación entre el horror y la trivialidad es la indiferencia moral y afectiva. Pero sobre todo, hace que cada muerte al quedarse sin su historia concreta y específica, sin su diégesis, responda

---

a menudo se preocupa de que aquello que está contextuado no aparezca coherentemente e incluso se encuentre con dificultad en la cabeza de las personas. [...] En esta indiferencia de "y" frente a las cosas que él yuxtapone yace el brote de un proceso cínico. Pues mediante la mera seriación y la relación externa sintagmática entre todos, produce una univocidad que no hace justicia a las cosas seriadas. Por eso "y" no es puro "y" sino que desarrolla la tendencia a un "es igual a". A partir de este momento se puede ampliar una tendencia cínica, pues [...] entonces todo es semejante a todo. De la uniformidad de las series se va introduciendo una equivalencia objetiva y una indiferencia subjetiva» (Sloterdijk 2003a: 460-461).

a una única gran culpa original, aquella que sólo puede encontrarse en una maldición primigenia, la maldición que pesa sobre toda una «raza» o sobre todo un país, y esto es ya por lo menos una creencia[12].

Cuando Fernando empieza a provocar las ejecuciones de sus sicarios no sólo ha empezado a asumir la «oralidad de las comunas», sino a aplicar en la práctica la ideología que promueve implícitamente el discurso informativo o bien la habladuría mediática. Si los que mueren mueren diariamente sin motivo aparente y con total impunidad de los asesinos, si la culpa es en el fondo de las víctimas, si «la vida no vale nada» y cada muerte es la misma muerte y todas igualmente absurdas, los motivos que aduce Fernando, «autor intelectual» para justificar los disparos de sus amantes, son cada vez más absurdos y más negligentes.

Fernando aúna su cristianismo invertido y el racismo «instintivo» y secular de las clases medias con la adopción no sólo de un lenguaje contaminado, sino también de la epistemología del discurso de la información.

Ésta es una de las operaciones de inversión que el proyecto literario de Vallejo lleva a acabo: si la síntesis ideológica de una ciudad perfecta, el *Ariel* de Rodó, partió sin nombrarla siquiera de la «noticia» de la guerra hispano-norteamericana de 1898 y la elevó a una discusión axiológica, la novela de Vallejo está construida como la disolución del discurso letrado en la habladuría informativa. Los crímenes de Fernando pueden leerse

---

[12] Entre ideología y creencia hay diferencias importantes. La primera es deliberada y la segunda heredada o relativamente inconsciente. Ortega y Gasset es quien ha establecido esta distinción: «De las ideas-ocurrencias –y conste que incluyo en ellas las verdades más rigurosas de la ciencia– podemos decir que las producimos, las sostenemos, las discutimos, las propagamos, combatimos en su pro y hasta somos capaces de morir por ellas. Lo que no podemos es... vivir de ellas. Son obra nuestra y, por lo mismo, suponen ya nuestra vida, la cuál se asienta en ideas-creencias que no producimos nosotros, que, en general, ni siquiera nos formulamos y que, claro está, no discutimos ni propagamos ni sostenemos. Con las creencias propiamente no hacemos nada, sino que simplemente estamos en ellas. Precisamente lo que no nos pasa jamás –si hablamos cuidadosamente– con nuestras ocurrencias. El lenguaje vulgar ha inventado certeramente la expresión «estar en la creencia». En efecto, en la creencia se está, y la ocurrencia se tiene y se sostiene. Pero la creencia es quien nos tiene y sostiene a nosotros. [...] Las ideas se tienen; en las creencias se está» (Ortega y Gasset 1989: 384-385).

como la respuesta irónica al dispositivo de la información, la prolongación *ad absurdum* de una manera de concebir la realidad social de Medellín.

El pesimismo antropológico conservador de Fernando, la ficción social de una naturaleza malvada de la raza o del ser humano en general, encuentra su confirmación empírica en estos contextos referenciales que ofrece el noticiero. Por eso Fernando no se cansa de remedar al heresiarca de Uqbar en el sentido de que «los espejos y la cópula son abominables, porque multiplican el número de los hombres». La lógica rigurosa del misántropo le permite «justificar» la liquidación a sangre fría de embarazadas y de niños. Tampoco, en esta lógica, resulta sorprendente que recomiende, con un descaro del que no está exento el humor negro del dadaísmo, el exterminio, el fusilamiento masivo, «la fumigación» como las únicas estrategias posibles para acabar con la violencia en la ciudad.

La novela de Vallejo efectúa una doble «profanación» (Agamben) sobre los discursos letrados. Por un lado, hace un uso desviado de la práctica legitimadora del poder, que es siempre selectiva y persuasiva. Los pseudojuicios de Fernando no legitiman los crímenes de Alexis; más bien enfatizan la arbitrariedad de toda legitimación ideológica de la violencia. Por otro lado, hace un uso desviado de los dispositivos de la información: Fernando es un hombre saturado de noticias cuya desinhibición le lleva a «crearlas» en vez de consumirlas. Fernando transforma la crueldad, inherente a la indiferencia, en actividad del deseo.

Fernando como mediador

Carlos A. Jáuregui y Juana Suárez han escrito que Fernando es algo así como un «médium literario de la alteridad pre-letrada, de la voluptuosa oralidad y de la violencia en las comunas» (Jáuregui & Suárez 2002: 377). De acuerdo con Yolanda Contreras, «[e]sta novela y su versión fílmica poseen la importancia de parecer un registro fotográfico de la realidad que se vive en Colombia» (sf: en línea). Los críticos han subrayado esta cualidad del narrador que, además de instigador de la violencia, es un viajero que recorre la ciudad y que la registra y la traduce. Asume el papel de quien explica la caótica existencia urbana a un turista o en cualquier caso a un extranjero, un receptor invisible que necesita ser instruido y guiado. A veces se trata de alguien que habla otro idioma y en otras oportunidades parece estar hablando con un español, porque «traduce» al castellano peninsular. Esta alternancia en la figura del receptor es lo que más sitúa a Fernando en el papel de un guía turístico, o de un informante etnográfico con una clientela variable: «El tamaño no me lo van a creer, ¡pero qué saben ustedes de globos! ¿Saben qué son? Son rombos o cruces o esferas hechos de papel de china deleznable» (2002: 7); «Ustedes no necesitan, por supuesto, que les explique qué es un sicario» (2002: 10); «Gonorrea es el insulto máximo en las barriadas de las comunas, y comunas después explico qué son» (2002: 16); «¿Cómo puede matar uno o hacerse matar por unos tenis?, preguntará usted que es extranjero. *Mon Cher ami,* no es por los tenis: es por un principio de justicia en el que todos creemos» (2002: 83).

El único interlocutor identificable de los muchos a los que se dirige el conocedor, el informante que es Fernando, es su propio abuelo:

> Ustedes no necesitan, por supuesto, que les explique qué es un sicario. Mi abuelo sí, necesitaría, pero mi abuelo murió hace años y años. Se murió mi pobre abuelo sin conocer el tren elevado de los sicarios, fumando cigarrillos Victoria que usted, apuesto, no ha oído siquiera mencionar. Los Victoria eran el basuco de los viejos, y el basuco es cocaína impura fumada, que hoy fuman los jóvenes para ver más torcida la torcida realidad, ¿o no? Corríjame si yerro. Abuelo, por si acaso me puedes oír del otro lado de la eternidad, te voy a decir qué es un sicario: un muchachito, a veces un niño, que mata por encargo. ¿Y los hombres? Los hombres por lo general no, aquí los sicarios son hombres o muchachitos, de doce, quince, diecisiete años. (Vallejo 2002: 9-10)

Fernando no sólo media entre el local y el extranjero sino también entre los vivos y los muertos. Más allá de la pretensión testimonial que pueda atribuírsele a esa actividad mediadora que despliega en sus recorridos por Medellín, resulta interesante que asuma ese papel. Una de las actividades más antiguas y regulares de la inteligencia americana, aquella a la que incluso se ha aferrado como forma de legitimar su posición, es precisamente la mediación y, como caso particular de ésta, la traducción.

Desde las traducciones que de los idiomas nativos hacían los primeros misioneros, pasando por los glosarios de la literatura regionalista que combinaban el uso de localismos con su traducción al castellano peninsular, pensando en un potencial público europeo[13], hasta la profusa adjetivación del llamado neobarroco, que implica una especial modalidad de traducción y que para Rama «sigue certificando, en pleno siglo XX, la conciencia del letrado de que está desterrado en las fronteras de una civilización cuyo centro animador (cuyo lector también) está en las metrópolis europeas» (Rama 1998: 49-50).

Fernando traduce, entonces; nos traduce a los lectores, o traduce a su interlocutor extranjero la jerga de las comunas: «¿Qué son culebras? Son cuentas pendientes. Como usted comprenderá, en ausencia de la ley que se pasa todo el tiempo renovándose, Colombia es un serpentario» (Vallejo 2002: 49).

Aunque Fernando no cesa de presentarse como un «conocedor», él mismo relativiza irónicamente ese conocimiento. Fernando representa el papel del traductor y el del etnógrafo pero no pretende que el lector le crea o lo tome en serio. «Yo hablo de las comunas con la propiedad del que las conoce, pero no, *sólo las he visto de lejos*, palpitando sus lucecitas en la montaña y en la trémula noche» (2002: 42; énfasis mío).

Lejos de presentarse como un autorizado informante de cuya objetividad no cabe dudar, la imagen que construye de sí mismo no es ni la del observador distanciado ni la del observador participante, sino la de una emanación acústica del espacio en el que se mueve, de un producto genuino de la ciudad y su desorden, una caja de resonancias activada por el deseo: «Las he visto, soñado, meditado desde la terraza de mi apartamento, dejando que su alma asesina y lujuriosa se apodere de mí. Millares de foquitos encendidos, que son casas, que son almas, y yo el eco, el eco entre las sombras. Las comunas a distancia me encienden el corazón como a una choza la chispa de un rayo» (2002: 42). Fernando es un cronista a la vez cruel y apasionado de su ciudad y quizás también un fotógrafo decadente, erótica y rabiosamente involucrado en el espacio que describe.

---

[13] Esta posición del intelectual latinoamericano «entre» una modernidad extranjera y una particularidad local y periférica ha condicionado el discurso y la retórica de la modernidad en América Latina. Véase Alonso 1998.

Fernando como corrector y traductor

Fernando se comporta como si compartiese tácitamente un modo de ver las cosas común, «universal» con el extranjero. Este entendimiento, que por otra parte él supone aunque el interlocutor no lo corrobore, trasciende un idioma específico para situarse en el plano de un sentido común universal. Es este «logos» sobreentendido lo que Fernando no comparte con la población de las comunas. Al mismo tiempo se diferencia de su interlocutor extranjero en su pertenencia a ese mismo mundo «ilógico» que describe.

Esta posición recobra irónicamente una tradición continental en la que el escritor o pensador o educador se sitúa entre una cultura «escrituraria» que se expresaba en la lengua de la corte, pero que fue también sacerdotal, estatal, pública y burocrática, y el habla popular, diversa y proteica, de cuya historia conocemos únicamente los ejemplos que registran precisamente «las diatribas de los letrados». La primera se caracterizó por su rigidez e inmovilismo, la segunda por su regionalismo y su evolución incesante. En la famosa dicotomía de Ángel Rama el lugar tradicional del intelectual latinoamericano ha estado entre la cultura letrada y la oral; muy a menudo, sus textos deploraron y denunciaron, o sencillamente explicaron, el segundo término de esta dicotomía ante un lector «universal».

Y si bien la cultura letrada se sintió con frecuencia amenazada por la lengua popular[14], también se sintió en ocasiones seducida por ella, como se evidencia en el giro hacia lo regional y lo popular que tiene lugar en el siglo XX. Juan Rulfo, Alejo Carpentier, Miguel Ángel Asturias o José Arguedas construyeron, según Jean Franco, una etnopoética, «una forma de traducción que negocia el significado de etimologías disparatadas [...] y transforma sus energías en acción política» (Franco 2002: 171; mi traducción).

---

[14] «No puede comprenderse la fervoroso adhesión letrada a la norma cortesana peninsular y luego a la Real Academia de la Lengua si no se visualiza su situación minoritaria dentro de la sociedad y su actitud defensiva dentro de un medio hostil» (Rama 1998: 45).

La traducción, según Paul Ricoeur, es la expresión de una curiosidad por lo extranjero o lo ajeno. Su felicidad, «la felicidad de la traducción», consiste en brindar a la lengua del otro una suerte de «hospitalidad lingüística» (Ricoeur 2005: 28). Fernando sitúa o más bien supone esa curiosidad en el fantasmal visitante o visitantes a los que interpela y quienes, a veces, parecen preguntarle por el significado de ciertas palabras. Al traducir, al esclarecer términos del argot de las comunas, Fernando señala su «impropiedad» y hace crítica de las subculturas urbanas como crítica del lenguaje. Al mismo tiempo, esa mediación crítica supone un modelo de enfrentamiento con la alteridad. La traducción, como manifestación de esa curiosidad por lo extranjero, «construye lo comparable desde lo incomparable» (Ricoeur 2005: 70-71). Traduciéndolo, Fernando «construye» la alteridad del habitante de Medellín para el visitante del exterior:

> A mi regreso a Colombia volví a Sabaneta con Alexis, acompañándolo, en peregrinación. Alexis, aja, así se llama. El nombre es bonito pero no se lo puse yo, se lo puso su mamá. Con eso de que les dio a los pobres por ponerles a los hijos nombres de ricos, extravagantes, extranjeros: Tayson Alexander, por ejemplo, o Fáber o Eder o Wílfer o Rommel o Yeison o qué sé yo. No sé de dónde los sacan o cómo los inventan. Es lo único que les pueden dar para arrancar en esta mísera vida a sus niños, un vano, necio nombre extranjero o inventado, ridículo, de relumbrón. Bueno, ridículos pensaba yo cuando los oí en un comienzo, ya no lo pienso así. Son los nombres de los sicarios manchados de sangre. Más rotundos que un tiro con su carga de odio. (Vallejo 2002: 9-10)

La ridiculez de los nombres propios es una marca o un estigma que ha situado a sus titulares en el margen del discurso cultural dominante. Su significación es doble: son nombres de la televisión, lo que significa que usan la mediación de la habladuría globalizada de los medios, no la de la cultura letrada castellana de la élite. En segundo lugar, sólo parecen advenir a la conciencia letrada cuando la muerte les presta su inútil prestigio. En ambos casos los nombres portentosos de los chicos de las comunas representan una necesidad de inscribirse en el orden simbólico, una voluntad de existir.

Las explicaciones de Fernando, además de traducciones, son juicios. El gramático Fernando realiza una traducción comentada del habla de la ciudad, y al traducir, al explicar, subraya la impertinencia de la lengua oral. Último letrado en la ciudad globalizada, el narrador registra primero el barbarismo o el idiotismo lingüístico y le añade de inmediato una interpretación que la mayoría de las veces es una condena. En su óptica, las malas palabras son el correlato de la mala vida, como el nombre absurdo lo es de una vida absurda. Mediante su crítica lingüística Fernando ataca el abaratamiento de la vida humana en la ciudad de su nacimiento: «El "muñeco" por si usted no lo sabe, por si no los conoce, es el muerto. El vivo de hace un instante pero que ya no» (Vallejo 2002: 37).

Fernando parece lamentar la desaparición de la dimensión ritual de la ciudad, sus silencios, su antigua seriedad y la ausencia de trascendencia actual, que se refleja en las peculiares supersticiones de los sicarios. Estos inventan una relación propia con los símbolos religiosos de la nación. Fernando deplora el incesante bullicio, los «atentados» al orden de la lengua, pero también condena la incapacidad del gobierno, la corrupción de la iglesia, la insolencia de los transeúntes y, maltusianamente, la «ingenuidad» de las organizaciones humanitarias que alientan la mendicidad y reproducen la pobreza con subsidios caritativos.

También ataca a las mujeres por el papel que tienen en la reproducción del género humano (y en particular de los pobres) y finalmente a toda «la raza» por sus distintas bajezas. En este sentido, cuando generaliza, su conservadurismo se remonta al de las élites coloniales. Casi todas las personas con las que se cruza Fernando son acusadas severamente de algo aunque sólo fuera del hecho de existir: «¿Y esta vez por qué? ¿Por qué razón? Por la simplísima razón de andar existiendo. ¿Les parece poquito?» (Vallejo 2002: 96).

Nombrar para Fernando es sinónimo de acusar. Al construir su monólogo en torno a una lógica de enjuiciamiento Fernando promueve la culpabilidad sistemática y dictamina el mal en el mismo acto de nombrar e informar. El suyo es un discurso productor de culpabilidades y por lo tanto de la necesidad de castigo. Este discurso acusador, casi delirante hacia el final, nunca vacila ni genera réplicas.

Fernando se interna en la ciudad real como un cronista exasperado y se topa con irregularidades humanas que son para él como las faltas de ortografía de un texto malogrado. Podría decirse que el corrector señala el error y el ángel asistente lo suprime. La tarea del traductor se completa con la tarea del corrector.

A pesar de que la forma de tratar con el lenguaje de los habitantes de las comunas o con el habla común de la ciudad y su gente es extremadamente crítica y condenatoria, la misma hipérbole despreciativa del discurso de Fernando crea un extraño efecto: el mundo que lo rodea aparece de todas maneras en los pliegues de su desdén. Fernando, hablándonos de Medellín y de «Medallo», va incorporando gradualmente a su propio lenguaje el lenguaje de la calle que es también el de sus amantes y que considera deleznable. Hacia el final de la novela el habla de Fernando se ha transformado. Su despedida final está escrita en un lenguaje rigurosamente local: «Bueno parcero, aquí nos separamos, hasta aquí me acompaña usted. Muchas gracias por su compañía y tome usted, por su lado, su camino que yo me sigo en cualquiera de estos buses para donde vaya, para donde sea. Y que te vaya bien, que te pise un carro o que te destripe un tren» (Vallejo 2002: 174).

Ese gradual mimetismo, que se desarrolla paralelo al amor por Alexis y más tarde por Wílmar y que hace que los nombres ridículos se tornen nombres amados, se expresa también en la participación, no argumentada, en los ritos de los sicarios: «Tenía que ir a la iglesia a rogarle a Dios que todo lo sabe, que todo lo entiende, que todo lo puede, que me ayudara a matar a ese hijueputa» (Vallejo 2002: 162).

Paradójicamente el acercamiento condenatorio a la alteridad de las comunas se convierte en una forma de «hospitalidad», aunque forzada y resistida. La traducción es un acercamiento siempre precario a lo distinto, un intento de tratar con la alteridad sin anularla. En la traducción el otro distinto, extranjero, «comparece» o tiene la posibilidad de comparecer.

Pero hay más; según Walter Benjamin, «La misión del traductor es rescatar ese lenguaje puro confinado en el idioma extranjero para el idioma propio y liberar el lenguaje preso en la obra al nacer la adaptación» (Benjamin 2007a: 88).

Esto no significa que Fernando, al traducirnos el lenguaje callejero, esté mostrando su núcleo purificado. El riesgo de la traducción es la anulación de la otredad. Sus explicaciones coloreadas por el desprecio nos muestran sin querer una necesidad de expresión, un deseo de decir. De la misma manera que los nombres de los sicarios atestiguan una insolente afirmación, *un deseo de ser*, la jerga de las comunas se descubre como una lengua que va en busca de su propia plenitud.

Hay, además, otro aspecto que resulta decisivo: cuando Fernando nos habla del lenguaje oral de las comunas no sólo realiza una traducción convencional regida por las equivalencias (es decir, A en su lenguaje es B en nuestro lenguaje) sino que realiza una operación de mayor alcance: lucha con la lengua extraña y, cuestionándola, se introduce en su juego. De esta manera, al revelarnos su singularidad, su imperfección, Fernando resulta fiel, no tanto o no sólo al sentido de las palabras, sino a la lengua misma. Su traducción describe la otra lengua en su pasión y su torpeza, juega con ella y hasta la goza entre invectivas. Así la lengua de las comunas se nos revela no como un mero código diferente para comunicar lo mismo, sino como el «lugar de la experiencia» de los sicarios y de los habitantes de «Medallo».

«Ese metalero condenado ya nos dañó la noche», me quejaba. «No es metalero –me explicó Alexis cuando se lo señalé en la calle al otro día–. Es un punkero». «Lo que sea. Yo a este mamarracho lo quisiera matar». «Yo te lo mato –me dijo Alexis con esa complacencia suya atenta siempre a mis más mínimos caprichos–. Déjame que la próxima vez saco el fierro». El fierro es el revólver. Yo al principio creía que era un cuchillo pero no, es un revólver. Ah, y transcribí mal las amadas palabras de mi niño. No dijo «Yo te lo mato», dijo «Yo te lo quiebro». Ellos no conjugan el verbo matar: practican sus sinónimos. La infinidad de sinónimos que tienen para decirlo: más que los árabes para el camello. Pero antes de seguir con lo anunciado y de que mi niño saque el fierro, oigan lo que él me contó y que les quiero contar: que le habían dado un día «una mano de changón» en su barrio. Qué es un changón preguntarán los que no saben cómo pregunté yo que no sabía. Era una escopeta a la que le recortaban el tubo, me explicó mi niño. «¿Y para qué se lo cortan?» Que para que la lluvia de balines saliera más abierta y le diera al que estuviera cerca. ¿Y los balines qué? ¿Eran como municiones? Sí, sí eran. (Vallejo 2002: 34-35)

El corrector se revela como traductor. Un traductor enamorado de su objeto. En esta cita se revela la experiencia de una lengua que se abre a la contaminación y donde las palabras, como los cuerpos, son objetos de intercambio, de mezcla y de deseo. Los improperios, las injurias que animan el discurso de Fernando, preparan el terreno para la aparición incluso de una ternura que por contraste parece insólita. «Me estoy muriendo con ella», dice sobre la Medellín que lo devora.

Fernando y la tarea del narrador

La virgen de los sicarios plantea otra dimensión de la mediación traductora: la tarea del narrador, la necesidad y el problema de la narración del espacio para poder convertirlo en experiencia colectiva; el relato como condición para poder morar en un lugar que «no se deja narrar».

Muchos críticos, deslumbrados por la incontenible e incesante filípica de Fernando (y el buen narrador tiene talento hipnótico), olvidan considerar la novela como narración y a Fernando como personaje. En una ciudad donde los medios de comunicación aplican la lógica del espectáculo respecto a la violencia, reproduciendo infinitamente sus imágenes sin ofrecer ningún género de contextualización, transportan el tema de la muerte al área trivial de las novedades, donde se excita la morbosa curiosidad del espectador sin arrojar ninguna luz sobre la lógica y motivación de la violencia.

La novela, de hecho, plantea el problema de contar la violencia o «contar» Medellín de otra manera que no sea mediante la fotografía forense de sus víctimas. Al juicio, al pormenorizado registro de sus muertos, hay que añadir la tarea principal de Fernando, la tarea del narrador. En ese sentido, la narración misma deviene una organización de la experiencia.

Traducir y narrar confluyen en esta misión de darle nombre a lo que no lo tiene, a lo que aparentemente no es relatable porque no puede abarcarse con los datos que brinda la información. Lo que sostiene la novela de Vallejo es la voz de Fernando, su oralidad personal, su rumor inconfundible. Así Fernando disuade a Wílmar, por ejemplo, de querer matar al presidente de Colombia: «Muchachito atolondrado, niño tonto,

¿no ves que ese zángano está más protegido que ni que fuera la reina de las abejas? Déjalo que salga» (1994: 38). También el rumor de la ciudad y los ruidos que lo trastornan se escuchan en la huella peculiar que este narrador va dejando en su historia.

Por un lado, reproduce una visión intolerante del mundo –una visión delirante a veces–, o unas propuestas extremas de ingeniería social, basadas en la aniquilación; por otro lado, nos trasmite la experiencia de una impotencia y sobre todo de un afecto que convierte la extrañeza en afinidad y el registro en reconocimiento.

Parte de los materiales de este narrador son sin embargo los que constituyen su opuesto: la noticia, la leyenda urbana, el incesante discurso mediático. En esa medida, la novela evoca dos géneros que a Benjamin le parecieron antagónicos: la narración oral y la novela.

Como personaje, Fernando se comporta frente a sus lectores, convertidos en curiosos extranjeros, como un narrador tradicional según la definición de Walter Benjamin; habla exclusivamente de su experiencia y de las experiencias escuchadas de otros: «El narrador toma lo que narra de la experiencia; la suya propia o la transmitida, la toma a su vez, en experiencias de aquellos que escuchan su historia» (Benjamin 1999a: 115). La ciudad existe en su narración y de ella depende que siga existiendo: «Medellín que mientras yo viva no muere, que va fluyendo por esta frase mía» (Vallejo 2002: 58). Pero el texto es novela en tanto carece de cualquier forma de sabiduría: no narra una historia aleccionante sino la experiencia del desconcierto, la experiencia de unos seres «desasistidos de consejo[15]».

---

[15] «La cámara de nacimiento de la novela es el individuo en su soledad; es incapaz de hablar en forma ejemplar sobre sus aspiraciones más importantes; él mismo está desasistido de consejo e imposibilidad de darlo. Escribir una novela significa colocar lo inconmensurable en lo más alto al representar la vida humana. En medio de la plenitud de la vida, y mediante la representación de esa plenitud la novela informa sobre la profunda carencia de consejo, del desconcierto del hombre viviente. El primer gran libro del género Don Quijote, ya enseña cómo la magnanimidad, la audacia, el altruismo de uno de los más nobles –del propio Don Quijote están completamente desasistidos de consejo y no contienen ni una chispa de sabiduría. Si una y otra vez a lo largo de los siglos se intenta introducir aleccionamientos en la novela, estos intentos acaban siempre produciendo modificaciones de la forma misma de la novela. Contra-

La autoconciencia de Fernando como narrador queda de manifiesto al identificarse a sí mismo como la memoria de Colombia: «Señor procurador: Yo soy la memoria de Colombia y su conciencia y después de mí no sigue nada» (Vallejo 2002: 29).

El mensaje es doble: por un lado, corresponde al letrado la crónica de la nación, lo que también afirma su talante autoritario. Por otro, su narración es la de un letrado que ha perdido su «aureola» en la nueva ciudad globalizada. Fernando y sus compañeros sicarios conjugan dos tipos de excentricidad. Fernando está unido a la ciudad oficial por un discurso que ha quedado inoperante aunque permanece como ruina, y Alexis por una economía ilícita que de todas maneras forma parte del sistema. Ambos ofrecen una perspectiva de marginación que trastorna la autoimagen oficial de la nación.

Fernando y la mirada del fotógrafo

Como lugar público, la ciudad es un teatro de acción donde estamos obligados a actuar condicionados por la mirada de los otros. Para narrar la experiencia urbana hubo que cambiar los cánones estéticos porque la vida en las grandes metrópolis inauguró nuevas formas de sensibilidad y percepción. Estar entre la multitud supone someterse a un constante cruce de miradas entre desconocidos. La ciudad es el lugar donde la gente observa y se siente observada, se mira y se acecha[16].

Se trata de un observar en movimiento y de un observar sin intercambio de palabras, de unas miradas casi siempre fugaces que raramente son de frente o a los ojos del otro. Lo que la mirada de un observador puede

---

riamente, la novela educativa no se aparta para nada de la estructura fundamental de la novela. Al integrar el proceso social vital en la formación de una persona, concede a los órdenes por él determinados la justificación más frágil que pueda pensarse. Su legitimación está torcida respecto de su realidad. En la novela educativa, precisamente lo insuficiente se hace acontecimiento» (Benjamin 1999a: 115-116).

[16] Como recuerda Benjamin, ya el sociólogo George Simmel había observado que «Las relaciones recíprocas de los hombres en las grandes ciudades [...] se distinguen por el predominio curioso de la actividad de los ojos sobre la del oído» (Benjamin 1988: 166).

captar del ajetreo metropolitano es siempre momentáneo, efímero, transitorio. En esta experiencia de la fugacidad se basó la poética urbana de Baudelaire, quien pretendía extraer la belleza inmutable de entre aquello que era irremediablemente contingente[17].

La ciudad moderna se desarrolló en forma prácticamente paralela al desarrollo de la fotografía. La fotografía –y más tarde el cine y la televisión– condicionaron nuestra percepción de las cosas[18]. La fotografía trasmite una experiencia emblemática de la vida urbana: la combinación entre la fugacidad y su infinita reproducción. La fugacidad de los encuentros, de los rostros con los que diariamente se topa el transeúnte y la posibilidad de que ese momento único e irrepetible se reproduzca infinitamente. En este sentido, la fotografía y el espacio urbano se hacen mutuamente posibles: un espacio reducido como es el de la ciudad se amplifica o se duplica en una superficie sin espacio pero con tiempo. Podría incluso decirse que la ciudad y la fotografía se rigen por los mismos patrones de funcionamiento: la estandarización y la reproducción. «La textura de la ciudad es cada vez más fotográfica» (Boomkens 1998: 124).

El moderno fotógrafo urbano guarda muchas similitudes con las figuras decimonónicas que Benjamin inventarió y que podríamos llamar «tipos de miradas urbanas». Los principales observadores de la ciudad moderna del siglo XX fueron los periodistas y los detectives o la policía, que tempranamente se valieron de la cámara fotográfica para registrar las escenas del crimen e identificar a los transgresores. Es la mirada alerta que recorre la ciudad buscando el detalle revelador o la noticia sensacional.

Todas las miradas fotográficas reproductoras de la muchedumbre contemporánea, tengan o no un acento novelesco como las famosas fotos de París de Robert Doisneau o impliquen una mirada decadente sobre la ciudad, como las fotos policiales o las del cine negro, se mueven en el mismo territorio de proximidades fugaces, inaprensibles e infinitamente reproducibles.

---

[17] Al respecto, véase Baudelaire 1961.

[18] Gracias a la técnica fotográfica el ser humano no sólo se familiarizó con movimientos de su cuerpo que antes le eran desconocidos, sino que también obtuvo visiones panorámicas de la ciudad desde una perspectiva abarcadora, «inhumana».

En el mundo violento de *La virgen de los sicarios* la fotografía domina en la escena del crimen infinitamente repetida en los periódicos y en la televisión. De acuerdo con Yolanda Contreras, «[e]sta novela y su versión fílmica poseen la importancia de parecer un registro fotográfico de la realidad que se vive en Colombia» (sf: en línea). Las fotos de cadáveres forman parte del morboso *voyeurisme* de la noticia y alimentan un tipo de mirada sobre la ciudad que selecciona sus signos de desintegración y decadencia. Las imágenes de la violencia aparentemente multiplican sus efectos. Primero, porque magnifican el acontecimiento, y en segundo lugar porque al ser información sin contexto y sin explicación contribuyen a difundir una sensación de completa arbitrariedad, una percepción aleatoria de la violencia. Hasta ahora las imágenes de la ciudad que prevalecen en la televisión son incapaces de ir más allá del sensacionalismo y el morbo de los accidentes y los asesinatos, de los trancones y los atracos, del caos en el que se regodea con frecuencia una cámara incapaz de pasar de la más obvia denuncia al mínimo contexto de las responsabilidades ciudadanas.

La televisión, según Jesús Martín-Barbero, sustituye en Colombia a casi la totalidad de los espacios comunicativos naturales de la ciudad (2000: 30) y tiene lógicamente una profunda influencia en el comportamiento y el imaginario de los jóvenes, en especial de los sicarios. Según Daniel Pecaut, «The symbolism of mass killings owes much to North American and Mexican television series. Indeed, the training of the Sicarios of Medellín involved imitating the actions of protagonist of such television series» (Pecaut 1999: 157).

La televisión es la principal ocupación de Alexis cuando no está paseando con Fernando o ejecutando transeúntes. El hábito de la televisión constituye, según Fernando, la única forma de contención duradera. Para él la televisión es una fuente de disgustos, «la ventana indiscreta» por donde llegan las miserias del mundo. Su ruptura con el entorno implica, entre otras cosas, no tener conectado ni el teléfono ni el televisor ni el radio. En la búsqueda del silencio perfecto, tampoco tiene un aparato de música en su departamento. Son las cosas «elementales» que sus amantes sicarios le reclaman desde el principio. «"¡Cómo! –Exclamó Wílmar al conocer mi apartamento–. ¡Aquí no hay televisión ni un equipo de sonido!" ¿Cómo podía vivir yo sin música?

Le expliqué que me estaba entrenando para el silencio de la tumba» (Vallejo 2002: 133-134). Hay más ejemplos:

> Pero bueno, entre tanto reloj callado tronaba un televisor furibundo transmitiendo telenovelas, y entre telenovela y telenovela las alharacosas noticias: que hoy mataron a fulanito de tal y anoche a tantos y a tantos. Que a fulanito lo mataron dos sicarios. Y los sicarios del apartamento muy serios. ¡Vaya noticia! ¡Cómo andan de desactualizados los noticieros! Y es que una ley del mundo seguirá siendo: la muerte viaja siempre más rápido que la información. (Vallejo 2002: 14)

> Por no dejar y hacer algo, tras la casetera le compré un televisor con antena parabólica que agarra todas las estaciones de esta tierra y las galaxias. Se pasa ahora el día entero mi muchachito ante el televisor cambiando de canal cada minuto. Y girando, girando la antena parabólica al son de su capricho y de la rosa de los vientos a ver qué agarra para dejarlo ir. Sólo se detiene en los dibujos animados ¡Pías! Caía un gato malo sobre el otro y lo aplastaba: lo dejaba como una hojita finita de papel que entra suave por el rodillo de esta máquina. Sin saber ni inglés ni francés ni japonés ni nada sólo comprende el lenguaje universal del golpe. Eso hace parte de su pureza intocada. (Vallejo 2002: 31)

Fernando, como *flâneur* de la ciudad de Medellín, mientras vaga por la ciudad buscando iglesias abiertas despliega un tipo de mirada sobre la ciudad que hemos llamado la mirada de la decadencia. Sus comentarios, como leyendas al pie de unas fotos, nos hablan de una ciudad en proceso de descomposición. Registra lo que desprecia y vilipendia, pero también la belleza de los cuerpos que ama y el paisaje enervante de las comunas a lo lejos. Pero más que nada fija su imagen. «¡Cómo no le tomé una foto! Si una imagen vale más que mil palabras» (1994: 36), exclama hablando de Alexis. El narrador articula el material como en secuencias cinematográficas. Dice que sólo cuenta lo que «ve y escucha». «Ecos» e imágenes son los materiales de la narración. La ciudad es un espacio que surge de un cruce de ruidos y miradas:

> Yo hablo de las comunas con la propiedad del que las conoce, pero no, sólo las he visto de lejos, palpitando sus lucecitas en la montaña y en

la trémula noche. Las he visto, soñado, meditado desde las terrazas de mi apartamento, dejando que su alma asesina y lujuriosa se apodere de mí. Millares de foquitos encendidos, que son casas, que son almas, y yo el eco, el eco entre las sombras. Las comunas a distancia me encienden el corazón como a una choza la chispa de un rayo. (Vallejo 2002: 42)

Es el cronista sufriente y cómplice de aberraciones, es también una mirada inclemente sobre su gente: emanación de la ciudad y a la vez su juez implacable, Fernando parece una suerte de supremo *flâneur* de Medellín que reclama ser su memoria e incluso su conciencia, y en calidad de tales pide irónicamente protección constitucional: «Señor Procurador: Yo soy la memoria de Colombia y su conciencia y después de mí no sigue nada. Cuando me muera aquí sí que va a ser el acabose, el descontrol. Señor Fiscal General o Procurador o como se llame, mire que ando en riesgo de muerte por la calle: con las atribuciones que le dio la nueva Constitución protéjame» (Vallejo 2002: 29).

El cronista urbano en la era de la globalización corre peligro de muerte. Fernando recorre la ciudad y registra los lugares del crimen y todos pueden serlo pero esto es precisamente el trasfondo mítico del fotógrafo urbano: su tarea es revelar las culpas y exhibir a los culpables[19]. Fernando, el agorero, tiene una cuarta tarea, la de señalar los lugares de la infamia, revelar una culpa indefinida en el transeúnte desprevenido y fijar sus rostros en una fotografía. Alexis, el discípulo, es una «máquina de matar», y en sus manos siempre tiene el instrumento letal con el que asesina a más de 16 personas en el transcurso del relato (pero Fernando habla de más de cien). Cuando no tiene televisor Alexis combate su aburrimiento cometiendo asesinatos indiscriminados. Son las muertes que realiza en solitario y que no se cuentan en el monto mencionado: «Mayor error no pude cometer con la quiebra de ese televisor. Sin televisor Alexis se quedó más vacío que balón de fútbol sin patas que le den, lleno de aire. Y se dedicó a lo que le dictaba su instinto: a ver los últimos ojos, la última mirada del que ya nunca más» (Vallejo 2002: 51).

---

[19] «But isn't every square inch of our cities a crime scene? Every passer – by a culprit? Isn't it the task of the photographer – descendant of the augurs and haruspices – to reveal guilt and to point out the guilty in his pictures?» (Benjamin 1999b: 527).

«Los últimos ojos» porque cuando Alexis mata, en una insólita operación de registro, tiene que mirar fijamente a los ojos de su víctima en el momento preciso de la muerte: «¿Por qué no le disparó por detrás? ¿Por no matar a traición? No hombre, por matar viendo los ojos» (Vallejo 2002: 37).

También Fernando busca algo en los ojos de sus amantes, una singularidad que le atrae vagamente. Fernando busca en los ojos de Alexis el vacío que le atribuye, una ausencia nunca disminuida que es la base de su fascinación: «Lo que sí no puedo olvidar son los ojos, el verde de sus ojos tras el cual trataba de adivinarle el alma» (Vallejo 2002: 22).

La singular curiosidad por la mirada congelada del muerto la practica Fernando frente el cadáver de Wílmar, donde realiza una especie de *close up* sobre unos ojos abiertos (que ya no pueden mirar). En esa mirada vacía el cristiano «al revés» que es Fernando puede asomarse a un abismo y ver el mal esencial que anima la existencia: «Ahí estaba él, Wílmar, mi niño, el único. Me acerqué y tenía los ojos abiertos. No se los pude cerrar por más que quise: volvían a abrírsele como mirando sin mirar, en la eternidad. Me asomé un instante a esos ojos verdes y vi reflejada en ellos, allá en su fondo vacío, la inmensa, la inconmensurable, la sobrecogedora maldad de Dios» (2002: 171).

Como si la mirada del vivo ofreciera una resistencia, una impermeabilidad, que el muerto ya no tiene. A Fernando le fascinan las miradas que ya no son capaces de mirar, de devolver la mirada. Es una versión radical de la fascinación de Baudelaire por la mirada moderna urbana, la mirada sin aura:

> Baudelaire describe ojos de los que diríamos que han perdido la facultad de mirar. Pero esta propiedad los dota de un incentivo del que en gran parte, en parte quizás preponderante, se alimenta su economía pulsional. [...] [Baudelaire] sucumbe a ojos sin mirada y se adentra sin ilusiones en su radio de poder. (Benjamin 1988: 165-166)

Como si fuera un fotógrafo urbano, Fernando registra el mal en acción caminando por la ciudad; en sus calles encuentra el crimen y la culpa, o los inventa, y señala espontáneamente a los responsables. Lo que sigue es la pulsión de un disparador y la fijeza de «unos últimos ojos». Se trata de captar esa mirada que sólo refleja, o los ojos sin vida que no pueden devolver otra cosa que una ausencia. «[E]l carretillero miró, y así, al volver la cabeza, le quedó en posición perfecta para Alexis, quien con un tiro en la frente me le remarcó lo dicho y como quien dice *le tomó la foto*» (Vallejo 2002: 107; énfasis mío).

Esta manera de matar como si se tomara una foto vincula la mirada, la fotografía y la muerte. En este triángulo habita el mundo mediático del fin de siglo: la prensa, la cultura de la imagen y las políticas de registro. «Al que iban dejando entrar de la calle le mostraban un álbum de fotografías en color acabadas de tomar y revelar de los muertos calentitos: primeros planos, como en Hollywood, close-ups» (Vallejo 2002: 168).

Esta aniquilación mediante un gesto fotográfico lleva al silencio. La fotografía de la violencia no genera connotaciones, es traumática[20]. Son estos, sin embargo, los materiales que componen el relato: materiales no narrativos con los que se trasmite no ya una noticia sino una experiencia. Es los ojos de las víctimas donde se descubre la insuperable lejanía del acontecimiento, la esencial inaccesibilidad del ser. En los «últimos ojos» Fernando parece querer leer el *eidos* de la ciudad, una cifra del presente.

Al principio de este apartado he llamado la atención sobre la identidad en materiales y funcionamiento entre la ciudad y la fotografía. He comparado el accionar de esta pareja fatal de armas y letras con un equipo demencial de fotógrafos urbanos que empleando (para usar una vez más los criterios lingüísticos de Benjamin) la lengua de «la caída», la lengua del juicio y de la culpa, señalan, crean y ejecutan crímenes. En el apartado sobre las tareas de Fernando señalé la paradoja que anudaba al corrector con el traductor: el uno censurando y el otro brindando una extraña hospitalidad a lo ajeno y despreciable. En aquel apartado insinué que correspondía separar el discurso explícito y las prácticas de Fernando (y sobre todo de Alexis), de la narración misma. Quiero sostener para concluir la posibilidad de que, aun en el momento de la ejecución, la narración se abre a un peculiar rescate de las víctimas. Walter Benjamin escribió que el último momento aurático en la histo-

---

[20] «Cuanto más directo es el trauma, tanto más difícil la connotación; o bien, el efecto de una fotografía es inversamente proporcional a su efecto traumático» (Barthes 1995: 27).

ria de la fotografía fue el de los primeros retratos familiares: «El valor cultural de la imagen tiene su último refugio en el culto al recuerdo de los seres queridos, lejanos o desaparecidos. En las primeras fotografías vibra por vez postrera el aura en la expresión fugaz de una cara humana. Y esto es lo que constituye su belleza melancólica e incomparable...» (Benjamin 2007a: 159).

Creo que en muchos de los rostros petrificados por el disparo de Alexis es precisamente esa mirada última la que revela la terrible paradoja de un silenciamiento que a la vez constituye un involuntario reconocimiento. Benjamin entendió el aura como una mirada que se devuelve: «Advertir el aura de una cosa significa dotarla de la capacidad de mirar» (Benjamin 1988: 163)

Los «ajusticiados» de esta novela son considerados por Fernando masa inerte, muertos vivos que ya han sido condenados alguna vez y por lo tanto son como el *Homo sacer*, la figura jurídica latina que describe Giorgio Agamben en el libro homónimo, esto es, alguien a quien cualquiera puede matar sin que este acto se considere delito (Agamben 1998: 71). Estos condenados de Medellín hubieran permanecido invisibles y anónimos si el relato nos los hubiese tocado ligeramente con la varita mágica de la ficción. Miran a los ojos de Alexis (con miedo, con asombro, sin entender) y durante ese mirar postrero mueren para Fernando, para Alexis y para Medellín, pero empiezan recién a vivir (aunque sea fugazmente) en la conciencia del lector.

Creo que esta diferencia es importante. Comentando el texto de Michel Foucault «La vida de los hombres infames», Giorgio Agamben señala que las fotos o los textos en los archivos de la justicia que muestran o nombran a los reos encerrados o ajusticiados, y cuya existencia al margen de estas anotaciones o fotografías es perfectamente anónima, hace que estas vidas perdidas estén de algún modo presentes «en las torvas, estrábicas anotaciones que las han consignado por siempre al archivo impiadoso de la infamia» (Agamben 2005: 86).

De todas estas personas asesinadas por Alexis no tenemos prácticamente nada más que el gesto insolente o la palabra ofensiva que enojó a Fernando y con frecuencia la imagen de unos ojos abiertos. Pero es en esa «cita» brutal que se dibuja un fugaz advenimiento: «[L]as vidas infames comparecen solamente en la cita que hace de ellas el discurso del poder, fijándolas por un momento como autoras de actos y discursos criminales; sin embargo, como aquellas fotografías en las cuales nos mira el rostro de una desconocida, algo en aquella infamia exige el propio nombre, testimonia de sí más allá de toda expresión y de toda memoria» (Agamben 2005: 86).

Los inocentes que ha matado el exterminador Alexis, el «punkero», las madres, las embarazadas, los niños peleándose en una calle, los soldados, el mimo en el centro de Medellín, el guardián del cementerio, los taxistas, los guardias, los borrachos, el propio Alexis, Wílmar, todos ellos, sumergidos en una vida anodina y cruel justo antes de ser captados en el instante preciso de su aniquilación, representan de alguna manera las víctimas reales de la ciudad. Su advenimiento a estas páginas, su comparecer, fue la tarea paradójica y colérica del narrador asesino. La tarea del fotógrafo[21].

El deseo y la redención

Para Fernando, Dios es un ser infinitamente cruel –«la sobrecogedora maldad de Dios» (Vallejo 2002: 171)– y el hombre su lúdico instrumento para hacer el mal, su sicario: «Él con mayúscula, con la mayúscula que se suele usar para el Ser más monstruoso y cobarde, que mata y atropella por mano ajena, por la mano del hombre, su juguete, su sicario» (Vallejo 2002: 110-111). «Hace dos mil años que pasó por esta tierra el Anticristo y era él mismo: Dios es el Diablo. Los dos son uno, la propuesta y su antítesis. Claro que Dios existe, por todas partes encuentro signos de su maldad» (Vallejo 2002: 106).

Si Dios es el cruel y el hombre su sicario, la matanza gratuita e indiscriminada es un acto misericorde porque el oprobio radica en la propia

---

[21] También en *Profanaciones* Agamben vincula precisamente la fotografía y el juicio final, el Ángel y el Apocalipsis: «La fotografía exige que nos acordemos de todo esto; de todos estos nombres perdidos dan testimonio las fotos como el libro de la vida que el nuevo ángel apocalíptico –el ángel de la fotografía– tiene en sus manos el final de los días, es decir, cada día» (2005: 34).

existencia, en el mero existir. La violencia, como ansia de destrucción, está para Fernando en el hombre mismo, o por lo menos en esta «raza maldita» que habita Medellín. Todo intento de explicar los crímenes por razones sociales o culturales yerra el objetivo. La violencia de Medellín, de Colombia, es ancestral y no se puede erradicar a menos que se suprima al hombre mismo. Hay una erótica obvia y concreta en los crímenes de Fernando y sus amantes. Una erótica del arma como símbolo fálico y de la muerte como descarga sexual. En la lengua de las comunas de quien quiere matar a otro se dice que está «enamorado». La pornografía que Fernando dice que nos ahorra al saltarse la descripción sexual de lo que ocurre en el cuarto de las mariposas se despliega oblicuamente en la descripción de las ejecuciones: «[…] sacó el Ángel Exterminador su espada de fuego, su "tote", su "fierro", su juguete, y de un relámpago para cada uno en la frente los fulminó» (Vallejo 2002: 78).

Fernando describe el acto de desenvainar el arma, de sacarla de donde está guardada, como si describiera el desnudamiento de un miembro masculino. Las ejecuciones provocan un deleite erótico que se intensifica proporcionalmente al número de las víctimas. Fernando y Alexis exhiben una suerte de catastrofilia frente a las escenas de destrucción y frente a los cadáveres.

> Con el impulso que llevaba el taxi por la rabia, más el que le añadió el tiro, se siguió hasta ir a dar contra un poste a explotar, mas no sin antes llevarse en su carrera loca hacia el otro toldo a una señora embarazada y con dos niñitos, la cual ya no tuvo más, truncándose así la que prometía ser una larga carrera de maternidad. ¡Qué espléndida explosión! Las llamas abrasaron al vehículo malhechor pero Alexis y yo tuvimos tiempo de acercarnos a ver cómo ardía el muñeco. (Vallejo 2002: 68)

Fernando sólo concibe el goce en un mundo que la ciudad letrada y católica considera degradado. Es allí donde, en la psicología cristiana del narrador, «el mal» puede desplegar sus alas. Y el mal es divino ya que Dios, según Fernando, es el principal instigador o «autor intelectual» de la crueldad sobre la tierra: «De las comunas de Medellín la nororiental es la más excitante. No sé por qué, pero se me metió en la cabeza. Tal vez porque de allí, creo yo, son los sicarios más bellos» (1994: 79). «"¿Se les perdió algo?" Y luego, en voz baja, como rumiando, con uno de esos odios suavecitos que me producen por lo intensos una especie de excitación sexual nerviosa que me recorre el espinazo musitó: "Malparidos..."». (Vallejo 2002: 101).

No es difícil percibir en las escenas del crimen qué idea de voluptuosidad insinúa el narrador en los ribetes de su humor negro. Es el erotismo que según Bataille se liga a la religión cristiana, a la idea de la profanación de lo sagrado, a la blasfemia, a la intensa excitación del pecado. Según Bataille, la experiencia ambivalente del erotismo fue condenada por el cristianismo y quedó recluida en las zonas de miseria social, se degradó socialmente (Bataille 1960: 166-167).

Fernando y Alexis celebran su amor en medio de matanzas y crueldades y podrían suscribir las famosas palabras de Baudelaire «La voluptuosidad única y suprema del amor yace en la certidumbre de hacer el mal[22]».

Fernando, como Sade, supone en la humanidad y en la naturaleza un impulso irresistible a la destrucción. A medida que avanza la narración esta identificación entre destrucción, matanza y goce no hace más que incrementarse. Aunque Fernando no se acepta ni reconoce como un verdugo sadeano sus actos, los actos a los que induce como autor intelectual, son tan chocantes como los de los personajes de Sade. «¿A los tres? No bobito, a los cuatro. Al gamincito también, claro que sí, por supuesto, no faltaba más hombre. A esta gonorreíta tierna también le puso en el susodicho sitio su cruz de ceniza y lo curó, para siempre, del mal de la existencia que aquí a tantos aqueja» (Vallejo 2002: 78).

Pero el sadismo de Fernando tiene otro aspecto: el de representar los límites del discurso ilustrado. Si la ciudad letrada fue entre otras cosas un proyecto humanista y si su legitimidad, asentada en la escritura, excluía por definición la violencia como propia de la barbarie, la violencia de esta novela recurre al gesto sadeano de practicar una crueldad ilimitada de manera «razonada». Porque Fernando no deja de hablar mientras se hace cómplice de una crueldad inconcebible y sus palabras imitan los lugares retóricos de los ideólogos (corrección

---

[22] «La volupté unique et suprême de l'amour gît dans la certitude de faire le mal: et l'homme et la femme savent de naissance que dans le mal se trouve toute volupté» (Baudelaire 1949: 11).

gramatical, diagnóstico de la situación, «información etnográfica» o «zoológica», etcétera).

Es la narración la que vinculando la belleza de la ciudad en su degradación, el estremecimiento, el humor, el erotismo y el horror como una singular unión de contrarios parece abrir la dimensión de lo sagrado en tanto que exceso radical hacia la muerte. La violencia pura que se ejerce sin motivos crea la ambigüedad radical de la novela que articula denuncia, deseo y destrucción. «Lo que despierta el sentimiento de lo sagrado es el horror. [...] Lo que más horror nos da es la muerte; y en el sentimiento de lo sagrado, la existencia es vecina de la muerte, como si dentro de un sueño, el contenido de un ataúd nos arrastrara hacia él» (Bataille 2002: 84-85).

A pesar de su prédica obsesiva Fernando no parece reclamar una comunidad de creencias. A pesar de sus reiteradas protestas conservadoras sería difícil destilar de su discurso una coherencia programática o la reconstrucción de una axiología. La única coherencia que muestra exorbitante la narración de Fernando es la del deseo, la de su persecución obstinada y la de su recuperación narrativa. Un deseo que llevado hasta las últimas consecuencias es siempre crimen. En la novela se consuma en el acto de acallar, de silenciar, y tiene en la muerte su extrema forma de voluptuosidad. ¿Cómo se armoniza la letanía injuriante de Fernando con su negligencia frente a esta violencia y frente a este goce de matar?

Fernando ha venido describiendo su ciudad como un lugar de desenfreno (robos, venganzas, odios, muertes violentas por motivos ínfimos). La doble actitud de Fernando frente a las comunas y su lenguaje se reitera en la violencia: condena y fascinación. La violencia en la que participa Fernando como instigador y observador libera el segundo término del binomio. Entre las ruinas de las ficciones sociales el letrado tradicional se descubre como cuerpo sensible y deseante. Al apropiarse el derecho a gozar del crimen homicida, de la muerte, Fernando resitúa textualmente sus propuestas de orden basadas en la eliminación porque ya no pueden leerse como una exasperada lamentación sino que ahora resultan un violento erotismo liberado. La mayor coherencia de Fernando está en lo único sobre lo que no llega a filosofar: su propia búsqueda persistente, extrema, del goce. Su secreta coherencia no es testimonial sino libertina. Es aquí donde el deseo inconfesable se torna en una política.

En *La Philosophie dans le boudoir ou Les instituteurs immoraux*, Sade argumentó que el asesinato tiene que convertirse en un derecho ciudadano porque la destrucción es consustancial a la naturaleza (Sade 1999: 174-175). El orden sádico reposa en el deseo que es naturaleza y no en la ley, que es artificio. Según Sade hay que despenalizar el asesinato que es hijo del deseo y prohibir la condena a muerte que se dicta fríamente en base a prescripciones legales (Sade 1999: 179). La reducción a la biología que Fernando despliega en sus opiniones sobre la sociedad (la demografía, la pobreza fomentada por la caridad, la natural inclinación al crimen en las comunas, el genocidio como solución) se acomoda perfectamente a las soluciones que Sade propuso en 1795 para la salud republicana de la nación francesa.

El discurso radical que Fernando va entretejiendo no está en desacuerdo con tesis centrales comunes a Hobbes y a Sade. Con el primero Fernando tiene en común el pesimismo antropológico, la descripción de Medellín como un estado de guerra generalizada y el reclamo de un Estado que haga valer su capacidad de violencia represiva. Con el segundo por un lado la incorporación desinhibida del deseo y del goce en la consideración de las cosas humanas, y por el otro, la elaboración textual de una crueldad que golpea al lector y al mismo tiempo lo involucra, tal como Fernando se involucra insensiblemente en la cultura que atribuye a las comunas. La crónica de Fernando no es sólo una autobiografía sentimental sino sobre todo erótica. La violencia que describe y atribuye Fernando a la ciudad es también la exteriorización de un goce propio e íntimo. En *La virgen de los sicarios* la crueldad es una forma de libertad. La única alianza que sobrevive a las ruinas de la comunidad y sus relatos fundadores es la alianza perversa de crueldad y ternura, el contrato sexual que une a Fernando con su sicario «incontaminado de palabras».

La estirpe de los gramáticos

Uno de los tópicos letrados que aparece en la diatriba de Fernando es el de la lengua. Fernando se presenta como un «gramático ilustre», heredero de una casta famosa de gramáticos colombianos: «y les da por la corrección del idioma en este que fuera país de gramáticos, siglos ha» (2002: 27); «El último gramático de Colombia, que tuvo tantos y tan famosos, no puede andar con menos que con una miniUzi para su protección personal, ¿o no, mi general?» (2002: 70); «y me diera por pensar en los titulares amarillistas del día de mañana: "Gramático Ilustre Asesinado por su Ángel de la Guarda", en letras rojas enormes, que se salían de la primera plana» (2002: 135).

Estas citas que vinculan continuamente el estatus de hombre de letras con la violencia son más que bromas chocantes. Remiten a la cínica alianza de los gramáticos y filólogos colombianos con la violencia para relacionarse con un virtual «exterior» de la ciudad caracterizado por la desviación lingüística y la mezcla racial. Fue precisamente en Colombia donde la Ciudad letrada alcanzó su máxima influencia a través de un brillante equipo de lingüistas:

> Su aparición fue la respuesta de la ciudad letrada a la subversión que se estaba produciendo en la lengua por la democratización en curso, agravada en ciertos puntos por la emigración extranjera, complicada en todas partes por la avasallante influencia francesa y amenazada por la fragmentación en nacionalidades que en 1899 provocaba la alerta de Rufino José Cuervo; «estamos pues en vísperas de quedar separados, como lo quedaron las hijas del Imperio Romano». Contra estos peligros la ciudad se institucionalizó (Rama 1998: 68).

Uno de los miembros de este equipo de filólogos empeñado en la tarea de purificar y proteger la lengua en los países de América fue Miguel Antonio Caro, presidente de la República y fundador de la Academia de la Lengua en Colombia. Fernando ha sido el discípulo de esta casta de intelectuales conservadores y el heredero de esta tradición fiscalizadora y normativa que garantizaba la fijeza de los signos. «Más de cien años hace que mi viejo amigo don Rufino José Cuervo, el gramático, a quien frecuenté en mi juventud, hizo ver que una cosa es "debe" solo y otra "debe de"» (Vallejo 2002: 28).

En este sentido, Fernando se presenta como el vástago tardío de la «aristocracia espiritual» que entre el siglo XIX y el XX tuvo acceso más o menos directo al poder político y representó una fase específica en la gestión de la sociedad de masas. En Colombia este grupo dirigente se componía de gramáticos, como bien recuerda Erna von der Walde: «El gramático remite a la tradición de los letrados en Colombia, conocidos latinistas, filólogos y gramáticos, que a finales del siglo XIX unificaron una nación fragmentada alrededor de una concepción ultramontana católica con base en dos principios fundamentales: la religión y la lengua» (Walde 2001: 36).

El reducido grupo bogotano de gramáticos políticos, que «inventó» una nación establecida sobre la pureza de la fe y la pureza de la lengua y que gobernó el país sin interrupción hasta 1930, no se abstuvo de defender su hegemonía con la violencia, como lo demuestran los asesinatos de sus más conocidos opositores liberales. A escala continental la matriz epocal de estas generaciones de «maestros» de la regeneración espiritual que fueron los gramáticos y filólogos conservadores de Colombia residía en su papel de mentores y educadores de la juventud. Fueron ideólogos de la ciudad letrada y fue en Colombia donde esta casta amurallada, heredera de las ciudadelas coloniales en más de un sentido, alcanzó su mayor perfección.

La recámara del letrado

El breviario más famoso y sintético de la moral letrada decimonónica fue el *Ariel* (1900) de José Enrique Rodó. El libro describe la aspiración a una ciudad perfecta donde los valores del espíritu estuvieran garantizados y defendidos frente a los avatares de la modernidad y las perniciosas influencias del vulgo y del extranjero. La generación de «los ideólogos de la ciudad letrada» del XX adaptó la clásica fórmula de la «ciudad perfecta» como utopía de futuro. Roberto Giusti dice por ejemplo en su *Siglos, Escuelas, Autores* de 1946: «Soñábamos un orden mejor [...] en una sociedad armoniosamente organizada sobre la ley de una más justa distribución de los bienes de la vida [...] Ya veíamos la luminosa ciudad soñada, al extremo de la oscura calle por donde marchaba desde tantos siglos, fatigada y doliente, la humanidad» (Real de Azúa 1984: 13).

El personaje de Próspero en *Ariel* se pregunta sobre el modelo de sociedad norteamericano: «¿Es en ella donde hemos de señalar la más aproximada imagen de nuestra «ciudad perfecta»? (Rodó 2000: 204). Continúa así una fantasía política persistente en América Latina, la que proyecta «fundaciones» de ciudades sustraídas a la contingencia histórica y que no son el producto de un desarrollo natural sino de la voluntad de una élite esclarecida. Mundos prefabricados que se imponen a la realidad de la misma manera que la prosa artística es artificio que se opone al lenguaje cotidiano.

Proyectar una sociedad no implica para los ensayistas del arielismo conocer esa realidad social presente sino sobre todo abolirla, y para imponerla, dice el Próspero de *Ariel,* bastaba «que el pensamiento insista en ser» (Rodó 2000: 223). En este sentido *Ariel* es el programa de fundación de una ciudad futura. El rechazo a la concreta y caótica Medellín del presente que exhibe Fernando no puede entenderse a cabalidad si no se toma en cuenta esta herencia utópico-defensiva que caracterizó a la ciudad letrada. Pero volvamos a la escena que marca el inicio de *Ariel.*

> Aquella tarde, el viejo y venerado maestro, a quien solían llamar Próspero, por alusión al sabio mago de *La Tempestad* shakesperiana, se despedía de sus jóvenes discípulos, pasado un año de tareas, congregándolos una vez más a su alrededor.
> Ya habían llegado ellos a la amplia sala de estudios, en la que un gusto delicado y severo esmerábase por todas partes en honrar la noble presencia de los libros, fieles compañeros de Próspero. Dominaba en la sala –como numen de su ambiente sereno– un bronce primoroso, que figuraba al Ariel de *La Tempestad.* [...] Ariel es el imperio de la razón y el sentimiento sobre los bajos estímulos de la irracionalidad; [...] rectificando en el hombre superior los tenaces vestigios de Calibán, símbolo de sensualidad y de torpeza, con el cincel perseverante de la vida.[...] Desplegadas las alas; suelta y flotante la leve vestidura, que la caricia de la luz en el bronce damasquinaba de oro; erguida la amplia frente; entreabiertos los labios por serena sonrisa,

todo en la actitud de Ariel acusaba admirablemente el gracioso arranque del vuelo; y con inspiración dichosa, el arte que había dado firmeza escultural a su imagen, había acertado a conservar en ella, al mismo tiempo, la apariencia seráfica y la lealtad ideal. Próspero acarició, meditando, la frente de la estatua; dispuso luego al grupo juvenil en torno suyo. (Rodó 2000: 139-140)

Un «maestro de la juventud» reúne a sus discípulos en un salón para instruirlos en la vida futura bajo el signo etéreo de un ángel «leal». Se trata de un salón cerrado al mundo cotidiano de la ciudad y donde un silencio respetuoso hace posible la voz magistral de Próspero. El grupo forma una alianza aséptica, rigurosamente masculina y excluyente con un sutil y contenido erotismo. La devoción de los discípulos, el decoro, la gravedad de Próspero[23], su palabra señorial, todo contribuye a crear un clima de recogimiento donde el tiempo, los accidentes, la incertidumbre de la cotidianidad han sido abolidos.

El aspecto defensivo del planteamiento de Rodó puede rastrearse en sus ficciones espaciales y en sus analogías. La ficción de oralidad culta se construye en torno a un aula cerrada, una especie de claustro, en una intimidad entre maestro y discípulos protegida del mundo exterior, un aislamiento solemne que permite hacer surgir una forma de comunicación jerarquizada y una forma de empleo de la palabra distinta y opuesta a la que rige la ciudad real de la época. Muy presumiblemente no hay mujeres en la sala, ni representantes de las etnias americanas, ni niños, ni siquiera llegan los sonidos de la ciudad a través de alguna «ventana indiscreta» (el sonido por ejemplo de la incipiente *mezzomúsica* popular urbana o los estruendos del circo de los Podestá). El recinto es el lugar de lo alto y el exterior el de lo bajo. En el sistema de analogías rodoniano, la sociedad es un cuerpo y su cúpula intelectual, el alma. Pero el alma del individuo debe reservar una «[...] celda escondida y misteriosa que desconozcan los huéspedes profanos y que a nadie más que a la razón serena pertenezca.

---

[23] El maestro Próspero no se parecía mucho a su creador, si nos atenemos a una serie de «paratextos» como la correspondencia personal de Rodó y los recuerdos de quienes lo conocieron. La prosperidad de Rodó estaba ensombrecida por acuciantes deudas, y la visión de salud y fe que predica no armoniza con el profundo pesimismo que Rodó despliega en sus cartas ni mucho menos con su dipsomanía.

Sólo cuando penetréis dentro del inviolable seguro podréis llamaros, en realidad, hombres libres» (Rodó 2000: 161).

Es la analogía que hace Próspero en la parábola del Rey de Oriente, que tiene una recámara íntima e inviolable en la que se aísla del bullicio del mundo:

> Pero dentro, muy dentro; aislada del alcázar ruidoso por cubiertos canales; oculta a la mirada vulgar –como la "perdida iglesia" de Uhland en lo esquivo del bosque– al cabo de ignorados senderos, una misteriosa sala se extendía, en la que a nadie era lícito poner la planta, sino al mismo rey, cuya hospitalidad se trocaba en sus umbrales en la apariencia de ascético egoísmo. Espesos muros la rodeaban. Ni un eco del bullicio exterior; ni una nota escapada al concierto de la Naturaleza, ni una palabra desprendida de labios de los hombres, lograban traspasar el espesor de los sillares de pórfido y conmover una onda del aire en la prohibida estancia. Religioso silencio velaba en ella la castidad del aire dormido. (Rodó 2000: 159-160)

Es un mundo de retiro, de silencio y de intimidad. Así debe guardarse según Próspero la libertad interior, pero una libertad que es libertad respecto al mundo, a la realidad. «En él soñaba, en él se libertaba de la realidad, el rey legendario; en él sus miradas se volvían a lo interior y se bruñían en la meditación sus pensamientos» (Rodó 2000: 160).

Este rey, patriarca hospitalario «abierto a todas las corrientes del mundo», afable y tolerante con el pueblo y los niños, sólo se torna violento ante el umbral de su misteriosa sala donde «su hospitalidad se trocaba en ascético egoísmo» (Rodó 2000: 159).

Lo que quiero subrayar es que el espacio ficcional que se muestra en *Ariel* está construido *contra* la ciudad real y su vida cotidiana. El modelo de organización para el combate intelectual y la prédica del ideal que ofrece Próspero a sus discípulos es una estructura militar, sectaria, uniforme, blindada. Su eficacia depende precisamente de su cohesión. La continuidad de la ciudad letrada depende de este aislamiento y de este énfasis en una forma cerrada y fija cuyo origen se remonta a la fundación misma de la ciudad colonial y su constitución como enclave amurallado y defensivo en un terreno hostil.

Es este amplio salón aislado, un lugar excepcional, un templo, donde Próspero sella su alianza con la juventud sobre la base de un conjunto de valores inmutables. Cada uno de esos chicos tiene que aspirar a ser un Ariel, grácil, seráfico, un combatiente leal: «Os hablo ahora figurándome que sois los destinados a guiar a los demás en los combates por la causa del espíritu» (Rodó 2000: 222).

La gesta de la personalidad, la «gesta de la forma», la democracia entendida como «selección y formación» que filtra al futuro ciudadano; todas las analogías de Rodó evocan un esquema platónico donde el alma se cultiva contra el cuerpo de la misma manera que dentro de la ciudad real se instala y se defiende del mundo una ciudadela de intelectuales. Entre ambos espacios es preciso instalar mecanismos defensivos. Uno de ellos es la educación popular.

Hacia el final de *Ariel,* los discípulos, todavía impresionados por el sermón laico de Próspero, salen a la calle. Era una noche cálida y serena pero el «rebaño humano» de la ciudad les recuerda las asperezas del mundo:

> Cuando el áspero contacto de la muchedumbre les devolvió a la realidad que les rodeaba, era la noche ya. Una cálida y serena noche de estío. La gracia y la quietud que ella derramaba de su urna de ébano sobre la tierra triunfaban de la prosa flotante sobre las cosas dispuestas por manos de los hombres. *Sólo estorbaba para el éxtasis la presencia de la multitud* [...] Y fue entonces, tras el prolongado silencio, cuando el más joven del grupo, a quien llamaban Enjolrás[24] por su ensimismamiento reflexivo, dijo, señalando sucesivamente la perezosa ondulación del rebaño humano y la radiante hermosura de la noche:
>
> –Mientras la muchedumbre pasa, yo observo que, aunque ella no mira al cielo, el cielo la mira. *Sobre su masa indiferente y oscura, como tierra del surco,* algo desciende de lo alto. La vibración de las estrellas se parece al movimiento de unas manos de sembrador. (Rodó 2000: 230-231; énfasis mío)

---

[24] Hugo Achugar (2001) ve en este nombre una referencia al personaje de Los miserables de Víctor Hugo que encarna al revolucionario de las barricadas de París, y por consiguiente, la intención emancipatoria de Rodó. Ahora bien, esto no significa que esta forma de emancipación revolucionaria no participe de un evidente «desprecio de la multitud».

La muchedumbre es el obstáculo, la materia, el rebaño. También surco donde ha de sembrarse la semilla del ideal.

El amo y el ángel

Conviene examinar más de cerca la relación entre Próspero y Ariel. En el libro de Rodó esta figura no está extraída directamente de la historia de Shakespeare. Está mediatizada por obras anteriores que han usado a Ariel y a Calibán como símbolos culturales[25].

En la historia original, la de Shakespeare, Ariel es uno de los espíritus de la Isla en la que está desterrado el duque Próspero. Próspero lo domina y le promete la libertad a cambio de su ayuda. Es con ayuda de Ariel que Próspero vence a sus enemigos: Calibán y sus aliados napolitanos. En el ensayo de Rodó, Ariel es una estatuilla que simboliza el ideal y que Próspero convoca como el numen de su discurso. Es un ideal de belleza y tiene un poder mágico sugestivo, decisivo para la victoria. Es un ángel que alienta a «los que luchan».

Los jóvenes que Próspero influye y forma y a los que encomienda la misión de forjar la civilización latinoamericana ocupan, en el plano de la realidad pactada en el texto, el lugar de Ariel. Son ellos los que ejecutarán las acciones que Próspero considera necesarias para la conquista de un ideal futuro:

> Su fuerza incontrastable tiene por impulso todo el movimiento ascendente de la vida. Vencido una y mil veces por la indomable rebelión de Calibán, proscrito por la barbarie vencedora, asfixiado en el humo de las batallas, manchadas las alas transparentes al rozar el «eterno estercolero de Job», Ariel resurge inmortalmente, Ariel recobra su juventud y su hermosura, y acude ágil, como al mandato de Próspero, al llamado de cuantos le aman e invocan en la realidad. Su benéfico imperio alcanza, a veces, aun a los que le niegan y le desconocen. Él dirige a menudo las fuerzas ciegas del mal y la barbarie para que concurran, como las otras, a la obra

---

[25] En su conocido ensayo *Calibán* Fernández Retamar (1973) hace todo el recorrido que va desde Shakespeare hasta Rodó, pasando por Renan.s

del bien. Él cruzará la historia humana, entonando como en el drama de Shakespeare, su canción melodiosa, para animar a los que trabajan y a los que luchan, hasta que el cumplimiento del plan ignorado a que obedece le permita -cual se liberta, en el drama, del servicio de Próspero- romper sus lazos materiales y volver para siempre al centro de su lumbre divina. (Rodó 2000: 228- 229)

Ariel es el bello ángel que acude presuroso al llamado de Próspero y de cuantos «le aman». Próspero puede emanciparlo de sus «lazos materiales» si Ariel, al servicio de Próspero, ejecuta obediente y lealmente un plan *ignorado por él mismo*.

Próspero perdido en el eterno estercolero de Job

El salón de estudios donde Próspero «acaricia la frente de Ariel» tiene un reflejo insospechado y profundamente irónico en el excepcional y aislado «cuarto de las mariposas», donde los relojes están detenidos y el maestro gramático Fernando acaricia por primera vez a Alexis y descubre sus cualidades seráficas: «Alexis empezó a desvestirme y yo a él; él con una espontaneidad candorosa, como si me conociera desde siempre, como si fuera mi ángel de la guarda» (Vallejo 2002: 15); «Sin alias, sin apellido, con su solo nombre, Alexis era el Ángel Exterminador que había descendido sobre Medellín a acabar con su raza perversa» (2002: 78).

Resulta curioso pero significativo que Fernando y Alexis reiteren con tanta exactitud la configuración rodoniana. Están ambiguamente unidos por el dinero (que permitirá a Alexis emanciparse de las necesidades materiales) y por el amor. Alexis está al servicio de Fernando. Alexis transforma en actos la prédica de Fernando donde el estorbo, el enemigo, es la multitud en toda su diversidad.

Los textos de Rodó y Vallejo, acercados en esta accidental constelación, se transforman mutuamente. El texto de Vallejo nos aproxima al de Rodó como quien se aproxima a un cuadro que de lejos exhibe figuras nítidas y eternas. Al aproximarnos descubrimos sus irregularidades y sus fisuras ocultas.

Fernando y Alexis mantienen una relación pedagógica en el sentido más clásico. El maestro maduro que cierra un contrato a la vez sexual y educativo con un adolescente tiene un antiguo linaje que se remonta a la polis griega (el lugar que Próspero describe, hablando de jóvenes griegos entregados al juego en las playas del mar Egeo). Muchas de las diatribas de Fernando están formuladas como una parodia pedagógica en las que Alexis (y Wílmar) funcionan como ángeles, amantes y discípulos díscolos. Por un lado Alexis, el ángel, «no respondía a las leyes de este mundo (Vallejo 2002: 22). Por otro, Alexis parece un Ariel degradado por la miseria cultural metropolitana. Siguiendo débilmente sus reflejos letrados, Fernando pretende que Alexis no se abandone al televisor, que se abstenga de escuchar la música popular globalizada, que lea y que aprenda a valorar el silencio. Sus diatribas contra los políticos y los nuncios de la iglesia, las mujeres, los pobres, los niños, la cópula y los colombianos en general son también una forma de instrucción ideológica.

También Próspero como emblema de autoridad intelectual de la ciudad letrada tiene su doble esperpéntico y licencioso en el personaje de Fernando. Si Próspero recomienda la fe, el optimismo y la esperanza, Fernando instruye a sus amantes en el odio al presente y la desesperanza del porvenir. Si Próspero recomienda insistir en la prédica de un ideal de progreso espiritual, de vitalidad y salud, Fernando predica una vida para la muerte y la premonición del Apocalipsis. Próspero es el personaje que encarna una ficción de oralidad resuelta en lección magistral en el espacio «estuche», protegido y aséptico del aula. Allí las palabras son extraídas de su caótica circulación y redimidas de su vulgaridad para trasmitir un ideal estético de belleza y mesura[26]. Fernando incorpora y goza las palabras monstruosas que le impone el amor de Alexis. Juntos recorren la ciudad caótica, lo que Próspero considera «el eterno estercolero de Job», donde no es posible sustraerse al bárbaro sonido de los vallenatos, los noticieros y las trasmisiones deportivas que se cuelan a través de radios y

---

[26] «Escribir para Rodó también es pelear con palabras salvajes, indómitas, «pequeños monstruos» que el escritor somete al orden del discurso tras una flaubertiana "lucha por el estilo". Esta lucha por dominar y ordenar el rebaño inerte o indómito, ¿no es la misma lucha que el dirigente intelectual debe desempeñar en su sociedad, tal como se lee en Ariel?» (Castro 2000: 64).

televisores. Es la ciudad real donde una raza irreductible se interpone en su camino. Fernando es un Próspero extraviado en la ciudad globalizada del siglo XXI, donde tiene que refugiarse en las iglesias y los cementerios para encontrar su anhelado silencio y donde tiene, también, que soportar los «atentados al idioma» y la profanación de los templos mientras la ciudad lo va rodeando en abrazo de lujuria y violencia hasta engullirlo. Fernando es un Próspero abandonado a su cuerpo y caído y entregado al «mal». Alexis es su arma formidable, un ángel ágrafo, encarnación letal de la pureza que «acude presuroso a su llamada».

La antigua imagen decimonónica de la ciudad como territorio del crimen se radicaliza en la novela, donde la mayoría de los habitantes de la ciudad resulta, literal y esencialmente, «bestial». En el libro de Rodó, Próspero condensa lo que amenaza a la ciudad ideal con una alusión de carácter ontológico. «Su fórmula social será una democracia que conduzca a la consagración del pontífice "Cualquiera", a la coronación del monarca "Uno de tantos" [...] Con ellos se estará en las fronteras de la *zoocracia* de que habló una vez Baudelaire» (Rodó 2000: 182-183; énfasis mío).

Sobre la forma en que vivía Baudelaire la modernidad urbana de su tiempo, Walter Benjamin ha escrito: «Haber sido empujado por la multitud es la experiencia que Baudelaire destaca como decisiva e inconfundible entre las que hicieron de su vida lo que llegó a ser. Ha perdido la aureola en una multitud movediza, animada, de la que estaba prendada el *flâneur*» (1988: 169).

En vano se buscaría una descripción de barrios o zonas de la ciudad en Baudelaire (como la encontramos en Vallejo). El poeta francés vive la multitud como algo intrínseco, no se ubica en frente sino en medio de ella. «[L]a aspiración más íntima del *flâneur* es prestarle un alma a esa multitud, los encuentros con ella son la vivencia a la que incansablemente se entrega» (Benjamin 1988: 135). El paseante indolente y ocioso se deja llevar por la masa urbana persiguiendo una forma de anonimato que le permita ser sorprendido por «el instante innecesario, fugitivo, en el que aparecerá una de las formas posibles del vacío» (Real de Azúa 1984: 23).

La experiencia de Fernando con la multitud es rigurosamente similar salvo por el hecho de que el *flâneur* decimonónico, en la versión de Baudelaire, es un vagabundo enamorado de la multitud[27]. Este cronista y gramático de fines del siglo XX también «ha perdido entre la muchedumbre su aureola» (de poeta, de letrado, de líder espiritual de la comunidad) y comparte con el poeta francés una similar desilusión; pero su relación de atracción y repulsión con la multitud es más extrema: los encuentros de Fernando con la multitud son encuentros con la muerte. Fernando busca «el alma» o «la maldad de Dios» en los ojos de los muertos. En Fernando la transfiguración estética de la vida metropolitana desemboca en una mirada *biológica* sobre la muchedumbre: «Era la turbamulta invadiéndolo todo, destruyéndolo todo, empuercándolo todo con su miseria crapulosa. [...] Íbamos mi niño y yo abriéndonos paso a empellones por entre esa gentuza agresiva, fea, abyecta, esa raza depravada y subhumana, la monstruoteca» (Vallejo 2002: 92[28]).

A diferencia de Próspero, Fernando no considera a la muchedumbre redimible a través de la educación; y a diferencia de Baudelaire, no puede tampoco redimirla estéticamente. En *La virgen de los sicarios* las dos actitudes que generó la ciudad moderna encuentran un desenlace radical. Abandonarse a la ciudad como hacía conscientemente el *flâneur* equivale, en el texto de Vallejo, a sumergirse en la violencia. En Baudelaire la figura del dandismo representa la gratuidad, la inutilidad enfrentada al utilitarismo burgués, el que asume «conscientemente el nihilismo y lo devuelve a la masa nihilista inconsciente, sin necesidad de que el proceso tenga su causa metafísica en el mercado» (De Azúa 1984: 94). En la novela de Vallejo los asesinatos que Fernando promueve en tanto inútiles, gratuitos, *estéticos*, son como la versión actualizada de la violencia estética del dandy.

---

[27] «[S]u pasión y su profesión es el desposarse con las turbas», «inmenso goce que consiste en elegir domicilio en el número, en lo ondulante, en el movimiento, en lo fugitivo y en lo infinito» (Baudelaire 1963: 675-676).

[28] Vale la pena comparar este fragmento con el que cita Benjamin de Bauldelaire: «Perdido en este pícaro mundo, a codazos con las multitudes, soy como un hombre fatigado cuyos ojos no ven más hacia atrás, en la profundidad de los años que desengaño y amargura, y hacia delante no más tampoco que una tormenta que no contiene nada nuevo, ni dolor ni enseñanzas» (Benjamin 1988: 169).

La novedad rápidamente olvidada era el signo de lo moderno para Baudelaire. En Vallejo la violencia y la muerte violenta son una novedad cotidiana que se olvida el día después. Cada muerte lleva en sí su potencial de olvido. Hay una extraña correlación entre el dandy y el sicario: si el dandy llevaba impresos en su propio cuerpo (como exacerbación de la moda) los signos del presente, el sicario (cubierto él mismo de amuletos) los incrusta en el cuerpo de sus víctimas.

Según el Próspero de *Ariel* si la masa conseguía imponer su tiranía de número, la democracia degeneraría en «zoocracia». Fernando se considera en medio de una ciudad habitada por distintas variedades locales de primates: «[...] no hay mezcla más mala que la del español con el indio y el negro: producen saltapatrases o sea changos, simios, monos, micos con cola para que con ella se vuelvan a subir al árbol» (Vallejo 2002: 129). O también: «Yendo por la carrera Palacé entre los saltapatrases, los simios bípedos» (Vallejo 2002: 130).

Si el ser humano es un animal que ha entrado en la historia, el ser humano sin historia, sin una tarea que le esté destinada como especie, retornaría a la condición de animalidad. La ciudad letrada fue, entre otras cosas, una «máquina antropológica» (Agamben 2004: 79), es decir, una instancia de decisión entre lo bestial y lo humano, una máquina de generar «humanidad» e historia que ya no funciona[29].

El ideal de *Ariel* se revela como la estructura profunda del discurso de Fernando, como su imagen primigenia, y se revela como ideal higiénico. Fernando es un Próspero que ha dejado de entender y que ya no puede aleccionarnos. El relato de educación que también es la novela es el relato de la imposibilidad de enseñar, correlativa a otra imposibilidad, la de narrar la historia de la ciudad. Fernando es un Próspero que ha perdido su magia, su saber formativo, y que ha perdido las riendas de Ariel. La muchedumbre ha dejado de ser un surco para convertirse en un agujero negro.

En la novela de Vallejo se relee la educación humanista no como optimismo antropológico sino como una modalidad del miedo a las

---

[29] «If the anthropological machine was the motor for man's becoming historical, then the end of philosophy and the completion of the epochal destination of being mean that today the machine is idling» (Agamben 2004: 80).

masas. El ciclo que va del arielismo al nihilismo, del serenísimo maestro Próspero al «Próspero desencadenado» que representa Fernando, y del espíritu alado de Ariel al ángel vengador de Alexis, es el ciclo que recorre el optimismo humanista y su ocaso.

En Fernando, Próspero, director espiritual de la ciudad perfecta, se descubre como «emanación» de la ciudad maldita. Entre una y otra ciudad se perdió no sólo el sueño de un orden social sino también la autonomía de un sujeto. Aunque los dos maestros están unidos por su pasión «monologante», por su deseo de decir, el Próspero reencarnado en Fernando redescubre su impotencia congénita y busca en la muerte el único silencio y la única pureza posibles.

Leído desde el negro frenesí del discurso de Fernando, el texto de Rodó se resquebraja desde adentro. Próspero nos entrega una serie de lecturas sistematizadas en citas y escritas en una gramática congelada tan perfecta y cerrada como el salón donde imparte su enseñanza. Las analogías conventuales de Rodó se repiten en su estilo. Así como Próspero y sus discípulos se aíslan de la ciudad real, también la misma prosa de *Ariel* se construyó como una ciudadela defensiva. La ficción que lo enmarca habla de gruesos muros que son vallas contra la experiencia. Si la lengua es el lugar de la experiencia y si ésta puede definirse como la «interrupción de nuestra propia voz y la manifestación en ella de otra voz» (Collingwood-Selby 1997: 130) que no es la nuestra, *Ariel* es un texto cerrado sobre sí mismo, un texto construido para no escuchar la voz del otro.

La virgen de los sicarios cita (deliberadamente o no) el texto de Rodó. Al citarlo lo descontextualiza, lo desvirtúa, lo abre. La desconcertante novela de Vallejo arroja retrospectivamente sobre el texto cerrado de Rodó una carga inflamable de ambigüedad aunque sólo sea porque el de Fernando es un discurso involuntariamente corrompido por la voz de otros. Las profundas fisuras del discurso de Fernando abren heridas incurables en el de Próspero. En términos de Walter Benjamin podríamos decir que lo abre a sus ocultas posibilidades como ruina, porque *Ariel* es un texto tan conocido como periclitado. La novela de Vallejo saca a Próspero (literalmente) a la calle y al contacto con el aire el texto de Rodó entra en combustión, aparecen las figuras del deseo y de la crueldad cuya contención lo cerraban. Al rescatarlo secretamente la novela de Vallejo lo reconoce en su carencia de plenitud, como texto aún no consumado. Al citarlo los des-cubre como el pasado en el corazón de presente (y como uno de los textos que ha hecho posible el presente).

Entre la «ciudad perfecta» y la «ciudad maldita» han transcurrido cien años. En el vértigo de una (a veces catastrófica) globalización latinoamericana, la novela de Fernando Vallejo nos permite leer retrospectivamente la historia de la ciudad letrada como la historia de una pureza imposible. Una pureza atravesada de misoginia y misantropía que rehuyó tanto el cuerpo como la multitud para erigir su santuario.

Infierno y melancolía
en Roberto Bolaño

Si tuviéramos que proyectar sobre Bolaño –tomando este apellido como un conjunto de textos, una manera de escribir, el nombre de una sensibilidad particular– un foco dominante, desde donde comenzar a entenderlo, habría que colocar su obra bajo el lema de «habitar la derrota». Es decir, es como si este sistema de textos agrupados bajo ese nombre pudiera también organizarse como respuesta estética a dicha cuestión y estuviera, ademas, abocada enteramente a resolver este problema, a la pregunta de *cómo habitar la derrota*. No es que la literatura deba necesariamente resolver problemas, más bien habría que decir que la literatura es un trabajo de extrañamiento que justamente hace aflorar los problemas como tales. Aún así, todo proyecto creativo está más o menos visiblemente ligado a una preocupación originaria, a la necesidad de articular lo que aún no ha sido articulado y esto lo convierte, entre otras muchas cosas, en una tarea (que es también, siguiendo la etimología alemana de esta palabra, una donación). Pensemos que la vanguardia histórica, por ejemplo, tuvo también problemas específicos que le dieron cierta dirección a la invención poética, y entre ellos está la pregunta misma por el arte, su articulación con la vida y la política, la pregunta por la técnica, la pregunta por la emancipación o por la revolución. En consecuencia la vanguardia trabajó con los materiales de la modernidad, aquellos que el gran arte ignoraba: las calles de la ciudad moderna, la fotografía, el cine, la política, el subconsciente freudiano, la velocidad, los baños públicos, las máquinas. Podríamos decir que la ficción de Bolaño trabaja, por un lado, sobre esos mismos materiales, pero que su sustancia específica, su pregunta dominante, la constituye la experiencia de la derrota, y los materiales que deben ser articulados sobre este eje serían: el exilio, la errancia, la marginación, el viaje, la desaparición, el terrorismo de estado, el destino de la poesía y el de los poetas, el extravío del sentido, el oscurecimiento de ciertas verdades. Hay una coincidencia general sobre el paisaje bolañesco (de intemperie, baldío, gris), el tipo de personaje (desdibujado, trashumante, huérfano, poeta), la recreación destructiva del género policial, el cosmopolitismo marginal, etcétera. Quizás de todas maneras sería necesario especificar más exactamente por dónde pasa la relación de esta narrativa con la política y con la noción de exilio, que a mi modo de ver resulta decisiva para situar el ángulo desde el cual se percibe la existencia en esta obra.

Convengamos en que la derrota es, desde una perspectiva emancipatoria, el nombre global que podemos dar a los cambios que se produjeron en América Latina alrededor de los años setenta. Constituyeron la modalidad latinoamericana del ajuste de estos países a la fase actual del capitalismo. Los grupos económicamente dominantes pusieron en manos de tecnócratas y militares esta transición que el Estado, tal y como había sido heredado, no podía, a sus ojos, realizar[1]. A esta dolorosa transición, que implicó profundos cambios en el modelo productivo y también en la universidad y en la enseñanza en general, se opuso la clase trabajadora y una generación de luchadores sociales inspirados en un pensamiento revolucionario. La derrota es el aplastamiento mediante el terrorismo de Estado de esta oposición, la introducción en el continente de un capitalismo radical o exasperado que algunos llaman o confunden

---

[1] Esto ha sido explicado con toda claridad por Idelber Avelar (1999). En un análisis del contexto cultural posterior a los golpes de estado en Chile, Argentina y Brasil, Avelar conecta la dictadura con la transición a la democracia, arguyendo que ambas no se contraponen. Al contrario, esta obra sugiere una continuidad entre ambos periodos y sitúa la ruptura de la democracia en las intervenciones militares (promovidas por Estados Unidos en el contexto de la Guerra Fría). Según Avelar, la memoria se puede organizar en dos procedimientos retóricos: la metáfora y la metonimia. La memoria del mercado es la metafórica, aquella que sustituye lo viejo por lo nuevo, sin restos. Esta no permite discernir una diferencia significativa entre los dos períodos. El capitalismo promueve de esta manera un tiempo sin historia. En la retórica metonímica el objeto recordado deja discernir un rastro de su origen. Para Avelar, la dictadura fue precisamente el origen de la democracia vigente. Los golpes militares acabaron con la democratización radical conducida por los gobiernos populares.

con la globalización y otros llaman neoliberalismo. Si consideramos con cierta justicia que el capitalismo radical o neoliberalismo fue impuesto por primera vez sin posibilidad de resistencia durante la dictadura de Augusto Pinochet en Chile, y partiendo de allí se fue expandiendo por el mundo, es decir, si consideramos que esta nueva edición de la modernidad, este nuevo capitalismo, digamos, desembozado, tuvo su forma primaria y acaso pura en el estado policial chileno de los años setenta y ochenta, la ficción de Bolaño creció, se expandió (en el doble sentido de que coincide con el exilio o la errancia de los poetas pero también con la desterritorialización de la fábula bolañesca) paralelamente, tanto en el tiempo como en el espacio. Bolaño eligió en cierta forma una narrativa «infernal» o, de alguna manera, post apocalíptica, para presentar un mundo donde sus poetas aventureros, desencantados, errantes o exiliados languidecen o emprenden viajes como si vagaran en busca de un alma perdida. Ficción infernal como clave interpretativa de la derrota o infierno en expansión que se despliega como se despliega imperceptiblemente el mundo de Tlon en el famoso relato de Borges. En los contornos de la ficción de Bolaño el universo que se habita ha sido engendrado por un crimen, es un mundo donde lo importante, lo único importante, ya pasó. Y es atroz. Algo absolutamente criminal se produjo en la plaza de Tlatelolco en 1968 y se repitió en la Moneda en septiembre de 1973 y en la Argentina posterior a marzo de 1976. Como el propio Bolaño ha repetido muchas veces, toda su obra ha estado a la sombra de este acontecimiento que él suele resumir como el sacrificio de una generación, pero quizás, también, como el mal absoluto. Todo nuevo orden busca naturalizarse y las fuerzas políticas que protagonizaron la posdictadura (un período variable según los países) fueron en aspectos esenciales una continuación algo más civilizada del verdadero cambio impuesto a la sociedad en aquellos años por los regímenes de terrorismo estatal. Estos nuevos regímenes de fines del siglo XX, de limitada democracia, tuvieron, como tarea ineludible, conjurar un pasado lleno de fantasmas que retornan y recuerdos que laceran. Habría que decir que su preocupación fundamental terminó siendo la de borrar las huellas de aquella violencia de Estado. En cierto sentido, escamotear su verdadero significado, disimulando los lazos evidentes que unían a las nuevas democracias con la, en cierta medida grotesca, dictadura, e intentando asentar la gestión ahora parlamentaria de la nueva y radical economía de mercado en una forma de amnesia voluntaria. Allí donde tuvo cierto éxito la mejor carta para conjurar la memoria traumática y la siempre latente revuelta social fue una cultura de celebración consumista y una suerte de consagración de la «actualidad». El posmodernismo del cono sur latinoamericano coincide con el período de la posdictadura, donde la idea de un fin de la historia y la difusión de un carácter *demodé* atribuido al pensamiento emancipatorio funcionaron, más que otra cosa, como máquinas discursivas al servicio de una restauración política y una reestructuración económica. Existe en la obra de Bolaño entonces una simultaneidad, un acompañamiento que podríamos llamar contrapunto literario de la globalización neoliberal. Y su narrativa, deliberadamente marginal, recuerda constantemente la dimensión infernal de la modernidad, las huellas de los crímenes y las distintas figuras de complicidad, activa o pasiva, que caracterizaron el terror de Estado. Sus personajes, poetas o exiliados políticos o ambas cosas a la vez, son sobrevivientes descolocados, condenados a vagar en un espacio-tiempo que quedaría al margen de una temporalidad social o común. Las dimensiones de la derrota abarcan tanto los distintos proyectos emancipadores de la política latinoamericana como a los ideales estéticos de tipo vanguardista que abogaron por una fusión entre el arte y la vida y por un compromiso e incluso una estética militante. Los territorios de Bolaño son invariablemente devastados o baldíos, y en su fealdad, uniformes. Es como si constituyeran una única ciudad y como si la poesía o cualquier género de verdad sólo pudieran habitar lugares marginales, provisorios o abandonados. En cada uno de sus relatos laten dos fuerzas enigmáticas, antagónicas y gemelas en una tensión infinita que no se resuelve nunca, como no se resuelven las numerosísimas microhistorias que pueblan sus novelas. Hay algo oscuro, pavoroso, que avanza, por ejemplo, en *2666*, algo cuyo nombre no llega a poder articularse, algo como ese «gigante albino», que puede llegar a ser el gran asesino en serie o, para parafrasear a Walter Benjamin, la mismísima violencia divina. Se trata de algo que permanece hasta el fin en suspenso. La narrativa de Bolaño descansa sobre esta tensión permanente, como si su narrativa pudiera resumirse técnicamente en una poética de la indefinición, de la provisoriedad o incluso de la inminencia.

Durante la década de los noventa, durante los años de la transición a la democracia en Chile o bien el período de la llamada posdictadura, la narrativa de Bolaño fue una voz incómoda en el sistema literario chileno, que en general rehusó tematizar el pasado reciente en un país donde apenas se podía ocultar la singular continuidad, tanto institucional como en la de la política económica, entre la dictadura de Pinochet y el nuevo régimen democrático. La de Chile se convirtió en una democracia, como sabemos, acotada, controlada, vigilada, que se rigió por una constitución pinochetista y una euforia económica que celebraba «el milagro chileno» y que constituyó ciertamente un ejemplo latinoamericano de exitosa gestión económica neoliberal. En torno a esta continuidad se instauró un amplio consenso político. Las consecuencias negativas que tuvo este sistema para todo lo que no eran cifras macroeconómicas –la profundización de la desigualdad social pero más que nada su naturalización, la privatización de servicios y la diseminación de *la culpa*, es decir, la deuda, para millones de familias necesitadas– son de todos conocidas. Pero lo más impresionante de la transición, quizás, fue la necesidad del nuevo régimen posdictatorial de instaurar un tipo específico de relación con el pasado y con la memoria que vino a instalarse como desmemoria organizada, sostenida también por los medios de comunicación que difundieron una estrategia de olvido, no pocas veces basada en la idea de una nueva frivolidad, como si la causa de las matanzas del pasado hubiera que buscarlas en cierta gravedad militante. De acuerdo a Nelly Richard, la fórmula de la transición consistió en el binomio mercado y consenso porque fueron estos «los artificios de la transición chilena» para neutralizar una memoria inquieta y sustituirla por el «monumento y el documento» (Richard 2002: 191).

La narrativa de Bolaño funcionó un poco como la figura fantasmal de joven envejecido en *Nocturno de Chile*, es decir, como una voz acusadora que restituye una porción de verdad en medio de un gigantesco montaje, primero dictatorial y luego «democrático», para hacer desaparecer ciertas experiencias claves de la juventud de los setenta y crear un nuevo «sentido común» basado en el pragmatismo, el consumismo, el cinismo y la indiferencia. Frente a este montaje Bolaño propone otro, en donde figuran fotos de cadáveres, huellas indelebles de los crímenes y complicidades evidentes. Relatos donde la trama histórica es como una inconclusa novela policial de múltiples y misteriosas ramificaciones en la que se va rastreando una subterránea y macabra continuidad, no sólo entre las actuales democracias del siglo XXI y las pasadas dictaduras del siglo XX, sino también entre éstas y el nazismo europeo. Una historia confusa o difusa con la forma de una trama conspirativa cuyos hilos, redes y complicidades parecen ir extendiéndose infinitamente y que se vuelve inabarcable, y que a mi juicio es lo que termina constituyendo el tan mentado *secreto del mal* en la narrativa del autor.

Es bastante obvio que la literatura de Bolaño está atravesada por la historia política del siglo XX latinoamericano. Buena parte de sus relatos tienen su origen material, como decíamos antes, en hechos históricos como el golpe militar en Chile o la matanza de Tlatelolco en México o el exilio latinoamericano de los años setenta y ochenta. Pero preguntar por la política en la obra de Bolaño no es hacer un inventario a las referencias históricas de sus relatos, sino algo mucho más complejo y difícil: indagar la posición eventualmente significativa que ocupan esas referencias y qué espacios y temporalidades dibujan es también preguntar por la manera en que esta narrativa interviene sensiblemente en nuestra experiencia de lo común, porque es sobre ese amplio espectro de lo que compartimos, sobre este tejido sensible e inmanente en el que estamos involucrados esencial e irremediablemente, sobre lo que actúa la literatura (y la ficción en general), y en momentos excepcionales, la política. En mi opinión, la red textual que van componiendo las narraciones de Bolaño incide poética y decisivamente en nuestra percepción del presente porque implican una cierto modo de legibilidad respecto a su origen. Una literatura de la derrota no constituye ni una literatura cómplice ni una resignada, sino una literatura de la reserva. La literatura, la aventura de la imaginación en el lenguaje, no puede sustraerse a la contingencia de las luchas emancipatorias, que son las que verdaderamente promueven los cambios materiales, es decir, las que crean las condiciones para la generación de mundos alternativos, pero sí puede llegar a sustraerse a la complicidad con el orden establecido o impuesto o consagrado por esta derrota creando un pliegue de resistencia, de negatividad, de sorda réplica, de espera.

La modernidad capitalista como infierno

En la imaginería sobre el infierno abundaron las imágenes toponímicas que lo situaban cartográficamente al otro lado de un río, en el Hades o en el centro de la tierra, y las del paraíso, situado a veces en Medio Oriente, en América o en las antípodas del mundo conocido. La modernidad, en cambio, fue incorporando la percepción del infierno y del cielo como una dimensión al interior del hombre. Prototipo de lo primero es la *La divina comedia* de Dante Alighieri, que recurre a una topografía de la salvación y reparte los lugares (lejanos) del purgatorio, el cielo y el infierno por distintos lugares de la tierra, lugares relativamente oscuros para el orbe medieval. Ejemplar de lo segundo es la teología de Swedenborg –*De Caelo et inferno*, publicado en Ámsterdam en 1758–, donde infierno y paraíso radican más bien en el alma del hombre. Según Swedenborg (que afirmó que él había estado allí), cuando alguien muere se sigue figurando en la tierra. La muerte es una postvida donde sólo algunos discretos incidentes delatan la verdadera naturaleza de la situación. En el mundo de Swedenborg toda persona tiene una inclinación propia: al mal o a lo divino, y sus amistades nuevas en esa dimensión idéntica a la del mundo de los vivos se formarán de acuerdo a esto. Más importante: los atraídos por lo bajo y diabólico ven el mundo de manera distinta a los que tienden a lo angélico. El mismo objeto puede ser bello o repugnante dependiendo de la perspectiva angélica o demoníaca con la que se lo mire. Recordemos la magistral reseña biográfica de Borges sobre Swedenborg: «Para el bienaventurado, el orbe diabólico es una región de pantanos, de cuevas, de chozas incendiadas, de ruinas, de lupanares y de tabernas. Los réprobos no tienen cara o tienen caras mutiladas y atroces [a los ojos de los justos], pero se creen hermosos. El ejercicio del poder y el odio recíproco son su felicidad» (Borges 2007: 221-222).

En esta tradición hay que ubicar a otro sueco, August Strindberg, para quien el infierno no es algo que nos aceche en un futuro cercano sino que es la vida misma. Influenciado por las doctrinas de Swedenborg, en su neurosis paranoica Strindberg interpreta el mundo que lo rodea como un infierno (de mujeres y enemigos) sin redención posible. Sus memorias de esto aparecen en *Inferno* (1897). Cuando Walter Benjamin empieza a hablar de la modernidad como catástrofe o directamente como infierno, recurre explícitamente a estos antecedentes:

> Hay que basar el concepto de progreso en la idea de catástrofe. Que esto «siga sucediendo» *es* la catástrofe. Ella no es lo inminente en cada caso, sino lo que en cada caso está dado. Así Strindberg [...]: el infierno no es nada que nos sea inminente, sino esta vida aquí. (2009: 476).

El interés de Walter Benjamin en rescatar las figuraciones infernales de la literatura tiene mucho que ver con su perspectiva teológico política y con su caracterización de la modernidad. Conceptos como progreso, capitalismo, mercancía, lenguaje y redención podrían entonces ser entendidos, desde esta perspectiva, como fenómenos interrelacionados. A esto hay que agregar conceptos como la alegoría barroca, el lenguaje perdido de las cosas, su tristeza muda de naturaleza caída y la melancolía. La tesis benjaminiana de que la modernidad hay que hacerla legible bajo el signo de la catástrofe o bien bajo su condición infernal exige una mirada melancólica, no en su sentido clínico (traducida como depresión) ni mucho menos como luto, sino en su calidad de respuesta motriz al mundo de los objetos. En la melancolía benjaminiana, de innegable raigambre romántica, no es la pérdida del objeto lo que predomina sino la pérdida del sujeto mismo en su relativa fusión con el objeto. De modo que la mirada melancólica participa de la consistencia objetiva del mundo y no es entonces un mero estado de ánimo o una patología. Es más bien una mirada que puede percibir la tristeza de la materia caída o su estado de mudez. Algo así pasa con el lenguaje: después de la caída y de la confusión babélica, deja de nombrar el mundo de la naturaleza para caer en la cháchara, y en la época burguesa en el mero lenguaje comunicativo o utilitario. Podría decirse que el sujeto melancólico es capaz de penetrar sensorialmente el sentido infernal de la modernidad.

La mundialización económica capitalista y la transformación que supuso respecto a las relaciones entre Estado y sociedad civil, las nuevas formas de privatización, precarización y explotación o el predominio global del capital financiero, que afectó la vida individual y colectiva de manera tan violenta e íntima, a lo que se suma la aparición de centros comerciales cerrados que sustituyen el centro de las ciudades creando una atmósfera gestionada para el consumo, la aparición de barrios amurallados, controlados y vigilados para sectores pudientes y de los muros de contención para los movimientos migratorios que desmintieron la grata globalidad posmoderna y, sobre todo, el establecimiento cada vez más desembozado de la economía por encima de cualquier consideración política, entre otras cosas, han vuelto a actualizar el tema de un capitalismo claustrofóbico.

Unos breves apuntes de Benjamin, un texto descubierto recién en la década de los ochenta del pasado siglo y que en palabras de Michael Löwy representan una lectura radical de Max Weber[2] y su *El protestantismo y el espíritu del capitalismo* (en donde resuena muy probablemente *Filosofía del dinero* de Simmel), sitúan con relativa claridad el coherente planteamiento de Benjamin acerca de la naturaleza oscura del capitalismo. Se trata de *El capitalismo como religión* (*Kapitalismus als religion*), donde Benjamin fundamenta la tesis de que el capitalismo, tras haber sido parásito de la religión, termina por devorarla del todo para constituirse en un culto independiente. Partiendo de la palabra *Culpa*, que en alemán –y en holandés– significa también *deuda*, postula que el capitalismo es una religión nueva cuyo objetivo no es la expiación de los pecados sino la reproducción y diseminación infinita de la culpa; no la esperanza sino la desesperación. Benjamin escribe que se trata de un culto sin respiro, «sin tregua y sin piedad», donde no hay diferencia entre días laborables y festivos. Se trata en definitiva de una «morada de la desesperación». Como se sabe de sobra, Giorgio Agamben, indagando en las consecuencias de este texto, concluye: «la religión capitalista en su fase extrema apunta a la creación de un absolutamente Improfanable» (Agamben 2005: 107). Esto quiere decir que el capitalismo, como sistema, como religión, tiende a no tener afuera. Y es este detalle lo que constituiría su dimensión infernal.

---

[2] «Cependant, comme nous verrons, l'argument de Benjamin va bien au delà de Weber, et, surtout, il remplace sa démarche "axiologiquement neutre" (Wertfrei) par un fulminant réquisitoire anticapitaliste» (Löwy 2006: 204).

Si la política es el ámbito de la libertad en la medida en que es el ámbito donde las fronteras que dividen lo imposible de lo posible pueden llegar a desplazarse, el infierno, donde reinan la repetición y el suplicio, es desde luego un territorio in-político o pos político. Ahora bien, conocemos la famosa idea de Benjamin sobre la fantasmagoría, sobre el fetichismo de la mercancía, sobre el estado de «encantamiento» que preside la existencia social en la modernidad capitalista y su dependencia de una temporalidad que gira en torno a la actualidad, la información y la anestesia. Podemos aventurar entonces que la melancolía originada en la consistencia o configuración objetiva del mundo como naturaleza caída, siendo una respuesta motriz a este estado que sólo puede aprehenderse en alegorías, es la única lucidez posible que le corresponde a la religión del capitalismo, que mientras seduce con su eterna renovación, su culto a la actualidad, obedece en realidad a una pulsión de muerte y gira, como el infierno, en torno a la culpa y al castigo.

El melancólico sabe de la tristeza de la naturaleza caída. Reconoce la ausencia de totalidad que la modernidad promueve. Ve la calavera barroca en el centro profundo de la efervescencia. Es sólo la mirada del melancólico la que esgrime una perspectiva justa, de la misma manera que los ángeles del paraíso de Swenderborg son capaces de mirar o reconocer la verdadera miseria del infierno, que sus integrantes «embrujados» experimentan con placer y agrado. Podríamos aventurar que la mirada melancólica es una perspectiva angélica sobre el sistema cerrado de la religión capitalista.

El exterminio nazi en los años cuarenta, con los campos de concentración –que Benjamin supo anticipar al final de su vida en sus «Tesis sobre el concepto de historia»– como núcleo de lo político, tuvo su prolongación renovada en los regímenes militares de Chile, Argentina y Uruguay en los años setenta, con sus subterráneos centros clandestinos de detención, tortura y desaparición, que actualizaron aquellas imágenes de terror colectivo que en siglos anteriores se habían organizado y articulado en las ficciones sobre el infierno. No es raro entonces que la narrativa de Roberto Bolaño, capturada indudablemente por estos acontecimientos históricos, haya incluido con frecuencia motivos extraídos de la bibliografía infernal. Es el caso de *Nocturno de Chile*, donde una voz fantasmal e incómoda susurra al sacerdote crítico Urrutia Lacroix «Sorello ¿qué Sorello?». Especialmente, si tomamos en cuenta que este personaje medieval e histórico es presentado por Dante en *La Divina Comedia* como el poeta que dice la verdad –o más bien, el que practica el decir del *parresiasta*– y que describirá la Italia de su tiempo como «casa del dolor»: «Ahí serva *Italia, di dolore ostello*» (Dante Alighieri 1990: 125), y donde inevitablemente resuena intertextualmente «la morada de la desesperación», que es como Walter Benjamin describirá la religión capitalista.

La nueva sensibilidad chilena de la concertación osciló entre una sensación (provinciana en el fondo) de que Chile ya formaba parte de la familia consensual, in-política y solvente de los países centrales. Incluso la llamada Nueva narrativa chilena construía conscientemente sus ficciones desde un lugar impermeable a la memoria. Así, la generación de los que conocieron la singular experiencia política del allendismo, y que silenciaron sus recuerdos por miedo durante la dictadura, fue replegándose aun más en el período posdictatorial[3]. Este proceso, el de la posdictadura, se legitimó en teorías sociales que, basándose en conceptos como el *autoritarismo*, intentaron cubrir sociológicamente el fenómeno dictatorial y difuminar las relaciones entre dictadura y apertura democrática, es decir, ocultar los elementos de continuidad entre la una y la otra. Autores como el chileno José Joaquín Brunner, el brasileño José Enrique Cardoso y el argentino Guillermo O'Donnell fueron las principales figuras que teorizaron este concepto. Según Idelber Avelar, la teoría que separa autoritarismo versus democracia justificó la actual concepción de la democracia tecnocrática en el cono sur y legitimó la consolidación del modelo neoliberal durante la etapa posdictatorial, oscureciendo sus evidentes complicidades con el horror[4]. La narrativa de Roberto Bolaño,

---

[3] Recién en el año 2013 se implementó formalmente un estudio del pasado reciente y de la dictadura en los manuales secundarios. Veáse, al respecto, Erices Jeria 2013.

[4] «En la obra de Brunner, la identificación de antiguos elementos autoritarios en la cultura chilena supuestamente demostraría que los valores liberales y democráticos "no habían sido continuos en el país", en una naturalización de la oposición que impedía, por ejemplo, cualquier investigación de una posible complicidad entre los dos. Esta línea de análisis llevó a Brunner a asociar la pérdida de status de los intelec-

sin embargo, creada en el exterior y publicada a lo largo de la década de los noventa, insistió siempre sobre ese origen oscuro de la democracia chilena, sobre su ADN, su herencia, particularmente en novelas como *Nocturno de Chile* y *Estrella distante*. Una narrativa, entonces, que en efecto se sustrajo así de lo que en esas décadas se imponía como una suerte de *doxa* modernizadora.

La mirada descolocada: el exilio, la melancolía

El exilio es, por un lado, una condición jurídico-política, y por otro, un modo de existencia. Por la primera, el exiliado es un apátrida, es decir, alguien que ha perdido la ciudadanía. Respecto a lo segundo, el exilio se asocia con la errancia, la separación, incluso la pérdida de sentido. En términos jurídicos el exilio o destierro es un castigo que implica la pérdida de los derechos que garantiza una comunidad nacional pero como amparo es un derecho concedido al desterrado por razones «humanitarias», es decir, en base a unos derechos que emanarían de su mera condición de viviente. Así, el exiliado caería de lleno en la ambigüedad jurídica que ha ligado, desde la Revolución Francesa, los derechos del hombre a los del ciudadano, encontrándose en esa zona de indeterminación sobre la que ha llamado la atención Hannah Arendt y que Giorgio Agamben, como se sabe, ha reelaborado como «estado de excepción». Visto así, el

---

tuales no a la transición epocal del Estado al Mercado –con la correlativa transición del intelectual al técnico– sino más bien, y sorprendentemente, a la democratización en cuanto tal. Operación análoga parece haber tenido lugar en la obra de Cardoso, la cual explica repetidas veces las dictaduras brasileñas e hispanoamericanas como productos de núcleos burocráticos estatales, no reductibles al interés de clase capitalista y misteriosamente contradictorios con él. Puesto que una burocracia, a diferencia de una clase dominante, puede ser eliminada sin que se toque el modelo económico, la teoría de Cardoso –de que las dictaduras eran el resultado de una burocratización aberrante– preparó el camino para una "transición a la democracia" hegemonizada por fuerzas neoliberales y conservadoras. En base a esta lectura de Brunner y Cardoso, se adelanta la proposición de que la teoría social-científica del autoritarismo habría sido en sí un síntoma de la tecnificación implementada por las dictaduras, un producto de la transición epocal, más que una teoría de tal transición» (Avelar 2000: 26).

exiliado es una figura de «exclusión incluida», la misma que afectaría al soberano pero en las antípodas de este, como «abandonado» por la ley[5]. El desterrado ha sido extraído de su comunidad originaria y capturado en ese estado de indiferencia, limítrofe o fronterizo.

La errancia del exiliado tiene su carácter específico. Se diferencia de la del viajero que explora nuevos territorios sin que nunca dude de la posibilidad del retorno, o del emigrante cuyo proyecto es fundar una nueva vida en otro lugar para afincarse y adaptarse, y para quien el retorno sería algo así como una derrota; también se diferencia del peregrino, cuyo viaje mismo es sagrado y cuya meta es un encuentro espiritual añorado, o del turista, cuyo viaje está programado para evitar sorpresas y sus experiencias prefabricadas y mediatizadas por el mercado. Tampoco se trata del «nomadismo» celebrado por la sofística contemporánea. El exiliado, y eso conviene no perderlo de vista, es un expulsado de su país, alguien que sale involuntariamente para salvar su vida o salvarse de la cárcel y de esa manera pierde su estatuto legal y sus derechos de ciudadanía. El fugitivo está condenado a un viaje incierto, en el que casi siempre va escaso de medios y carente de la documentación adecuada. Sin el respaldo de una nacionalidad que garantice sus derechos, el exiliado queda a merced de sus eventuales anfitriones. Esto no sólo lo coloca en una posición de radical vulnerabilidad respecto al Estado, también podría decirse que cae en una situación de relativa inexistencia tanto jurídica como política. Relativa, en tanto su reconocimiento legal es una exclusión sancionada, reconocida.

El estado de ánimo del exilio siempre ha sido expresado en términos elegíacos. Su modelo poético son las *Tristia* de Ovidio, desterrado en Tomis durante los últimos años de su vida. De la misma manera podría decirse que *La Odisea* es el modelo poético del viaje empresarial y *La Eneida* de Virgilio la epopeya del emigrante. La expansión de las religiones testamentarias impuso la figura del exiliado (del paraíso, de la con-

---

[5] «Quien en este sentido es *messo al bando* [desterrado] no sólo está excluido de la ley, sino que ésta se mantiene en relación con él ab-bandonandolo [a-bandonándole]. Por ello, al igual que del soberano, tampoco del «bandito» [desterrado] (en este sentido más amplio, que incluye al exiliado, al refugiado, al apátrida) puede saberse si está dentro o fuera del Ordenamiento» (Agamben 1996: 48).

dición original) como figura originaria de lo humano en tanto errancia y culpa. Todos estos relatos permiten establecer una temporalidad que sería propia al desterrado: la espera.

El expulsado del paraíso espera la redención, lo que en términos modernos vendría a ser la reintegración a la comunidad original. El desterrado de la nación espera un *ritorno in patria* que con el tiempo se hace cada vez más oscuro e improbable. El inmigrante o el viajero se orientan al futuro, tiempo en el que se realizarán las metas que definen al emprendedor y a su empresa. El exiliado, por el contrario, proviene siempre de un descalabro y permanece cautivo de esa pérdida originaria. Lo que define su temporalidad es el tiempo pretérito de una posibilidad truncada por la derrota y un tiempo vacío, que simplemente restaría. Su presente anímico gira en torno a una complicada relación con la memoria. Como Ovidio en Tomis, el desterrado teje y desteje los relatos de la catástrofe.

Estamos hablando, por supuesto, de categorías significativas, no de biografías concretas. Un exiliado que se integre a una comunidad nacional propia o ajena deja de serlo. Se convierte en un ciudadano o en un inmigrante. El refugiado político habita un estado de suspensión: en el plano del derecho debido a la ya mencionada indeterminación jurídica que conlleva, y en el plano existencial por esa espera que lo sustrae de comprometerse con ningún otro proyecto vital enraizado en un lugar o mundo específico. En resumen, al exilio como modo de existencia le corresponde una temporalidad retrospectiva, un presente que se caracteriza por la provisionalidad de todo acto y una expectativa que inevitablemente va perdiendo convicción y contornos[6].

---

[6] El exilio, como condición, podría ser también el lugar de una política futura. Para Giorgio Agamben el exilio ha adquirido una nueva dimensión política, quizás la más actual en un mundo que produce refugiados a gran escala y cuyo estatuto respecto a los derechos y deberes del ciudadano lo colocan en un lugar de indeterminación. Para Agamben se trata de reivindicar la condición política del exilio: «reivindicar la "politicidad del exilio"». En esa medida, si la condición humana misma puede definirse como fuga o exilio (*phygé*), habría que invertir entonces la concepción de un exilio como resto expulsado de la política en tanto expulsado de la comunidad y declarar la politicidad esencial del exilio en tanto punto de partida para una nueva política, más allá del concepto de nación o de comunidad. Véase Agamben 1996.

En «Reflexiones de un exiliado» (1995: 133-137) Juan Carlos Onetti le quita dramatismo al concepto de exilio asegurando que el exilio no es ni tan terrible como generalmente se lo describe (Onetti jamás quiso volver a su país) ni tan excepcional. También afirma que es posible ser un exiliado sin haber abandonado nunca el país de uno, porque uno es también exiliado de la mediocridad reinante en su propio ámbito. El exilio es en realidad un ingrediente ineludible de la condición humana, porque en el fondo nos convertimos en exiliados en el momento traumático de abandonar el amparo perfecto del útero materno. También seríamos exiliados de la infancia, de la que, en la adultez, nos separa un abismo de la experiencia, y hasta de cada uno de nuestros amores concluidos o fracasados. Onetti también sugiere que cualquier lugar donde podamos seguir cultivando nuestros vicios (el vicio de escribir, por ejemplo) puede llegar a ser una patria alternativa.

Curiosamente, Roberto Bolaño remeda esta posición desdramatizadora acerca del exilio en su texto «Exilios», publicado en *Entre paréntesis* (2013). Allí afirma que, a pesar de que su exilio formal comienza con su salida de Chile en 1973 o 1974, poco después de haber sido testigo del golpe militar y haber sido detenido y liberado por una casualidad, él no lo sintió así (como se sabe, Bolaño estaba entonces de visita en Chile para apoyar la política de Salvador Allende). Al igual que Onetti, no considera el exilio como una situación penosa. Tampoco se trataría de una condición específica. Se es siempre exiliado de la propia infancia, por ejemplo, y además los primeros exiliados han sido Adán y Eva: «¿No seremos todos exiliados? ¿No estaremos todos vagando por tierras extrañas [...] ¿La "tierra extraña" es una realidad objetiva, geográfica o más bien una construcción mental en movimiento permanente?» (Bolaño 2013: 49).

Hay una coincidencia casi absoluta entre este razonamiento y el corto texto de Onetti que data de unos diez años antes. Para Roberto Bolaño el exilio es parte de la condición humana y es también el destino de cualquier escritor. Según él hay que ver el exilio como algo voluntario, como un viaje, el viaje que todo escritor, todo poeta, debe emprender para apartarse de la mediocridad original. Bolaño se extiende sobre el provincianismo, los prejuicios absurdos y la estupidez de muchos de sus compatriotas, el ambiente irrespirable de la que considera la escena nacionalista y sexista chilena. El escritor no tiene que cultivar una fidelidad a la nación, más bien al contrario, y estará en su casa allí donde pueda escribir. Las palabras de Onetti, cuya narrativa, salvo ligera y oblicuamente en la novela *Para esta noche* (inspirada en la derrota de la República española), no usó en general la experiencia del exilio político como material novelístico, suenan extrañas en el texto de Roberto Bolaño, cuya escritura nunca pudo prescindir del fantasma del exilio latinoamericano de los años setenta. Mal leídas, provocan cierto desconcierto y se podrían interpretar como un torpe intento del escritor por borrar sus huellas. Téngase en cuenta que la mayoría de sus grandes personajes, incluyendo al propio Arturo Belano, que lo duplica en la ficción, son exiliados literales. Hay que aclarar entonces una posible confusión. La literatura como tal siempre implica un extrañamiento consciente de la realidad circundante, un apartamiento, una distancia acaso inevitable y hasta necesaria. La literatura es y acaso deba ser apátrida. Esto hace del escritor una suerte de exiliado (aunque lo contrario, diría Onetti, casi nunca es cierto). No habría entonces una literatura de exilio, ya que la experiencia de aislamiento, soledad o separación del mundo respecto a la vida circundante puede ser aplicada a un sinfín de experiencias humanas. Pero tampoco puede afirmarse que las tramas de Bolaño no se puedan leer desde la perspectiva del exilio político latinoamericano. Sencillamente porque este exilio concreto, el de los años dictatoriales en el cono sur, forma la sustancia atmosférica de sus novelas y cuentos. No es el exilio político entonces la condición de estos relatos, pero sí es el escenario donde operan ciertos acontecimientos de la memoria, cierta errancia y cierta diferencia objetiva en los países de refugio o estadía. Este detalle da forma a las situaciones bolañescas y confiere una personalidad reconocible a muchos de sus personajes. Resulta innegable que en la literatura de Roberto Bolaño la literatura, la juventud, el viaje y el exilio están rigurosa y conflictivamente entrelazados. Un amplio número de sus ficciones involucran particularmente al exilio político. Incluso aquellas que se desarrollan en torno a la necesidad de escapar a algunas de sus lógicas destructivas o tratan el tema siempre sugerido de su degradación progresiva; y quizás el ejemplo más importante: la idea de un *destino sudamericano* que los personajes de Bolaño exhiben en varios de sus relatos, destino de violencia a veces, de justicia en otros, cuyos avatares se presentan como secuelas o herencias que caracterizarían al exilio. Hay además un estado de ánimo o una disposición subjetiva en estos personajes, distante, melancólica, estoica, hay una épica de la tristeza incluso, que indudablemente no tiene por qué resumirse o agotarse en la experiencia del exilio, pero que indudablemente tampoco puede separarse ni de su atmósfera ni de sus vicisitudes. Basta considerar las vidas y peripecias de personajes como Sensini, Amalfintano, El Ojo Silva o Arturo Belano.

El aparente desdén onettiano de Bolaño hacia las consideraciones ligadas al tema del exilio político responden, a mi modo de ver, por un lado a la necesidad de purificar de algún modo la mirada del poeta marginal (depurándola de la circunstancia del exilio) y por otro a un deseo de certificar una distancia inclausurable con su Chile natal. Se supone que un exiliado añora su país de origen. Al final de su vida Bolaño se consideraba libre de esta añoranza, aun cuando su relación ambigua con Chile no cesó nunca.

Su caso es semejante al de Milan Kundera (protagonista, él mismo, de un largo exilio), quien en la introducción a su novela *La ignorancia* (2000) reconsidera la aventura de Ulises, haciendo una novedosa defensa de la vida en el destierro, una defensa de Calypso –la experiencia de una aventura infinita y nueva– en oposición al sentimentalismo ligado a Penélope –la nostalgia, el regreso, la clausura. La nostalgia es uno de los atributos vulgares del exiliado, pero esta nostalgia (literalmente, el dolor de no poder regresar) pierde solidez cuando el regreso se hace posible y cuando se consolida una ruptura subjetiva con el país natal, que deja de ser la escena obligada del destino personal. Este es el caso tanto de Kundera como de Bolaño. Digamos que la literatura de Bolaño no puede de ningún modo considerarse como la expresión de una nostalgia geográfica. Sin embargo, tampoco puede separarse del fenómeno específico del exilio político latinoamericano. Y no debido a las experiencias concretas o biográficas del autor, sino porque su obra crea, recrea o inventa ese mismo exilio y esos mismos exiliados tristes, siempre al borde de la risa sarcástica o del llanto, que forman el grueso de sus personajes. Para Bolaño la circunstancia del exilio produce locura o lucidez, o ambas cosas a la vez. Pero es posible que esta sea la mejor manera de estar en el mundo. Se trata ciertamente de una madurez definitiva: «Exiliarse no es desaparecer sino empequeñecerse, ir reduciéndose lentamente o de manera vertiginosa hasta alcanzar la altura verdadera, la altura real del ser» (Bolaño 2013: 49). Convertirse en exiliado (o poeta) es asumir nuestra condición real, sin los consuelos ilusorios que rodean toda vida sedentaria y que nos hacen ridículamente confiados e insoportablemente presuntuosos. El vagabundeo por tierras extrañas nos mostraría la auténtica dimensión de nuestra fragilidad, nos daría lecciones de insignificancia, nos confrontaría irremediablemente con las vulgaridades y los risibles prejuicios –sexistas y nacionalistas o racistas– que cimentaban en gran medida nuestra comunidad original. Hay que decir que la experiencia del exilio para muchos latinoamericanos, cuando no representó una destrucción subjetiva, fue precisamente esto: la forma concreta de una difícil y dolorosa lucidez. Lucidez y soledad que el retorno no podrá curar. Es significativo que en la narrativa de Bolaño escaseen las vidas sedentarias y cuando estas aparecen se trate en general de figuras infames.

Hay que tener en cuenta también que el exilio latinoamericano de los años setenta es quizás el último exilio masivo jurídicamente reconocido y políticamente delimitado. Se trató de un destierro vivido efectivamente como tal, es decir, como una separación real, tanto espacial como subjetiva, en un tiempo en que las fronteras o aduanas no podían ser traspasadas fácilmente y los mensajes al país de origen eran cartas de papel que con frecuencia caían en manos de censores. Fue el último destierro sin internet, con arduas y caras distancias, distancias que los años fueron consolidando, dividiendo memorias y dividiendo experiencias. Los exilios del siglo XXI son más difusos, más masivos y brumosos y se confunden cada vez más con la emigración. El ser humano se ha vuelto efectivamente cada vez más un desterrado permanente o un viajero compulsivo, y las comunicaciones modernas han aliviado esas distancias.

Si bien en sus textos Bolaño parte del exiliado como una figura matriz (siempre ligada a la figura del poeta o del viajero, o del crítico), no es menos cierto que extendió esa matriz hacia toda clase de personajes no exiliados (por ejemplo, en *Una novelita lumpen*). Extendió digamos a otros la misma experiencia de desamparo, la misma melancolía. Es decir, se desarrolló desde una condición específica o histórica a una ontológica. En cierto sentido, no sería tanto de una vida sedentaria y vernácula de la que muchos de sus personajes estarían exiliados, sino de la posibilidad y de la esperanza. Por eso todo el universo narrativo de Bolaño está contaminado de exilio, de la particular melancolía que lo caracteriza, de su insuperable marginación, de su extrañamiento e indeterminación. De la oportunidad que ofrece, también, es decir: la oportunidad de escapar a las determinaciones de la situación original y sus repeticiones tediosas. La posibilidad de ser o convertirse en otro. El personaje del exiliado en Roberto Bolaño funcionaría casi como un concepto, en el sentido de los personajes conceptos que Deleuze encontraba en la literatura anglosajona. Más aún: la literatura de Bolaño es una de las más notables contribuciones a la centralidad del exilio en la experiencia contemporánea. Vamos a sostener entonces que el exilio en Roberto Bolaño es por un lado la circunstancia concreta de la lejanía y del revelador extrañamiento respecto al país de origen y, por otro, la figura o metáfora de una fractura mayor: la que surge entre el poeta (verdadero) y su entorno, y la que separa la subjetivación política (y poética) de una época, y la experiencia de su derrota. Con inerradicable ambigüedad, los textos de Bolaño, sus figuraciones narrativas, se mueven siempre en esta tensión.

Uno de los exiliados característicos en los relatos de Bolaño quizás haya sido el personaje de Sensini (en el cuento homónimo de *Llamadas telefónicas*): un escritor argentino de cierta edad, que sobrevive económicamente a duras penas presentándose a concursos provinciales de literatura en España, incluso presentando el mismo cuento con distintos títulos para tener una oportunidad adicional. De esta manera el exilio obra ya como un proceso de desacralización de la literatura. Sensini vive con una hija y tiene un hijo desaparecido en la guerra sucia de su país. Decide volver para buscar a su hijo y allí finalmente muere. Arturo Belano (trasunto ficcional del autor) se refleja o se mira en este escritor mayor que él, para quien el exilio quizás sólo haya sido una fuente de sufrimiento, un aterrizaje doloroso en la realidad.

La publicación en 2011 de *Los sinsabores del verdadero policía*[7], compuesta por restos acabados encontrados entre los materiales póstumos del escritor, permite trabajar sobre un personaje que podríamos calificar como un *archiexiliado*: Amalfitano, profesor chileno de literatura latinoamericana, exiliado sucesivamente en Argentina, Brasil, Francia, Holanda, España y México, y que fue un personaje en *2666*, pero cuya entera biografía aparece en *Los sinsabores del verdadero policía*, un texto donde abundan las microbiografías y que tiene en él una de sus principales figuras. En un juego de espejos con el «Poema conjetural» de Jorge Luis Borges, Amalfitano habla de sí mismo, de su «destino sudamericano» (Borges 2010: 187), digamos, desde un yo que nombra todo lo que ha sido:

> Yo, pensó Amalfitano, que fui un niño inventivo cariñoso y alegre [...], yo que dormí las borracheras bajo un árbol y conocí los ojos desamparados de Carmencita Martínez, yo que nadé una tarde de tormenta en Las Ventanas [...], yo que entré en el Partido Comunista y en la Asociación de Estudiantes Progresistas, yo que escribí panfletos y leí *El Capital*, yo que amé y me casé con Edith Lieberman, la mujer más hermosa y cariñosa del Hemisferio Sur, yo que tomé copas con Jorge Teillier y hablé de psicoanálisis con Enrique Lihn, yo que fui expulsado del Partido Comunista y seguí creyendo en la lucha de clases y en la lucha por la Revolución Americana [...], yo que predije la caída de Allende y que sin embargo no tomé ninguna medida al respecto [...], y que soporté la tortura cuando otros más fuertes se derrumbaron, yo que pasé varios meses en el campo de concentración de Tejas Verdes [...], yo que dejé a mi mujer y mi hija y entré en Nicaragua con una columna guerrillera [...] y que me quedé viudo una noche como de plástico y cristales rotos, una noche a las tres y cuarenta y cinco minutos, mientras estaba sentado junto al lecho de Edith Lieberman, chilena, judía, profesora de francés [...] yo que hice tantas cosas, que creí en tantas cosas, ahora me quieren hacer creer que sólo soy un viejo asqueroso, y que nadie me proporcionará un trabajo, que nadie se interesará por mí... (Bolaño 2011: 46)

---

[7] El título (que parece haber sido el decidido por Bolaño) tiene una clara reminiscencia balzaciana: uno de los subtítulos de *Un asunto tenebroso* de Balzac es «Los sinsabores de la policía». El adjetivo *verdadero* que aporta Bolaño es revelador.

Amalfitano concentra las características clásicas del exiliado de Bolaño: un intelectual latinoamericano de clase media baja que participó en la ola emancipatoria de los años de su juventud y que pagó por ello con la cárcel, la tortura y el exilio. Amalfitano pierde a su mujer y viaja por distintas capitales del mundo con su hija adolescente, Rosa, en busca de trabajo, empleos siempre precarios y siempre temporales en las facultades de literatura de distintas universidades. Amalfitano repite de alguna manera el modelo de Sensini. Pero su vida no termina con el regreso al país para morir: ya viudo, y siendo profesor de literatura en Barcelona, descubre tardíamente su homosexualidad en brazos de un estudiante brillante afectado de Sida. Amalfitano relaciona irónicamente su conversión a la homosexualidad con la caída del muro de Berlín, título del capítulo a él dedicado. Sus relaciones sexuales con estudiantes lo convierten por segunda vez en un paria y termina sus días como profesor en la remota (y ficticia) ciudad mexicana de Santa Teresa, donde vive con su hija y se ve envuelto indirectamente en la trama misteriosa de los asesinatos en serie de mujeres emigrantes, trabajadoras de las maquiladoras, en el norte de México. Es en este tramo donde se encuentran la líneas narrativas de *2666* y *Los sinsabores del verdadero policía*.

Amalfitano no sólo es un exiliado de la dictadura derechista de Pinochet, es también un ex militante atormentado por los horrores del comunismo burocrático y especialmente por la acusación que la época reservó para los ex militantes de izquierda por haber sido cómplices morales de los regímenes comunistas. Amalfitano encaja estas acusaciones hasta cierto punto. «Yo no maté a Issac Bábel. No le jodí la vida a Reinaldo Arenas. No hice la Revolución Cultural, ni alabé a la Banda de los Cuatro, como otros intelectuales latinoamericanos. Fui el hijo tarado de Rosa Luxemburgo y ahora soy un viejo maricón, en ambos casos objeto de escarnio y mofa. ¿De qué culparme entonces?» (Bolaño 2011: 125).

El destino (sudamericano) de estos ex militantes, intelectuales progresistas, poetas o críticos de literatura, trashumantes, exiliados y muchas veces homosexuales, van conformando un específico sector de parias que en las novelas de Bolaño constituyen, junto a los poetas desconocidos y habitantes precarizados de un ubicuo tercer mundo (mujeres de las maquiladoras, prostitutas, emigrantes, marginados), un sujeto múltiple, subalterno, desmarcado a la fuerza del rumbo objetivo de la historia occidental. El caso concreto de Amalfitano parece simbolizar el papel histórico de una cierta clase media ilustrada latinoamericana que tuvo el insólito destino de la disidencia masiva en alianza con los más desposeídos. Por lo menos, es de esa manera que este sector se representaba el mundo. ¿Cayó sobre ellos también el muro de Berlín? Creo que los textos de Bolaño intentan mostrar que el linaje de estos personajes no es la dictadura burocrática de los países comunistas sino el empeño real de una generación en una lucha emancipatoria. Se trata también de un grupo de personas para los cuales la vanguardia artística constituía una tradición moderna de ruptura aún válida y que habían hecho suyos los ideales vanguardistas de *cambiar la vida*. Los jóvenes poetas de los que Bolaño ha armado una leyenda de rebelión y emancipación bajo el signo de Lautréamont y de Rimbaud se movieron dentro de este espectro ideológico. La literatura de Bolaño está hecha con estos materiales, con esta estética acosada por el llamado fin de los grandes relatos. Incluso su personal gesto combativo, hasta sectario, con el que defiende una determinada política literaria centrada en la vocación y el horror a la impostura, está imbuido de este espíritu. Hay en la literatura de Bolaño, como veremos, un empeño narrativo por encontrar la rearticulación de una nueva legibilidad para esta tradición rupturista que no puede negar su origen vanguardista. Los exiliados de Bolaño, arrepentidos o no, son los vástagos dispersos, derrotados, de una época de búsqueda y de cierta idea de aventura existencial cuya leyenda Bolaño reconstruye o más bien construye, a contramano de las tendencias ideológicas y estéticas promovidas en el fin de siglo.

Entre las imágenes que el escritor chileno emplea para aludir al refugiado está la de náufragos (véase el sueño que se comenta en *Estrella distante*), la de sobrevivientes (culposos, acaso culpables) y la de huérfanos (por ejemplo en «El Ojo Silva»). En general, el exiliado de Bolaño es alguien que alguna vez estuvo involucrado en una experiencia colectiva, o, para usar los términos de Alain Badiou, alguien cuya subjetivación estuvo ligada a un proceso de verdad *sui generis*, originado en un acontecimiento inclasificable y evanescente. Proceso que el sujeto sostuvo y con el que se identificó y al que prestó su propia animalidad, digamos, y su creatividad personal. En otras palabras: alguien que afectado por un acontecimiento indecible ha apostado por él, ha puesto su cuerpo para sostenerlo. Habiendo habitado en un pasado cada vez más distante, un tiempo tenso, cargado de expectativas, el exiliado ha sido devuelto bruscamente a un tiempo lineal, homogéneo y vacío que avanza sin sentido hacia un futuro sin promesas. Un desierto de aburrimiento, lo llamará Bolaño, salpicado por oasis de horror. Podríamos decir entonces que el exiliado en esta narrativa es un postsujeto o un sujeto de la derrota. La figura del exiliado en Bolaño, por su naturaleza desacompasada, por su melancólica herencia, es a la vez la que sostiene entonces una mirada visceral y descolocada (un ojo involuntariamente penetrante) sobre el infierno moderno.

Uno de los temas que satura la narrativa de Bolaño es aquel de las ilusiones perdidas. Un tema esencialmente novelesco y decimonónico, presente en la obra homónima de Balzac –un autor cuya importancia para Bolaño aún no ha sido del todo esclarecida– pero sobre todo en la *Educación sentimental* de Flaubert. Sólo que en su obra no se trata de una historia de desencanto aparejada a la madurez y a la futilidad del arribismo social. La pérdida de la juventud en Bolaño se articula con el descalabro de una lucha o el fracaso de una generación y hasta de una época. El tema de la juventud en Bolaño está estrechamente relacionado a la aventura generacional, poética, política y existencial de los años sesenta y setenta en América Latina. Más allá de la concreta problemática del sufrimiento por el desarraigo (que en la vida del viajero Bolaño fue, paradójicamente, poco importante), estas obras están habitadas por seres internamente desgarrados. Lo que se relata no son los avatares de la nostalgia sino el vagabundeo por las ruinas de un mundo temporal o definitivamente despojado de verdades.

Quizás la imagen que defina la exacta posición de este exiliado de fines del siglo XX sea la famosa imagen benjaminiana del ángel de la historia, porque su mirada está puesta en los escombros que la historia ha ido acumulando a sus pies. Hay una imagen en *Los detectives salvajes* que se acerca a esta manida cita de Benjamin, la que refiere a una de las definiciones del movimiento realvisceralista. El realvisceralista camina hacia atrás: «de espaldas, mirando un punto, pero alejándose de él, en línea recta hacia lo desconocido» (Bolaño 1998: 17). Y es ese ojo de ángel, que para Bolaño es ojo de poeta y que no puede apartar la vista de la catástrofe originaria, la mirada que parece constituir a los sujetos de Bolaño.

En esta narrativa gravitan también otros exilios, algunos tan determinantes para la literatura latinoamericana como el interminable exilio español. En *Amuleto* el personaje de Auxilio, que ampara a los jóvenes poetas de México y hace también trabajos domésticos gratuitos para poetas españoles como León Felipe y Pedro Garfias, que murieron en el destierro, anuda en sí misma (como una persona bisagra) el exilio español con el exilio latinoamericano. Le presta a este último una resonancia histórica y registra las numerosas confluencias entre uno y otro, particularmente su parentesco político, al ser ambos la consecuencia de golpes militares de cuño fascista y ser ambos remanentes de una explosión emancipatoria similar que, con todas las diferencias del caso, hermana dos épocas cruciales de Occidente, las décadas del treinta y del sesenta. Esta temática que relaciona a España y América la roza Bolaño en *Monsieur Pain*, donde la sustancia de la novela es la agonía del peruano César Vallejo, un poeta latinoamericano que, como tantos otros, participó en la guerra civil española. Así, el exiliado latinoamericano no puede sino reconocerse en el exiliado español. Lo que aquí se articula como imagen instantánea por detrás o por el costado de la cronología es una conjunción, un montaje compuesto por derrotas históricas.

Las figuras que forman en la obra de Bolaño la textura del mundo post acontecimiento pueden rastrearse en esos lugares limítrofes en los que se hace tangible el «secreto del mal», lugares ambiguos donde el sadismo, la religión, la explotación, el sexo y el dinero forman una articulación fascinante y cruel. Son los lugares secretos de la tortura y la muerte, como el sótano de la casa de María Canales en *Nocturno de Chile*, el cuarto oscuro donde Carlos Wieder expone los cuerpos mutilados de sus víctimas en *Estrella Distante*, el hotel Trébol desde donde «el Rey de lo putos» (Bolaño 1999: 78-89) dirige un submundo de extorsión, prostitución y muerte en *Amuleto* y por supuesto la rutina que enlaza religión, mutilación, deseo y negocio en la India imaginada en «El Ojo Silva». Pero quizás el ejemplo más revelador, en parte por su actual trascendencia, es el turbio mundo de *snuff movies*, violación y asesinato de mujeres, narcotráfico y complicidades políticas (y quizás literarias) en el desierto de Sinaloa en *2666*. Allí los cadáveres dispersos trastornan el orden de visibilidad que socialmente separa la muerte de la vida, los cuerpos muertos y los cuerpos vivos, dibujando una topografía de cadáveres desechables, escamoteados, sustraídos. Gabriel Giorgi ve en este escenario macabro la distopía posestatal de Bolaño[8]. En Santa Teresa, en el desierto de Sonora «se esconde el secreto del mundo», dice un personaje de «La parte de Fate» de *2666* (Bolaño 2009: 439). Pero lo que poco a poco se va descubriendo es aquello que siempre ha estado allí, es decir, la normalidad. Lo que la narrativa de Bolaño va dibujando gradualmente hasta la exasperación es lo connivencia, la complicidad del horror con la vida considerada normal, con el éxito, con la frivolidad de lo cotidiano, con la impostación, la superficialidad o la hipocresía de la mayoría y sus afanes de reconocimiento o de respetabilidad, incluidos los artistas (el caso más gráfico son la veladas en casa de María Canales descritas en *Nocturno de Chile*). Los lugares nocturnos del mal son parte integrante y necesaria de la vida «diurna», digamos que forman parte de su tejido existencial, forman su necesario lado obsceno, íntimamente relacionado con la sociedad consensual y despolitizada del capitalismo post-histórico. En lo esencial, el mundo de Bolaño se parece curiosa-

---

[8] «Santa Teresa encarna la imposibilidad de determinar el núcleo del Mal, su sentido o misión; dispone, en cambio, su puro contagio, su pura circulación sin rostro propio, el Mal como vacío y multiplicidad. El texto de Bolaño postula así un modo de resolver, a través de "Santa Teresa" como profecía total, la condición posestatal como "estado de excepción" permanente, aunque sin restitución de la ley trascendental del soberano, sin retorno del Estado. Es el estado de excepción como descomposición violenta e infinita. Esta es una versión del fin del Estado, versión que tiene lugar bajo un signo moral: el de un reino del Mal en el que el daño es irracional, atávico, ahistórico (o poshistórico), originado en el núcleo mismo de la especie, y que encuentra en el territorio profético de "Santa Teresa" su línea de despliegue definitivo. La serie, potencialmente infinita (de allí la profecía) de esas anatomías desfiguradas, informes, de esa materia arrancada a los cuerpos y vuelta cosa muriente sin nombre, es, en Bolaño, el espejo de la sociedad sin Estado (o de la sociedad donde el Estado y su orden jurídico se "deshace" incesantemente): la anomia como abismo hecho de esa carne irreconocible. Lo que "pasa" en Santa Teresa es la conversión de la persona en una cosa muriente: ése es el mito apocalíptico del presente de *2666*» (Giorgi 2008: 49-50).

mente al de Onetti (un escritor que Bolaño apenas ha mencionado); lo que Bolaño y la historia reciente de América Latina le han añadido a ese mundo de degradación es una violencia difusa y a la vez extrema, el ingrediente terrorífico. Se trata entonces de una violencia sistémica que lógicamente no puede cerrarse con el descubrimiento o la identificación de un culpable ocasional (el deseo que fundamenta el género policial), sino que lo que constituye su secreto es su carácter inmanente, anónimo, ubicuo. La derrota o el descalabro de una generación inspirada en una idea de justicia ilumina, en el sentido de que esclarece, el desierto contemporáneo. La derrota deja sin respuesta y sin ideas el mecanismo de lo que hay, donde nada tiene lugar salvo el lugar (parafraseando un verso de Mallarmé que Alain Badiou suele citar), y ese lugar es, en Bolaño, simplemente atroz. Sus herederos, los herederos de esa derrota, son entonces huérfanos de ideas o *huérfanos de la idea*. Y esto es así en la narrativa de Bolaño no sólo por las complicidades que sus relatos descubren entre lo que se muestra y lo inconfesable, sino por esa misma implicación del narrador con el mal, es decir, un narrador que descubre pavorosamente su propia complicidad en el horror: el mal no es la acción perversa de un individuo desequilibrado, de un otro ajeno y extraño. El mal no es una amenaza futura, sino uno de los nombres posibles de la cotidianidad, en un orden que tiene a la destrucción incesante como uno de sus motores. De la misma manera que la sociedad de consumo tiene su contracara inevitable en el aumento exponencial de la basura, a la modernidad del capitalismo tardío la desbordan las consecuencias de su propia destrucción. Los cadáveres que van apareciendo en el desierto mexicano, cadáveres de obreras mexicanas explotadas por las maquiladoras y acuciadas por la pobreza, son considerados meros desechos, al punto de que son arrojados literalmente en el vertedero. Estos breves infiernos de existencia semiclandestina, generados muchas veces en mercados informales del placer, convocan la ambigüedad o la ambivalencia de lo humano. Son como cámaras secretas del inconsciente donde la fantasía erótica alimenta una mecánica sadeana del sacrificio. Pero sobre todo, constituyen, en mi opinión, figuras (imágenes o significantes) que aluden al capitalismo contemporáneo, a sus entrañas mismas o, mejor dicho, a la forma en la que el capitalismo gestiona la angustia y de esta manera se reproduce. El mal en el universo de Bolaño es tan inasible como el secreto del arte. Frustra el intento del policía o el detective así como el arte frustra el del crítico que no conseguirá desentrañarlo. Al fundarse en parte en nuestra propia condición animal, el mal permanece anónimo, no comunicable. Adquiere la confusa forma del dolor, por naturaleza incomunicable, difuso, inmanente a la existencia material. La radical visibilidad de los cuerpos fotografiados, la persistencia de la mirada sobre ellos y la ausencia de un relato que organice su causalidad es la imagen misma de la violencia contemporánea. Ante ella sólo cabe la fijación hipnótica. Refleja el carácter absurdamente depredatorio de la naturaleza, o del animal humano en tanto que naturaleza.

Para que el mal deje de ser un enigma y adquiera un rostro tiene que tomar forma en una situación humana concreta. Tiene que convertirse en una política. La visibilidad del mal, su articulación discursiva, sólo puede hacerse posible cuando un acontecimiento radicalmente excepcional y azaroso enraizado en la misma situación alumbra un «procedimiento de verdad» (Badiou 1994: en línea[9]). En términos políticos, es la verificación de la igualdad, la eventual empresa justiciera, la que delimita e identifica el mal, haciendo aparecer un contorno del mismo, una forma, una distancia. Entonces el mal deja de ser una inmanencia para cobrar la forma concreta de un interés, de un particularismo. El mal no existe como excepción, se confunde con el dolor, es la respiración misma del mundo y por eso es el nombre comodín que la sociedad constituida, la ley, le da a aquello que amenaza los intereses particulares. Aguijoneada por una novedad igualitaria, la normalidad, la ley –y se escribe siempre fuera de la ley, dice Bolaño– pierde su compostura y manifiesta su invisible o disimulada ferocidad, la que le es congénita.

El terror de la ley (terror mítico según Benjamin) es aurático, en el sentido más oscuro de esta palabra, es decir, como aura del poder. Cuando cierto poder establecido siente amenazadas sus formas de legi-

---

[9] «sólo es posible pensar el Mal como distinto de la depredación trivial en la medida en que se lo trate desde el punto de vista del Bien, o sea, a partir de la captura de "alguien" por un proceso de verdad; en consecuencia, el Mal no es una categoría del animal humano, es una categoría del sujeto; no hay Mal sino en la medida en que el hombre es capaz de devenir el Inmortal que es» (Badiou 1994: en línea).

timación tradicional, sólo un acto terrorífico que manifieste su fuerza puede devolvérsela. Lo que en esencia nos relatan novelas como *Estrella distante* y *Nocturno de Chile* es precisamente esta instauración del terror como pedagogía. Piénsese en uno de los versos aéreos finales de Carlos Wieder en *Estrella distante*: «APRENDAN» (Bolaño 2000: 39).

Toda restauración es una reconstrucción forzada del aura perdida por el poder amenazado. La violencia del Estado es la reconstrucción del aura del poder a través del terror. ¿No es Carlos Wieder, su silencio, su mirada insostenible, su ausencia de relato, su distancia incancelable, la figura aurática por definición? En los textos de Bolaño, este aura que impone silencio, sumisión y reverencia no podría sin embargo conformarse enteramente sin la complicidad o la sumisión de los intelectuales «decentes». En *Nocturno de Chile* el crítico Urrutia Lacroix es el intelectual arribista, sediento de respetabilidad, el que involuntariamente nos revela el lado ridículo y banal del poder (los miembros de la junta militar a los que Urrutia Lacroix da clases de marxismo) y a la vez su propia fascinación por ese poder y la dudosa aureola que le confiere su brutalidad.

Bolaño ha dicho que en *Estrella distante* buscaba indagar el mal absoluto. Lo que la fábula demuestra es que el mal encarnado en Carlos Wieder es el mal reactivo, el mal propio de la situación o del Estado. Su violencia no es la violencia de una ruptura que invoca el vacío de esa situación, sino una violencia que convoca su plenitud. La violencia novedosa de Wieder no es un acontecimiento en el sentido de Badiou, sino terror y simulacro. No es una invención (aunque simula serlo) sino la confirmación del antiguo orden.

El carácter cerrado del paisaje que nos ofrece Bolaño, donde ocurren siempre muchas cosas sin que eso parezca alterar nada esencial en la constitución sufriente del universo, se resume en un verso de Baudelaire sobre el viaje, sobre el amargo saber que el viaje genera y que Bolaño discute en «Literatura + enfermedad= enfermedad»: «En desiertos de tedio, un oasis de horror» (Bolaño 2003: 151), y que aparece también en formulación ligeramente distinta como exergo de *2666*: «Un oasis de horror en medio de un desierto de aburrimiento». Según Bolaño, el mejor diagnóstico de la situación moderna. Las alternativas de vida del hombre actual se reducirían a dos: «o vivimos como zombis, como esclavos alimentados con soma o nos convertimos en esclavizadores, en seres malignos» (2003: 151). Lo que puede interpretarse como que toda iniciativa de libertad, toda desinhibición (o experiencia de soberanía como diría Bataille) sólo puede darse como atrocidad: «Hoy todo indica que sólo existen oasis de horror o que la deriva de todo oasis es hacia el horror» (2003: 152).

Sin embargo, en los textos de Bolaño se percibe un intento (a veces presentado como trágico) de salvar o buscar un lugar a la aventura revolucionaria, sea esta poética o política. Como se sabe, la idea del viaje vertebra también, junto con la de búsqueda, la narrativa de Bolaño. En *Los detectives salvajes* se emprende un viaje complicado al norte de México en busca de la fuente de la vanguardia, que allí encarnaría Cesárea Tinajero. Tenemos el relato paratextual más sugerido que contado, y autobiográfico, de su viaje en ómnibus de México a Chile para apoyar a Salvador Allende, un viaje por América Latina hacia la catástrofe porque llega para ser testigo del golpe militar e incluso es arrestado por unos días. Y un viaje, por otra parte, que es también un momento fundacional en su ficción de autor, porque es su primer viaje adulto y directamente lo convierte en exiliado y en un escapado del infierno después de haber sido un simple emigrado. Su literatura es en gran parte literatura de viajes. Viajes de México a Europa, viajes breves y vagabundos hacia y en ciudades europeas, viajes inciertos como los que realizan los poetas amigos en *Los detectives salvajes* o como el que realizan los críticos de «La parte de los críticos» en *2666*. El exiliado transforma su destierro en una ocasión para la libertad –la fórmula de Amalfitano en *2666*– al convertirse en viajero. Para Bolaño viajar es una forma de sustracción: se viaja en busca de la experiencia, se viaja en pos de lo nuevo, sustrayéndose a la normalidad y a la repetición. Los viajes en Bolaño son un emprendimiento muchas veces colectivo de alcance incalculable. Viajar hacia lo desconocido como una forma de desobediencia, escapar al emplazamiento del sujeto, superar también la condena del exilio. En «Literatura y enfermedad» las intuiciones de Baudelaire sobre la inutilidad de los viajes se complementan con una exclamación paradójica de Mallarmé al final de «Brisa Marina», que es otro poema sobre la deriva trágica de los viajes. Después de enumerar los desastres que esperan al marino, el poeta exclama: « ¡Más oye, oh corazón, cantar los marineros!» (2003: 144). Bolaño explica esta incongruencia de Mallarmé concluyendo que, por más descabellado que parezca, viajar es necesario. Se trata de internarse en lo ignoto para encontrar cualquier cosa, incluso «lo nuevo», porque es justamente allí, donde nos acecha el peligro más temido, donde podemos encontrar un «antídoto». Y es tentador relacionar ese canto de los marineros con el canto a la vez fatal y esperanzador de la cruzada de los niños en el final de *Amuleto*.

Así, el exiliado de Bolaño que tiene el dudoso privilegio de percibir con una claridad intransmisible el horror del mundo, tiene unas pocas alternativas: por un lado, puede entregarse a un arco de degradación que abarca desde la normalidad banal hasta la locura y el suicidio, o bien convertirse en viajero. Puede transformar la fuga en aventura, afrontar una búsqueda incalculable y riesgosa, convertirse en sujeto de un viaje. Esta actitud de huida hacia adelante explica, en parte, el papel del coraje en su narrativa. Es indudable que Bolaño trabaja sobre una épica del combate que se muestra como constante disposición a la pelea. Además de las referencias de Bolaño a la valentía de los poetas, podemos encontrar esta constante al final de «Últimos atardeceres en la tierra», donde padre e hijo se aprontan juntos para participar en una reyerta de café. También en la intervención violenta del exiliado Silva para rescatar unos niños en «El Ojo Silva», o en la decisión resignadamente heroica de la rata policía y sus agentes de salir al rescate aun sabiendo que tienen mínimas posibilidades de vencer en «El policía de las ratas» (Bolaño 2003: 53-86). Son apenas un par de ejemplos. Se trata de una épica antigua y melancólica, quijotesca en su más originaria expresión: el noble ejercicio de «las armas y las letras». La escritura y la milicia. Una que evoca por supuesto a los libros de aventuras, desde las novelas de caballería del Renacimiento a las famosas novelas folletinescas decimonónicas, las de un Alexandre Dumas, por ejemplo o las de un Emilio Salgari y por supuesto a la gauchesca leída por Jorge Luis Borges. Heroísmo lacónico de caballero andante, de mosquetero, heroísmo de pirata idealizado, coraje matrero de Tadeo Isidoro Cruz que descubre «su destino de lobo» en Borges (2007: 676), valentía de marginales ennoblecidos por la pelea, amigos o camaradas dispuestos a jugarse la vida en cualquier momento por razón de la amistad o en cualquier caso por causas justas y desinteresadas. Hay que señalar que los duelos en estos relatos no son para defender el honor, un honor, aunque fuese plebeyo, como en Borges, sino para salvar a alguien o defenderlo. Alguien más débil. A veces parece que aunque para Bolaño estas causas hayan perdido sustancialidad, lo que cobra importancia es el gesto y la actitud. ¿No es la poesía misma, como elección vital, un gesto arriesgadísimo, propio de valientes? ¿No es la escritura un viaje incierto, arriesgado, incalculable? La idea, muy repetida en la obra entera de Bolaño, en torno a que es necesario empeñarse en el combate aún a sabiendas de que se será derrotado, parecería subrayar la idea de que derrota y fracaso no son conceptos asimilables. La derrota no es un fracaso, el fracaso sería no dar o no haber dado la lucha. Es decir, más allá de las imágenes más o menos folletinescas de valentía que exhibe esta narrativa, todas apuntan, a mi juicio, al coraje que necesita la imaginación para descubrir un sendero inédito en un mundo devastado.

El motivo del viaje ligado a la escritura o a la lectura en Bolaño se nutre también y principalmente de una tradición conocida de primera mano por su generación. Aquella que inventó la *beat generation* en la década del cincuenta y cuyo clásico de referencia es la novela *On the Road* de Jack Kerouac. Ricardo Piglia, en *El último lector,* escribiendo sobre Ernesto Guevara y la lectura, comenta sobre el vínculo entre literatura y viaje y entre viaje y política:

> El Guevara que va al camino y escribe un diario no se puede asimilar ni al turista ni al viajero en sentido clásico. Se trata más que nada de un intento de definir la identidad; el sujeto se construye en el viaje, viaja para convertirse en otro [...] Esta cultura supone grupos alternativos que exhiben una cualidad anticapitalista en la vida cotidiana y muestran su impugnación de la sociedad. La fuga, el corte, el rechazo. Actuar por reacción y, en ese movimiento, construir un sujeto diferente. (Piglia 2005: 116)

Se viaja entonces para buscar la experiencia, lo novedoso o lo puro de una experiencia que implicaría además una nueva literatura. Se viaja diferente, se viaja por América Latina, por la periferia, o sea, el camino inverso al que seguía la clase alta latinoamericana. Es un intento fatigoso de encontrarse con lo real por fuera de los trayectos consagrados. Pero también, como lo hizo Benjamin respecto al narrador oral, esta generación vincula la narración con la justicia. Y los viajeros de Bolaño encuentran efectivamente la injusticia allí donde vayan, inventando estos nuevos trayectos descubren los agujeros negros del capitalismo, y encuentran obviamente la impureza de la estupidez y la (acaso) irremediable derrota. El viaje es virtud en Bolaño, y es conocimiento.

Hay otra fuente aun más antigua para esta fórmula que articula viaje, literatura y vida, e involucra remotamente al primer gran viajero de la literatura occidental. Frente al Ulises de Homero cuya épica es la del retorno, existe, como se sabe, también otro, el que inventó Dante Alighieri en el famoso canto XXVI de *La Divina Comedia* y cuya épica es la de la partida. Se trata de la historia que Odiseo le cuenta a Dante sobre su muerte, sobre su último gran viaje. El rey de Ítaca exhorta a sus viejos y cansados marinos a un nuevo viaje con un destino desconocido. Y los arenga diciéndoles que son hombres y no bestias y que en consecuencia su cometido ha de ser la virtud y el conocimiento. «Considerati la vostra semenza: / Fatti non foste a vivir come bruti / Ma per seguir virtute e conoscenza» (Dante Alighieri 1993: 530).

Los marinos terminan acompañándolo en esta empresa insólita. Atraviesan el estrecho de Gibraltar (el de las Hespérides) y navegan hacia el sur por el océano Atlántico donde se supone que no hay otra cosa que un mar infinito. En cierto momento feliz distinguen una altísima montaña brumosa que se les aparece en medio del océano pero un torbellino que proviene de esta isla, que no es otra cosa que el mismísimo purgatorio, agita las aguas y el barco se hunde, rápida e irremediablemente. Ulises habría sido condenado precisamente por esta pasión incontenible de conocimiento. Sabemos también que Jorge Luis Borges sentía una especial predilección por este pasaje del *Inferno*. Escribió varias veces sobre él. Con ligeras variaciones, Borges dice en cada una de ellas más o menos lo mismo. Relaciona este pasaje con la insensata persecución del capitán Ahab en la novela de Melville y con el Simbad de *Las mil y una noches*. Borges concluye que Dante está hablando de su propia obra: una empresa arriesgada, soberbia y en el fondo blasfema.

El núcleo esencial del viaje bolañesco ya está en esencia aquí: es necesario navegar, el viaje es un viaje de conocimiento o bien una búsqueda de la experiencia; el viaje y la escritura son, en última instancia, formas entrelazadas de invención y en un sentido específico, de insumisión respecto a lo dado.

La derrota, el gran acontecimiento que auspicia el discurso melancólico de Bolaño, implicó la disgregación de todos estos elementos que un día mítico se habrían aunado para cambiar el mundo: el viaje, el coraje, la poesía, la milicia o militancia, los libros, la propia angustia. La derrota los separó y entonces distintos personajes encarnan cada una de sus variantes, como si todos pertenecieran a un único ex cuerpo mutilado y disgregado. Dar cuenta de todos esos pedazos débilmente vinculados por la melancolía: he aquí todo un programa para habitar la derrota.

Días de 1978

En «Días de 1978» se cuenta el enfrentamiento entre B y U, dos exiliados chilenos en Barcelona. La historia está focalizada desde B, que desdeña y siente rencor hacia U, pero también rivalidad y fascinación y hasta se siente atraído por su mujer (en el fondo, se trata de una fábula onettiana sobre la amistad). El relato describe la atmósfera degradada y antiheroica del exilio. B no se habla con U desde que éste intentara agredirlo en una fiesta de chilenos donde se mezclaron el alcohol y la política. Sobre este enfrentamiento, que se produce hacia el amanecer y versa sobre pensamiento político, B refiere que: «[e]l joven, U, hace gala de una bibliografía demencial: confunde a Marx con Feuerbach, al Che con Franz Fanon, a Rodó con Mariátegui, a Mariátegui con Gramsci. La hora de la discusión, por lo demás, no es la más apropiada, las primeras luces de Barcelona suelen enloquecer a algunos trasnochadores...» [Bolaño 2014: 65].

B le responde con frases hirientes y U quiere pelear. B rehúsa la pelea y se va de la casa mientras U lo insulta a gritos. Desde entonces B escucha con cierta regularidad noticias de U a través de una pareja amiga que lo trata. Se entera de que U fue internado durante un tiempo en un hospital psiquiátrico, se entera de que salió y de que no tiene trabajo, noticias que de una manera morbosa lo reconfortan. Incluso al encontrarse en un mercado con la mujer de U, intenta seducirla.

Hay un rencuentro final en una fiesta de exiliados chilenos en Barcelona. B llega tarde y nota que U está silencioso y ausente. Hay un ambiente de preocupación entre los invitados. La mujer de U tiene los ojos húmedos de llanto. U está mirando sin ver el televisor encendido. Los demás se agrupan en una de las salas para discutir algo que B no comprende. B, U y una chica (hija de un dirigente sindical asesinado en Chile), se quedan solos en la sala donde está el televisor encendido que U parece mirar sin ver. La chica pregunta por alguna película buena y B termina contando a su manera *Andrei Rublev* de Andrei Tarkowski, y aunque B la cuenta a la chica, siente oblicuamente que es U quien lo está escuchando y finalmente es U quien termina llorando. La película, tal y como la cuenta B, habla de un monje ortodoxo pintor de iconos, de un poeta satírico y del destino solitario de un artista adolescente (constructor autodidacta de campanas que B compara con Rimbaud), de su orfandad, de un talento aprendido sin ayuda, de la falta de cualquier reconocimiento posible. De la experiencia de la soledad. También es la historia de un desamparo. La película está ligada de una manera extraña con el destino del exilio y con la soledad del creador. Y está ligada también con la desesperación de U, aunque B dice haber descubierto al final que la película se la ha contado a sí mismo. Meses después B escucha que U se ha ido a París y después que se ha quitado la vida en un bosque del sur de Francia.

Es evidente que la fascinación, la repugnancia y la piedad que siente B por este personaje tienen que ver con un reconocimiento que le asusta. El relato de la película de Tarkovsky, como si fuese un relato del propio Bolaño, está lleno de incidentes dispersos que no consiguen cristalizar en una apariencia de unidad. Pero parecen individualizar el sufrimiento mostrando que el mal en abstracto no puede dar cuenta del dolor. El relato es la historia del hacerse cargo de ese dolor que le es común a ambos, por más que B quiera tomar distancia de U, y en general, de la cultura degradada del exilio chileno, al que B, sin querer, también pertenece. La película, el relato de la película, funcionaría como un puente improbable entre dos hombres que pretenden ignorarse. Pero quizás lo que mejor puede destilarse de esta historia dentro de otra, este relato sobre viajeros, exiliados y huérfanos es que esta refiere a una determinada forma de desolación, la pérdida de una unidad de sentido, la fragmentación que acompañó la derrota. Esa «bibliografía demencial» de U es el resultado del desconcierto reinante, la pérdida de una coherencia que solía darle consistencia a la militancia en tanto visión del mundo, pero que acaso estaba minada por dentro. U es el exiliado destruido por esta desmembración y B es quien propone mediante el relato de la película no sólo la intención de reconocer esta derrota en sus detalles más atroces, sino reiniciar desde esas ruinas mismas un viaje nuevo, quizás el intento de una nueva configuración. Para sustraerse a la degradación es preciso sostenerse en una obra —como las campanas que diseña el artista huérfano en *Andrei Rublev*—, reconstituir un relato, reconfigurarlo desde otro lugar, perseverar en una continuidad nueva sin esperar ninguna ayuda y, como en el *inferno* de Dante, abandonando de antemano toda esperanza.

La temática del exilio en Bolaño trabaja sobre esta situación: la colonia de exiliados, durante los primeros años del destierro, insiste en y está nucleada en torno a las ideas que animaron una experiencia política anterior que se ha hecho añicos. Con el tiempo, y lejos del teatro de operaciones, estas ideas entran en un proceso de desgaste, van perdiendo sus asideros en la experiencia y empiezan a girar en el vacío. Al mismo tiempo, en esta población de exiliados izquierdistas, alejados de la militancia activa, vuelven a aflorar o se reafirman inercias reaccionarias que habían quedado disimuladas durante el auge emancipatorio. El exiliado vive más expuesto al absurdo que aquel que nunca ha abandonado su lugar de origen. Existe una estructura comunitaria donde el individuo hereda un lugar y donde existe un reparto de funciones, una red de prejuicios o un específico reparto de lo sensible que se experimenta como evidente. Esto lo ampara de la experiencia del sinsentido. El vacío en el que el exiliado se mueve, sin embargo, puede llegar a ser insoportable y empujarlo a una especie de regresión o a la locura, si no ejecuta, por lo menos, un salto de tigre.

Muchos de los cuentos de Bolaño formarían parte de una preocupación sobre qué ha de hacerse con el exilio. El exiliado U ha perdido aparentemente cualquier esperanza de recobrar una coherencia. Representa el lado de locura que rodea constantemente las subjetividades bolañescas. B también se descubre a sí mismo en ese trance (de ahí su repulsa de U). Pero mientras esta crisis lleva a U al suicidio, B propone implícitamente, como decíamos, trabajar en un nuevo relato. Y esa es la función que cumple la película relatada por el narrador: aceptar que el exilio, como modo de experiencia, de habitar, se ha vuelto la regla, no la excepción. Aceptar la realidad de la orfandad, del descalabro, pero empeñándose en un nuevo trayecto. La poesía ligada al viaje aparece como el único remedio relativo al mecanismo destructivo de la derrota.

Lo que hace política a la obra de Bolaño no es entonces el hecho indiscutible de que los escenarios de esta ficción fueran los lugares sacrificiales de la violencia latinoamericana, sino el hecho de que los modos de experiencia que van tramando sus historias aparecen en disidencia con el mundo tal y como es, es decir, regido por el interés, la supervivencia, el sentido común, la opinión. La memoria que cultivan y la aventura que sostienen los poetas exiliados y viajeros de Bolaño, sus empecinadas búsquedas, sus casuales epopeyas y lealtades, son formas de sustracción. Implican también con frecuencia emprendimientos colectivos, aventuras forjadas sobre el cemento de la amistad y del coraje. Moverse hacia lo ignoto «caminando hacia atrás» en búsqueda del origen de lo nuevo «que siempre ha estado allí», es decir, del origen como un despertar a lo auténticamente contemporáneo, el origen como meta. A todo esto no resulta ajeno como se sabe la práctica de una narrativa que implica un tratamiento de la lengua sin concesiones a su instrumentalización o a las gratificaciones del sentido. Es significativo el tratamiento destructivo que hace la narrativa de Bolaño con respecto al viejo modelo del policial (notablemente en *2666* o en el relato breve «William Burns»). Todo esto, a mi modo de ver, conforma en su conjunto esa empecinada y melancólica resistencia. Pero sobre todo esta concepción de la literatura como viaje incierto, como apuesta sin garantías, ilumina una determinada forma de subjetivación separada y en conflicto con una dominante pragmática de la aceptación. Abstrayendo más las cosas, podría decirse que los textos de Bolaño se mueven entre dos polos espiritualmente opuestos: el sedentarismo y el movimiento. El segundo sería saludable; el primero representa la muerte.

En ausencia de una nueva ficción emancipadora que los reúna de nuevo, la literatura de Bolaño trabaja con restos, con fragmentos, trabaja con los elementos sueltos de esta gran desarticulación coleccionándolos como amuletos, volviendo una y otra vez sobre ellos melancólica pero no resignadamente, custodiándolos, reservándolos para su eventual resurrección. Es en este sentido, quizás, que puede hablarse de un neorromanticismo en Bolaño. El romántico habita, por decirlo parafraseando los famosos versos de Hölderlin, un intervalo entre dioses que sucumbieron y nuevos dioses que aún no llegan. A los personajes de Bolaño les tocó vivir tempranamente el despliegue de una esperanza colectiva y su desarticulación cruenta por la reacción restauradora. Siendo veinteañeros lo habían visto ya todo. La posibilidad y su derrota, el encanto y el desencanto. Vivieron la historia intensa y concentradamente. Los años que quedan, o el tiempo que resta, son la materia melancólica de esta literatura. Sin embargo, hay que tener en cuenta el carácter creador de esta melancolía, que trabaja retrospectivamente sobre un acontecimiento desaparecido del que no se tiene ya sino un débil rastro, a partir del cual una obra o una leyenda se teje para darle la vida que acaso ni siquiera pudo llegar a tener[10].

---

[10] Esta ambigüedad (de la que Bolaño nunca se aparta) en torno a la existencia fáctica del acontecimiento pretérito, queda meridianamente clara en un fragmento de su discurso con motivo de la entrega del premio Rómulo Gallegos o Discurso de Caracas: «Y esto me viene a la cabeza porque en gran medida todo lo que he escrito es una carta de amor o de despedida a mi propia generación, los que nacimos en la década del cincuenta y los que escogimos en un momento dado el ejercicio de la milicia, en este caso sería más correcto decir la militancia, y entregamos lo poco que teníamos, lo mucho que teníamos, que era nuestra juventud, a una causa que creímos la más generosa de las causas del mundo y que en cierta forma lo era, pero que en la realidad no lo era.» (Bolaño 2013: 37)

El Ojo Silva

Es significativo que al comienzo el narrador anuncie que el caso del Ojo Silva le parece «paradigmático y ejemplar» (Bolaño 2014: 11). Tendremos que concluir que lo es a pesar de la timidez del Ojo, su preferencia por la no violencia y su bajo perfil, su automarginación de los círculos de exiliados y su condición homosexual, problemática en aquel tiempo, incluso, como explica Bolaño, en los círculos de izquierda. A pesar de todo eso, Silva representa un caso paradigmático, el de una generación «que tenía alrededor de los 20 años cuando el golpe de Chile» (Bolaño 2014: 11). Paradigmático por su relación con la violencia marcada como destino, que puede compararse con el famoso «destino sudamericano» que formuló Jorge Luis Borges en su «Poema conjetural» de 1943 (Borges 2010: 187). Esto, la singular relación con la violencia, es lo que organiza toda la narración. La historia que el Ojo termina confesando al narrador es efectivamente una historia de violencia en la que se vio involucrado sin remedio. Y al mismo tiempo, una vez terminada su historia comprendemos que se trata de un intento malogrado de hacer justicia. Esto nos obliga a considerar una ambigüedad central en el texto entre estas dos palabras que justamente aparecen en él como virtualmente negadas o tachadas: violencia y justicia. «[D]espués de reírnos el Ojo dijo que la violencia no era cosa suya. Tuya sí, me dijo con una tristeza que entonces no entendí, pero no mía. Detesto la violencia. Yo le aseguré que sentía lo mismo» (Bolaño 2014: 14).

El narrador no entiende a lo que se refiere Silva, tampoco tiene por qué entenderlo el lector, y esta ambigüedad no se despeja (o habría que pensar en la simpatía de Bolaño en los setenta por el MIR, que propugnaba la lucha armada). Y esto vuelve a marcar la palabra violencia. Bolaño va tejiendo una figura de exiliado anotando primero su relación con la violencia, sufrida, ejercida, latente. Por otro lado, el exiliado está amenazado por las consecuencias del desconcierto y esto se expresa como estupidez. Como sabemos, la estupidez fue un tema del renacimiento, cuando aún no estaba separada de la locura, y un tema de la ilustración, que la identificaba con la ignorancia y la superstición. La estupidez, qué hacer con ella, cómo definirla, como relacionarse con ella, es también un tema del siglo XIX que trataron Dostoievski, Proust y Flaubert, entre otros, y apareció en el marco de la eclosión de una nueva clase burguesa inculta y en medio de los avatares de la lentísima democratización de la sociedad europea. La literatura inventó el espacio aristocrático del esteticismo como una de sus respuestas, en general clasistas o elitistas, al problema. En nuestro ámbito, por ejemplo, y en el siglo pasado, Borges –en sus textos antiperonistas o en «El evangelio según Marcos– y Cortázar –en *Los premios*– trataron la estupidez desde una cierta perspectiva de clase. En Bolaño el tema de la estupidez vuelve a cobrar relieve en el marco de lo que podría catalogarse como una crisis epistemológica de la modernidad. Sus personajes sufren formas de extravío que no están necesariamente relacionadas con la ignorancia (como en Cortázar o Borges) sino con el desconcierto intelectual ligado a la derrota, y hasta con la locura, como en el relato «William Burns». La estupidez en Bolaño es patrimonio de las instituciones, de lo instalado y de lo banal. El humor grotesco o negro da cuenta por ejemplo de la estupidez de los miembros de la junta militar en *Nocturno de Chile*, donde durante las clases de marxismo que Urrutia Lacroix les imparte, los caballeros de la junta, en esta cercanía doméstica, muestran su lado más zafio y ridículo. También lo aplica desde luego a lo que llama «los círculos de los exiliados latinoamericanos», como ya hemos visto en el relato «Días de 1978». En «El Ojo Silva» aparece, como en otros lugares de la obra de Bolaño, el tema de la homosexualidad, ante la que desaparecían las diferencias entre izquierdas y derechas, y remitiría a la sustancia comunitaria o nacional:

> Por aquellos días se decía que el Ojo era homosexual. Quiero decir: en los círculos de exiliados chilenos corría ese rumor, en parte como manifestación de maledicencia y en parte como un nuevo chisme que alimentaba la vida más bien aburrida de los exiliados, gente de izquierdas que pensaba, al menos de cintura para abajo, igual que la gente de derechas que en aquel tiempo se enseñoreaba de Chile.

El humor negro, se emplea para desmontar crudamente cualquier idealización, cualquier inclinación aurática:

Recuerdo que terminamos despotricando contra la izquierda chilena y que algún momento yo brindé por los *luchadores chilenos errantes*, una fracción numerosa de *los luchadores latinoamericanos errantes*, entelequia compuesta de huérfanos que, como su nombre indica, erraban por el ancho mundo ofreciendo sus servicios al mejor postor, que casi siempre, por lo demás, era el peor. (Bolaño 2014: 13-14; énfasis del original)

Bolaño desacraliza las pretensiones éticas de los fugitivos de izquierda. Como siempre en Bolaño, la vida comunitaria, ese segundo sedentarismo, esa pseudorreconstrucción de la comunidad nacional que implica una colonia de exiliados, reitera o reproduce en su seno los lugares comunes de la sociedad que se había pretendido cambiar. Aparece el falso heroísmo, reaparecen el prejuicio, la presunción. También la deriva criminal: es el caso de la historia de «La nieve», publicado en *Llamadas telefónicas*. El sintagma *luchadores latinoamericanos*, en el que hubieran querido reconocerse los exiliados, no sería sino una mera entelequia. Es importante, sin embargo, la palabra «huérfanos» en este contexto, porque implica preguntarse huérfanos de qué lo serían estos fugitivos. También es significativa la palabra «errantes» y el hecho de que ofrecen sus servicios al «peor postor», aludiendo al oportunismo de la mayoría. La frase sugiere que, tomados colectivamente, los exiliados son un sujeto político en descomposición.

En el caso de esta historia, el Ojo Silva sería entonces víctima de un doble aislamiento, de un doble exilio: el que lo apartó de su país y circunstancia política y el que lo aparta de la propia colonia de exiliados políticos por las características de su sexualidad. Su homosexualidad y la estupidez de los exiliados, la progresiva degradación de este ámbito, lo convierte (al igual que a Almafitano) en un archi-exiliado. Y es precisamente esta condición la que para Bolaño podría constituir una noble excepción porque será justamente el modesto y silencioso Silva quien protagonizará una experiencia auténtica. El viajero, el poeta y el homosexual, tres formas de aislamiento o de marginación respecto a la vida comunitaria, estarían así entrelazados. En este sentido resulta significativo el discurso de Padilla (el amante de Amalfitano) en *Los sinsabores del verdadero policía*, donde realiza una extensa taxonomía o clasificación hilarante de la poesía occidental tomando como patrón los distintos tópicos que calificarían distintas formas de identidad homosexual (Bolaño 2011: 21-24).

El Ojo abandona México y viaja a Francia donde ha conseguido trabajo en lo que le gusta. El abandono de la colonia de exiliados significa para el Ojo un ineludible camino de integración o normalización en la sociedad francesa, ligado a su pasión por la fotografía. Es en el marco de su oficio que posteriormente el Ojo viaja a la India. La fotografía es una pasión, pero también es un trabajo que se ejerce de manera funcional y distanciada: «Su oficio y no la curiosidad de turista lo había llevado hasta allí» y «uno está para complacer a los editores» (Bolaño 2014: 16). El Ojo se esfuerza por participar de la normalidad de una sociedad de mercado contemporánea sin *creer* obviamente mucho en ella (el mercado no requiere un compromiso o una fe). El Ojo mantiene obviamente con la sociedad de acogida un vínculo pragmático. Los derrotados van perdiendo gradualmente la referencia política original que los había situado a la cabeza de una tarea transformadora de carácter emancipatorio, quedando librados a los azares de la supervivencia en el exilio pero sin poder creer ya del todo ni en las ideas que los habían movilizado en el pasado ni en sus nuevos roles normalizados o normalizadores. En cuanto a esta especie de degradación natural del exiliado se le pueden aplicar las palabras de Badiou: «Cuando lo único que importa es la supervivencia se está indefenso frente a la obscenidad» (Badiou 2013: 99). Podríamos agregar que se está indefenso también frente a distintas formas nuevas o tradicionales de impostura, de indiferencia o de estulticia.

Hay, sin embargo, otra característica de Silva un poco más enigmática y quizás más relevante: cierto difuminamiento. Desde el primer encuentro en un bar en México, el Ojo parece rodeado de cierta aura de irrealidad: «parecía traslúcido [...] de cristal» (Bolaño 2014: 13). Al narrador (un trasunto del Bolaño real) el rostro de Silva se le difumina con el tiempo y sólo permanecen en la memoria ciertos gestos o más bien una manera nada enfática de ocupar el espacio. Esta vaguedad contamina también su relato: los datos sobre su aventura en la India son extremadamente vagos, ni siquiera queda claro en qué ciudad se desarrollan los hechos ni el nombre del dios local al cual se ofrenda la castración de los niños, ni en qué parte de la India se refugia el Ojo con sus niños rescatados. En la página 24 el Ojo llega a decir que en ese momento él ya se «había acostumbrado a las pesadillas, que siempre sup[o] que estaba en el interior de un sueño, que eso no era la realidad» (Bolaño 2014: 24). En el personaje del Ojo se despliega entonces una historia de adaptaciones inevitables y de reminiscencias, de supervivencia y descolocación pero también de des-realización. Al mismo tiempo que el Ojo se despoja gradualmente de su condición de exiliado, va perdiendo volumen o solidez. Apenas existe. La derrota se despliega en un mundo disgregado, difuminado, desangelado, donde se registran melancólicamente una multiplicidad desordenada de hechos, objetos o entes carentes de sentido.

El acto ético en Bolaño

A lo largo de esta historia dentro de la historia, el Ojo va sumergiéndose en un tipo de infierno que combina la mutilación de los cuerpos con los símbolos religiosos: «el Ojo me describió el burdel y parecía que estaba describiendo una iglesia» (Bolaño 2014: 20).

Ante la presencia de uno de los niños castrados Silva le saca una foto. Silva es un mercenario (un fotógrafo profesional) que saca fotos de lo que le ordenan a cambio de dinero (o sea: entregado al «peor postor»). Pero la cámara es también un ojo, el ojo del Ojo Silva. Un órgano que descubre, registra y desea. «¿Le sacaste una foto?, dije. Me pareció que el Ojo era sacudido por un escalofrío. Saqué mi cámara, dijo, y le hice una foto. Sabía que estaba condenándome para toda la eternidad, pero lo hice» (Bolaño 2014: 20).

El Ojo comete el exceso de sacar una foto de la víctima y surge otra vez la ambigüedad: ¿se trata de un acto de denuncia o de fascinación erótica ante la víctima? El Ojo mismo reconoce que se condena eternamente por fotografiar al niño antes de su castración. Hay que tener en cuenta que en Bolaño la fotografía está ligada a la muerte. «La vida concluye en el momento en que se la fotografía», dice un epígrafe atribuido al productor cinematográfico David O. Selznick que Bolaño reproduce dos veces, en *Amberes* (2002: 15) y en *La Universidad desconocida* (2007:

177). Incluso la fotografía está ligada a una cierta erótica de la muerte. Bolaño tiene la delicadeza literaria de dejar en pie, y sin resolver, una multiplicidad de hipótesis que refieren entre otras cosas al destino y a la naturaleza de la vanguardia artística y a dos concepciones del arte diametralmente opuestas pero en Bolaño trenzadas por lazos invisibles: una ligada a la rebelión emancipatoria («cambiar la vida») y otra que estetiza el horror. La foto registra un instante en el tiempo pero también una ausencia: el incierto tejido causal que se encuentra rodeando la imagen, y que esta supone, pero que en Bolaño es un elemento más del misterio. La fotografía como objeto de fascinación atraviesa toda la obra del escritor. Tiene la atracción del referente perdido, atestigua la existencia de lo que fue y al mismo tiempo abre la puerta a una nueva especulación infinita.

«Es una foto pequeña en blanco y negro como todas, puede verse la playa y un pedacito del mar. Bastante borrosa. Sobre la arena hay algo escrito. Puede que sea un nombre, puede que no, tal vez sólo sean las pisadas del fotógrafo» (Bolaño 2007: 198). Hay una promesa de epifanía en la foto pero ésta no nos lleva más que a una incógnita adicional. La fotografía atestigua un instante congelado del pasado que el narrador intenta volver a poner en movimiento. El antecedente directo de esta concepción indicial –vuelta aquí definitivamente misteriosa– del material fotográfico estaría en algunos relatos de Cortázar, notablemente en «Las babas del diablo». El uso de la fotografía en Bolaño tampoco escapa a la técnica borgeana del oxímoron, porque conecta el indicio material con una profundización del misterio. Por otra parte, la erótica transgresiva y liberadora que abunda en sus textos –y que se extiende sobre diversas formas de sexualidad desatada– se convierte en fúnebre al aparecer la fotografía. De la misma forma que Bataille ha teorizado el vínculo esencial entre erotismo y muerte, así, en Bolaño, la escala última del furor sexual en sus personajes se realiza como destrucción y fotografía. Entonces lo policial se cruza con lo pornográfico. ¿Son las fotos de los cuerpos mutilados la evidencia que nos permite llegar al asesino, o son objetos de goce que despiertan una curiosidad y un deseo macabros en el observador? Esta tensión, como muchas otras, jamás se resuelve, pero contribuye a armar una constelación iridiscente que articula deseo sexual, transgresión y desastre. La pulsión escópica, fotográfica, estaría en el centro de esta constelación.

En «El Ojo Silva» el acto fotográfico delata un ojo voraz que así se muestra cómplice de la maquinaria deseante que la imagen parece convocar. Aquí Silva se acerca a Carlos Wieder. En ambos la imagen del cuerpo mutilado o condenado a la mutilación ejerce una singular atracción. ¿Cómo se relacionan estos dos momentos? Carlos Wieder fotografía el resultado de sus crímenes, la tortura y mutilación de los cuerpos de las hermanas Garmendía en *Estrella distante*. El «Ojo Silva» participa de esa fascinación visual y fotográfica y registra el cuerpo de los niños a punto de ser castrados, pero a continuación obedece a una casi irreflexiva voluntad de rescate. En ambos hay un deseo de registrar los efectos de la crueldad sobre los cuerpos, o bien del dolor como real intransferible, pero en el primero el acto consiste en producir ese mal y en el segundo en evitarlo. Siguiendo la huella histórica que conecta fotografía y crimen, la fotografía en Bolaño aparece con frecuencia allí donde asoma la ignominia, pero el indicio fotográfico simplemente multiplica las incógnitas, de modo que estar frente a una fotografía es estar frente a un abismo. Obviamente, este abismo es también interior.

Sin agotar para nada el misterio turbador que los emparenta, podemos distinguir por lo menos cuatro variables en los actos de los personajes de Bolaño. El primer par consta de un *no* acto. Este es el caso de *Nocturno de Chile*: la pasividad y la complicidad silenciosa con el horror, del cual el crítico literario es testigo de primera mano pero se las arregla para no intervenir, como si fuese algo que se desarrolla en un extraño mundo exterior al cual su alma no pertenecería. Sebastián Urrutia Lacroix sabe lo que pasa en la casa de María Canales, conoce la situación[11] pero se encierra en una suerte de neutralidad esteticista. El otro *no* acto es el de

---

[11] Como se sabe, el personaje de María Canales y el de su marido norteamericano están basados en una historia real: en la casa de la escritora chilena Mariana Callejas, donde se organizaban veladas literarias durante la dictadura, se interrogaba y torturaba a detenidos políticos. «Yo me hice la siguiente pregunta: ¿por qué aquella noche uno de los invitados al extraviarse encontró a ese pobre hombre? [...] ¿Por qué nadie, en su momento, dijo nada? [...] Yo hubiera podido decir algo, pero yo nada vi, nada supe hasta que fue demasiado tarde» (Bolaño 2000: 141).

Auxilio, de *Amuleto*: consiste en permanecer encerrada en el baño de la UNAM durante la intervención del ejército mexicano contra estudiantes y profesores en el año 1968:

> Y supe lo que tenía que hacer. Yo supe. Supe que tenía que resistir. Así que me senté sobre las baldosas del baño de mujeres y aproveché los últimos rayos de luz para leer tres poemas más de Pedro Garfias y luego cerré el libro y cerré los ojos y me dije: Auxilio Lacouture, ciudadana del Uruguay, latinoamericana, poeta y viajera, resiste. Sólo eso. (Bolaño 1999: 35)

Es como si esta condición de «poeta y viajera» que Auxilio invoca la distinguiera del declive ético-político que se registra en los exiliados. Auxilio transforma en un acto de resistencia la coincidencia desafortunada de que la violación de la autonomía universitaria y la represión militar la sorprendiese en uno de los baños. Pero su permanencia allí adquirió la imagen de una perseverancia en el tiempo, una persistencia que, como repetidamente ha señalado Alain Badiou, es la sustancia misma del coraje contemporáneo.

El tercer caso sería un acto cuya complicidad con el régimen imperante en el Chile de 1973 es absoluto y activo. Wieder se convierte en el poeta del régimen escribiendo en el cielo consignas fascistas. Él mismo se encarga de torturar a sus antiguos compañeros izquierdistas de los talleres de poesía y va aún más lejos: realiza con las víctimas un acto de «transgresión vanguardista», al exponer como arte un montaje fotográfico con sus cuerpos mutilados. Realizar esta acción no exige coraje, ya que se realiza al amparo de la dictadura. Un golpe de Estado no es tanto una subversión del orden democrático, aunque formalmente lo parezca, sino una restauración violenta del orden mismo, de su particular distribución de cuerpos y funciones. El cuarto tipo de acto que nos ofrece la narrativa de Bolaño es precisamente el del Ojo: un acto irreflexivo y temerario de salvamento; un acto súbito, irrefrenable, que no parece estar fundado en una doctrina y ni siquiera en un deber sino que surge desde una vocación específica de rescate, que Bolaño parece identificar con su generación, «la nacida en los años cincuenta del pasado siglo» (2014: 22). Un acto incalculable que no tiene ninguna garantía de éxito, que incluso fracasa estrepitosamente sin llegar a perder su integridad.

La inspiración del primero de estos cuatro casos, el de Urrutia Lacroix, es el miedo y es del orden de la obediencia o de la cobardía, de la emoción servil frente al poderoso. Estaría (con ciertas reticencias ya que Urrutia Lacroix es un intelectual, no un funcionario) dentro del ámbito de lo que Hanna Arendt ha llamado «la banalidad del mal». El segundo es una pasividad de resistencia o una resistencia en la pasividad, más relacionada con la terca pasividad del escribiente Bartleby en el famoso relato de Herman Melville. Casi un antiheroísmo o incluso casi una parodia de heroísmo. Toda su fuerza radica en la declaración. El de Wieder, en cambio, está inspirado conscientemente en una eventual estética de la aniquilación que solemos identificar con el nazismo y con la estética de cierto futurismo italiano, y que ya Walter Benjamin había criticado en personajes como Jünger o Marinetti. El retrato siempre ambiguo de Carlos Wieder da algunos detalles sugestivos como la relación con la máquina (Wieder es piloto de la fuerza aérea) y una concepción aristocrática o señorial de la conducta. No es descabellado conjeturar que Carlos Wieder siente en el momento de sus crímenes una euforia parecida a la que sintió Silva cuando escapa con los niños en medio de la violencia –una «exaltación, una alegría que se parecía a algo similar a la lucidez pero que no era (no *podía* ser) lucidez»–. Es altamente significativo que Wieder sea el único, entre estos cuatro actores, que no posee un relato propio. Parte del terror que inspira su figura se debe a esta mudez, a ese silencio, un silencio carismático y siniestro porque lo separa de cualquier compromiso con el orden simbólico. Más bien, representa, él mismo, la verdad obscena o la parte obscena de la verdad, la contracara más o menos oculta del nuevo orden dictatorial. Wieder interpreta bien el alma del régimen y hace visible su atrocidad, lo lleva hacia su extremo lógico. El acto de Wieder es quizás *lo real* del régimen y por eso no deja de resultar altamente tóxico para el gobierno militar; representa su exceso poético, su desinhibición controlada. El asesino muestra públicamente lo que los militares prefieren realizar en secreto. La acción de Wieder exhibe públicamente el mezquino placer de la transgresión protegida, mientras que los demás militares envueltos en la masacre proceden burocráticamente. Wieder representa también ciertas tendencias de la vanguardia que Bolaño considera siniestras. Aquí el escritor chileno parece distanciarse de los extremos de la *pasión por lo real* que según Badiou caracterizó el arte y la política del siglo XX. El objetivo declarado de las vanguardias históricas de fundir arte y vida se convierte en Wieder en el proyecto de fundir arte y muerte. Algo no del todo ajeno a ciertas tendencias de la revolución conservadora alemana, como las obras de Ernst Jünger, y más tarde del propio nazismo, del futurismo italiano y de las agrupaciones nacional-católicas españolas que hicieron famosa la consigna de la legión: «Viva la muerte». Podríamos decir que Carlos Wieder –que escribe en el cielo de Chile: *Muerte es resurrección*–representa el modo fascista de tratar con la subversión estética de las vanguardias. El resultado concreto es que la acción de Wieder se convierte en una paradójica denuncia que fragmenta el mundo de las apariencias autogenerado por la Junta Militar. En el otro extremo tenemos a el Ojo, que a diferencia de Wieder se pone él mismo en juego en una aventura y en un relato pero que admite cierta obscena fascinación ligada a la imagen. También admite la exaltación, en principio irracional, que siente al actuar. Ambos se separan en ese momento de cierta normalidad, ejecutan actos de violencia que representan un exceso respecto a la situación que habitan y ambos toman fotos que pretenden captar al cuerpo humano en el momento o en la vecindad de su desintegración. El punto de disyunción estaría entonces en la calidad misma del acto. En Wieder el acto de violencia se realiza a la sombra de un régimen que los promueve y ampara y que, como sugiere su propio apellido, es del orden de la repetición, es decir, se inscribe en la re-instauración de lo mismo. El de Silva, en cambio, es una rebeldía que interrumpe la lógica misma de la situación (aunque no tanto la de una moral convencional) contribuyendo a su desarticulación (el burdel finalmente desaparece). Wieder confirma y afianza un Estado, confirma violentamente el orden «natural» local que había sido desafiado moderadamente por el gobierno de la Unidad Popular. Su exaltación estética del asesinato no puede universalizarse. El acto del Ojo, por el contrario, podría clasificarse como ese acto puro que Žižek distingue en la *Antígona* de Sófocles, que sin ser necesariamente lúcido o racional, constituye un verdadero acontecimiento porque «es una intervención que afirma la verdad frente a la mera doxa» (Žižek 2002: 395). El asesinato, digamos, fascista o inspirado en una estética fascista del exterminio, en Wieder, y el rescate digamos humanitario, en Silva, comparten peligrosamente una misma ebriedad pero juzgados desde la íntima situación desde la que actúan, los actos atroces de Wieder vienen a ser sólo un ligero exceso poético de la legalidad del Estado dictatorial mientras que el acto de Silva, a pesar de coincidir con una moral establecida, resulta una ruptura con la relación habitual entre el primer mundo y el tercero y con las convenciones y costumbres ancestrales de ese remoto (e inventado) lugar de la India.

El momento decisivo en que Silva actúa sin ideas ni proyectos previos, llevado como por un impulso, es también el único momento que Silva recuerda nítidamente. Se trata del momento no-olvidable o imborrable. Se trata de algo más «real» para Silva que todos las demás referencias a su vida. Resulta quizás significativo que este individuo, que se caracteriza por una discretísima presencia, al punto que uno olvida fácilmente su rostro, sea precisamente *el Ojo*, es decir, el fotógrafo, esto es, un *órgano sin cuerpo* y sin apenas biografía que capta, registra, testimonia la huella material que dejan las criaturas. Aquí la fotografía implica una superficie de inscripción donde cuerpos invisibles para el mundo de las imágenes (el mundo de la publicidad y el de una estética kitsch para los que Silva trabaja) cobran existencia, y de esta manera Silva estaría resistiendo precisamente –y con su propio cuerpo– a una estética de la desaparición[12].

A pesar del agravio que implicarían las fotos de Silva, la foto de los niños castrados (de su infinita fragilidad) no puede desligarse de toda la otra serie de fotos que irrumpen en la narrativa de Bolaño, llevándola hacia un punto de fuga: fotos de cadáveres desmembrados, de mujeres violadas y asesinadas, de cuerpos mutilados. Es como si se quisieran decir fundamentalmente tres cosas: el arte (no la belleza), cuando es

---

[12] «[C]uando la fotografía había sido tomada, el fotógrafo, de un lado, pero sobre todo el objeto captado, "sabían" que trabajaban para el futuro. No ignoraban que se dirigían a un desconocido venidero al cual piden una cosa simple pero imperiosa, del orden del deber, y por consiguiente de la ley: nombrarlos. Aquel que lo mira en una fotografía, necesariamente del pasado sólo espera una cosa ¡que usted lo nombre de nuevo! Cada fotografía será, para Benjamin, una utopía, no del pasado, sino que, actuando en el pasado, nos espera» (Déotte 2007: en línea).

capaz de pensar una verdad universal, abandona su presunta autonomía. La segunda es que cualquier reconsideración sobre nuestro mundo debe incluir estas figuras de la masacre. La tercera, que la imagen fotográfica no pierde nunca la ambigüedad que hay entre el testimonio y la pornografía.

Como situación inicial y aunque en un lugar fronterizo del capitalismo occidental, Silva está en el lugar del consumidor, es decir, pertenece a la normalidad en la que solemos perseverar por instinto básico de autoconservación. A él se le ofrecen unos chicos castrados como si se le ofrecieran auténticos productos de la tierra en el pintoresco mercado local. La desobediencia consiste, entonces, en violentar esta relación habitual y privilegiada. Ahora bien, el Ojo Silva no toma una decisión, no se apoya en alguna forma de ética formal sino en un afecto, en una tristeza. No traza un plan sino que «maquina una voluntad». Hay algo del orden del deseo y de un no saber (o de no saber todavía), que se apodera de él:

> Yo estaba llorando, o yo creía que estaba llorando, o el pobre puto creía que yo estaba llorando, pero nada era verdad. Yo intentaba mantener una sonrisa en la cara (una cara que ya no me pertenecía, una cara que se estaba alejando de mí como una hoja arrastrada por el viento), pero en mi interior lo único que hacía era maquinar. No un plan, no una forma vaga de justicia, sino una voluntad. (Bolaño 2014: 21)

El propio rostro de Silva está alejándose de él. Algo que lo excede lo ha capturado, una voluntad que (a pesar de la relativización que intercala) es voluntad de desobediencia y en definitiva de justicia: usa una violencia que no se describe, «roba» a los niños cuyo destino es ser castrados en aras de la tradición, la religión y la mercancía. Huye con ellos y vive con ellos, pero finalmente una enfermedad epidémica los mata a todos. Por un lado, el fracaso de la iniciativa salvadora es una repetición a pequeña escala del macro-fracaso de las políticas emancipatorias, y quizás también de una política concebida como la actividad salvadora de un puñado de héroes. Por el otro, el acto de Silva es una apuesta que recompone su historia, su pasado, como si fuera una especie de destino. Pero no lo es. Es inevitable comparar el coraje de Silva con otros actos de coraje que aparecen a lo largo y ancho de la obra de Bolaño. El coraje, o su ausencia, es también el dilema en muchos relatos de Cortázar donde una decisión difícil separa al personaje de su soberanía existencial o de su autenticidad vital, y también, como en Bolaño, esta decisión supone (como en «El otro cielo» de Cortázar) internarse en lo vedado y en lo oscuro. A diferencia del coraje estético y cuchillero borgeano o del coraje existencial de Cortázar, el de Silva no está inspirado en una supuesta aristocracia del espíritu ni en una cuestión de apellidos, como en «El Sur» de Borges, sino en una voluntad de rescate que quizás pueda relacionarse mucho mejor con la compasión onettiana. Esta se caracteriza también por una ética del fracaso, una lucha asimétrica con la mediocridad, llevada a cabo por individuos anodinos, perdedores y fracasados. En el caso de Silva se trata de un acto que desde el punto de vista de su vida profesional (es decir, de su interés personal) es una insensatez, pero que lo reconcilia con su condición de exiliado, de extranjero, de paria, en la más honda significación de esta palabra. Es como si Bolaño reorganizara aquí el tema del linaje borgeano, el tema de los ancestros (como en «El sur») pero remitiéndolo a otra estirpe, la de cierta juventud latinoamericana. Y sin embargo el acto de Silva no deja de ser un acto de libertad (en tanto deseo que no se resiste, que por el contrario se asume) más que un destino. Quizás podamos clasificarlo como un *interés desinteresado*.

Silva (arruinado) acude a su ex pareja, que lo había cambiado por un «levantador de pesas húngaro» (Bolaño 2014: 24) –y este detalle nos da oblicuamente la pauta de su soledad– y le pide dinero para poder viajar. Entre tanto llora «por los niños castrados que él no había conocido, por su juventud perdida, por todos los jóvenes que ya no eran jóvenes y por los jóvenes que murieron jóvenes, por los que lucharon por Salvador Allende y por los que tuvieron miedo de luchar por Salvador Allende» (Bolaño 2014: 25). Se trata de aquellos jóvenes sin linaje, huérfanos, a los que el Ojo se debería.

Es entonces la juventud por la que se llora, por una juventud sacrificada. Una juventud a la cual le tocó participar en un histórico trance de justicia, es decir, un acontecimiento político. El relato no es el de la historia de ese trance, que ha quedado sepultado en el tiempo y oscurecido por la derrota. El relato tiene como incógnita el destino residual de esa juventud después de la catástrofe. La derrota del impulso emancipatorio de los años sesenta y setenta implicaría así no sólo el final de la juventud en una generación, sino acaso el final de toda posible juventud en la medida en que, en este contexto, juventud y desobediencia –o quizás mejor: juventud e intento de sustracción a las leyes generales del capitalismo– serían conceptos implicados.

Quizás lo más interesante de este relato es esta tensión entre normalidad y excepción que se manifiesta en el propio personaje. ¿Cómo aparece «la normalidad» en «El Ojo Silva»? En principio, como es ley, de manera indirecta, sugerida o presupuesta. La normalidad se insinúa en los márgenes de la narración, se nos muestra de forma lateral, a partir de los datos sobre su trabajo profesional y sus relaciones amorosas. En ambos casos esas «marcas» o esos «efectos» de normalidad sugieren una especie de «insoportable levedad del ser». Recordemos que Silva, según el narrador, es un personaje que pierde contornos, densidad, paralelamente a su reconstrucción de una vida integrada a medida que pasa de ser un exiliado a ser un habitante más de la vida social habitual, con un trabajo que le gusta y una pareja estable. Hay cierta ironía en Silva, sin embargo, cuando le cuenta al narrador el objeto de su misión en la India, una ironía que es compartida por el narrador. Una revista de actualidades le encarga fotografías pintorescas y pseudoartísticas –una frivolidad que remite a la experiencia de Teresa, exiliada checa, en la famosa novela de Kundera–: «El típico reportaje urbano, una mezcla de Margarite Duras y Herman Hesse. El ojo y yo sonreímos, hay gente así, dijo, gente que quiere ver la India a medio camino entre India Song y Siddhartha y uno está para complacer a los editores» (2014: 16-17).

El Ojo cumple con su misión, con su trabajo de reproducir una mirada eurocéntrica de la India, sacando fotos de «casas coloniales, jardines derruidos, restaurantes de todo tipo con predominio más bien del restaurante canalla o de familias que parecían canallas y sólo eran indias» (2014: 17). El segundo encargo eran fotos para el proyecto de un escritor que escribía textos sobre prostíbulos. Silva trabajaba para otro en cosas en las que no le hace falta creer, que incluso son algo abyectas y que la condición de exiliados de ambos amigos permite que puedan ser tratadas con ironía. La vida en su flujo zoológico no sólo carece de interés para estos personajes: se supone que la sustancia de la normalidad aflora como crueldad y estupidez. Lo verdaderamente narrable para Silva, sin embargo, es ese incidente inesperado, para llamarlo de algún modo: el rescate de los niños. Sabemos primero el estado confuso y al mismo tiempo decidido que lo empujó a la acción (a la violencia, a la justicia). Sabemos también de su exaltación al lograrlo y por último, de su terca insistencia en esa empresa, hasta la muerte de los niños. Mientras tanto, la normalidad allá afuera, en París, sigue su curso. Su pareja le brinda ayuda varias veces, con dinero, con averiguaciones. Digamos con toda seguridad que su ex compañero es una «buena persona». Viaja incluso a visitarlo y hasta le ruega volver, pero entre tanto ya vive con otra pareja, un hombre completamente distinto a el Ojo, y hacia el final de la historia ese otro ha sido cambiado por un tercero, «un levantador de pesas» (esto también provoca cierta cómplice hilaridad entre los dos exiliados). No se nos puede escapar una cierta impresión de intercambiabilidad entre los amantes de su ex compañero, una hedónica levedad, la de una «vida líquida» o la de «un amor líquido» para hablar en términos de Zygmunt Bauman. Jamás se considera, por ejemplo, la posibilidad de que el compañero de Silva se instale con él en ese pueblo remoto. Silva rehúsa volver, permanece en la India con sus niños, pero lo que llama la atención es el abismo que ha surgido entre él y su pareja, más allá del buen trato que se profesan. No se trata de una pelea: no hay quejas, no hay recriminaciones. Es el surgimiento de una diferencia diríamos que ontológica, una inconmensurabilidad entre ellos. Uno empeñado en una vida poco menos que autodestructiva y el otro que continúa su vida habitual: una vida que sugiere trabajo, consumo, comodidades y servidumbres habituales. El incidente en el que Silva se ha involucrado, esa apuesta incalculable, ha sido entonces de una importancia tal como para producir en Silva una subjetividad alternativa. Insensatamente alejado de la conveniencia, de su instinto natural de autoconservación, de una vida prudente y medida, Silva no vacila en renunciar a esa estabilidad, que probablemente tanto le había costado, para serle fiel a una captura, a una forma distinta de afecto, a una lucha. Y es como si sólo el narrador y Silva pudieran entender de qué se trata todo esto. El poeta y el Ojo: como si ambos estuvieran unidos en una turbadora capacidad de *ver* que puede llegar a ser insoportable. De esta manera el fotógrafo y el escritor se complementan.

En «El Ojo Silva» el exiliado esencial aparece como una especie de agente doble. Debe simular que se adapta a su nuevo entorno, que incluye a menudo una lengua extranjera y usos y formas de relación desconocidas. Y muchas veces cumple muy bien con los requisitos que se le exigen, con la indumentaria, la gestualidad y los clichés que le permiten adquirir una funcionalidad contemporánea, medios de subsistencia y una cierta respetabilidad. Pero en el encuentro con otro exiliado estas máscaras vuelven a caer, y es la melancolía lo que se comparte. El sujeto deviene exiliado cuando otro como él se le presenta y entonces comprende la imposibilidad estructural de abandonar esa condición. El exilio termina siendo una condición involuntaria, un modo de existencia que se manifiesta en esa diferencia mínima con sus semejantes, una figura ligeramente descolocada, de extranjero irredimible, como esas figuras que Manet colocó en perspectiva errónea en algunos de sus cuadros (Sennett 2014: 75). También podríamos agregar: un cuerpo «manchado» (como el de Monsieur Pain) que puede sustraerse hasta cierto punto, pero nunca totalmente, a los dispositivos de subjetivación hegemónicos. Un sujeto en tanto pliegue, reserva íntima. Por eso el exiliado de Bolaño (homosexual, porque en Bolaño la homosexualidad es una garantía de cierta pureza, de cierta desadaptación) no sólo es una sorda reminiscencia sino que guarda en su condición, aunque sólo sea como posibilidad, el recuerdo incómodo de una temporalidad perdida: la del acontecimiento que lo colocó en diagonal frente a la sociedad de su tiempo. «Y ese canto, es nuestro amuleto», dicen las últimas palabras de Auxilio en *Amuleto*. Es decir, un objeto poderoso e íntimo, obrado por la memoria, el emblema de algo ausente que puede ser invocado siempre otra vez. Gran parte de la narrativa de Bolaño, descansa sobre las posibilidades que ofrece esa figura, esa leyenda del desterrado como romántico lugar de enunciación.

Creo entonces que es esto lo que «El Ojo Silva» pone en juego: una tensión irresuelta entre las palabras *violencia* y *justicia* (pero quizás también: saber y verdad, historia y melancolía). La generación que vivió la caída de Allende, nos dice el narrador, está condenada de un modo u otro a la violencia. Pero es evidente que esa exposición a la violencia, a sufrirla o a ejercerla, está relacionada al particular vínculo de estos sujetos con una ya remota y oscurecida trama redentora. Bolaño ha rescatado para esta tensión la dinámica de los dobles borgeanos: hay siempre dos tipos de poetas o dos tipos de exiliados, dos tipos de homosexuales o dos tipos de melancólicos, pero a diferencia de los duelistas borgeanos estos dobles no terminan siendo el mismo ante los ojos de Dios (como en el caso de «Los dos teólogos»); el conflicto del dos no se resuelve en unidad sino que la contradicción entre los opuestos (aunque sean siameses) permanece. Como ya se insinuó, en la estructura profunda de este relato está esa historia también borgeana de Tadeo Isidoro Cruz (Borges 2007: 673-676): una elección apenas consciente y sin embargo lúcida. Una deserción que permite la recuperación de una fidelidad perdida. Los dobles de Bolaño son relativamente indiscernibles. Silva y Wieder comparten una misma fascinación por la fotografía; Wieder también es poeta y vanguardista como Stein; Urrutia Lacroix y Amalfitano comparten una melancolía (o ajenidad) similar. Y sin embargo, no son el mismo ni lo mismo. No es la identidad, sino la política lo que los diferencia. La derrota ha puesto en suspenso la diferencia y ha confundido los términos, pero no los ha difuminado.

Finalmente, si en la literatura de Bolaño el capitalismo contemporáneo parece tener la figura infernal que le atribuía Walter Benjamin, es decir, que la catástrofe no es algo del pasado sino que sigue y seguirá vigente hasta el ahora de su interrupción, su frágil antídoto se encontraría en el amuleto, en el canto, en el viaje hacia lo ignoto, en el coraje de una poesía indócil que se sustrae al optimismo del mercado. La obra de Bolaño se suele tratar desde el concepto posmoderno del fracaso de las utopías. Creo más conveniente acercarse a ella desde otro punto de vista: el oscurecimiento epocal de las políticas de emancipación. Es evidente que la literatura de Bolaño se inscribe en una época que se pretende antitotalitaria y posutópica, cuya pregunta consiste en una duda jamás resuelta sobre el destino de esa embriaguez que según Walter Benjamin el surrealismo quería ganar para la revolución[13] y que en el lenguaje de

---

[13] «Ganar las fuerzas de la embriaguez para el servicio a la revolución: en torno a esto gira el surrealismo, tanto en sus libros como en sus empresas. Tal es lo más propio de su empeño» (Benjamin 2007b: 313).

Alain Badiou, y de Lacan, se llama *angustia*. La derrota ha dejado a esa embriaguez (esa angustia) a la deriva. Pero su literatura nos despierta a la necesaria conciencia de una infelicidad, incluso de un horror, que parece haberse vuelto inarticulable, para hablarnos entre líneas, aunque sin muchas ilusiones, no sólo de la intrincada trama que lo retrotrae a otros horrores de la historia sino también de la necesidad de una nueva ficción emancipadora.

Apuntes sobre *La novela luminosa* de Mario Levrero

Innumerables y repetidas son las peripecias domésticas que relata el «Diario de la beca», la desmesurada introducción o prólogo a *La novela luminosa* de Mario Levrero. En el año 2000, el escritor recibe la beca Guggenheim para poder terminar una obra empezada una década antes. La sustancia de dicha novela inconclusa son una serie de experiencias singulares que el autor considera «luminosas». La beca es para poder completarla sin que la condición luminosa de esos relatos se pierda. Durante un año entero, el narrador Jorge Varlotta, verdadero nombre de Mario Levrero, escribe en su lugar una crónica cotidiana, personal aunque no íntima, un diario de 449 páginas que entre agosto del 2000 a agosto de 2001 da cuenta día a día y en primera persona de los hábitos, adicciones, estados de ánimo, lecturas y reflexiones del narrador. El diario se concibe como una forma de preparación, una operación de despeje y recuperación, para dar comienzo a la tarea principal: la escritura de la versión completa de la inconclusa *novela luminosa*. Se concibe entonces como una suerte de ejercicio de escritura, un entrenamiento. Pero finalmente se convertirá, junto con el texto matriz y de poco más de 100 páginas apenas modificado, en la novela propiamente dicha y publicada después de su muerte en el año 2005, es decir, lo que hoy conocemos como *La novela luminosa* de Mario Levrero[1].

A estas primeras 449 páginas Levrero las llama el «Diario de la beca» y abunda en detalles cuya relevancia en principio resulta oscura.

---

[1] Escribiré *La novela luminosa* cuando me refiera a la novela en su totalidad y «La novela luminosa» cuando me refiera a las últimas cien páginas, que llevan por título ese nombre. El «Diario de la beca» es el nombre que lleva la primera parte de la novela, su prólogo en forma de diario que abarca 450 páginas.

El diario nos muestra un Levrero ficcional relativamente confinado en su departamento de la Ciudad Vieja en Montevideo, entregado a la lectura voraz de novelas policiales de la colección Rastro. Lo visitan amigas diversas con las que sale a pasear y a buscar novelas policiales siguiendo siempre un idéntico trayecto, nunca más allá de la calle Ejido (que cruza 18 de julio). Lo visita periódicamente su ex esposa, que además es su médica de cabecera, y lo visita Chl, su ex amante y pareja que al empezar el Diario ya ha empezado a dejar de serlo[2]. Chl le trae milanesas y guisos y también lo acompaña en sus paseos. El narrador no sale casi nunca solo y el afuera urbano en general lo incomoda: los cambios decorativos de la intendencia, el miedo a la violencia, el acoso acústico de los altoparlantes, la música popular y la multitud le producen un sentimiento de rechazo y vértigo. El diario registra meticulosamente sus noches insomnes, sus novelas policiales, su relación culpable con la pornografía y los juegos de computadora, las especulaciones sobre su medicación o sobre los efectos colaterales de sus tranquilizantes, sus ataques de pánico, su ágorafobia, los cambios que realiza en su apartamento y cómo se va gastando el dinero de la beca Guggenheim sin avanzar un milímetro en el proyecto de la novela para el cual se la otorgaron. Leemos, finalmente, sobre la evolución escatológica de una paloma muerta en una azotea vecina que observa desde una ventana y comenta en forma casi cotidiana, y el lento desenredarse de la relación sentimental entre el narrador y Chl.

El «Diario de la beca», o sea, el prólogo a la novela luminosa, está en el lugar de la novela propiamente dicha; es lo escrito mientras se aplaza indefinidamente el momento de empezarla o más bien de completarla. Las últimas cien páginas de la novela dan cuenta retrospectivamente de estas experiencias radicales. Allí un narrador aterrado por una venidera operación de vesícula se apresura a cartografiar la génesis y el acaecimiento de percepciones alucinadas, visiones o revelaciones que evidenciarían un mundo que, aunque invisible, condiciona todo lo existente. *La novela luminosa* es el «testimonio de un fracaso», dice el propio Levrero en el

---

[2] El sobrenombre que el autor elige para ocultar el verdadero nombre de su amante, Chl, es una contracción de «chica lista».

prólogo (o prólogo de prólogos). Una novela esencialmente paradójica que recibe el título de lo que se confiesa no haber podido hacer.

Este sistema de escritura sobre el libro ausente, esta des-obra (en la terminología de Maurice Blanchot), forma una complicada secuencia con cuatro obras rioplatenses. El enervante relato «El escritor fracasado» (1997), de Roberto Arlt, con el que Levrero comparte la exploración de saberes esotéricos, trata sobre un aspirante a escritor que habla profusa y altaneramente de su futura novela en las tertulias literarias pero no consigue escribir una línea y termina convirtiéndose en un escritor sin obra, «un fracasado» y, finalmente, en un crítico implacable de sus colegas. En ese relato el personaje va superando etapas de envilecimiento, relacionadas al vencimiento de los plazos, a las dimensiones crecientes de un fracaso medido en semanas y meses de impotencia creativa. Aunque sin el aura maligna del personaje de Arlt, el «Diario de la beca» trabaja también sobre esta desesperación de escritor: la persona que debe un libro y por tanto carga con una deuda que, haga lo que haga, ensombrece sus días.

Por otra parte, *La novela luminosa* debe también algo de la desmesura de los prólogos a *Museo de la novela de la eterna* (1967) de Macedonio Fernández, con quien Levrero comparte su desprecio por las convenciones genéricas y el hábito de la paradoja. Sólo que lo que antecede a los capítulos centrales de *La novela luminosa* no son sólo prólogos meditativos y provocadores sino también un diario personalísimo, a ratos confesional. En lo que respecta al uso del diario personal o íntimo como género, esta novela se emparenta con dos obras uruguayas: *La tregua* (1998) de Mario Benedetti y el *Diario de un sinvergüenza* (1983) de Felisberto Hernández[3]. Con la primera la une la anotación melancólica de una historia crepuscular centrada también en las dificultades para asumir el ocio en la madurez y el fracaso de una relación sentimental, aunque no comparte el patetismo de la narración de Benedetti. Con la segunda la une una voluntad de introspección con aire psicoanalítico, el humor y el tema de la disociación entre lo que se propone la mente

---

[3] Sobre esto ha llamado la atención un interesante artículo de Hugo Verani (2006). El artículo aparece mencionado en *La novela luminosa*, donde Levrero, amigablemente, discute con el crítico uruguayo transformándolo en personaje.

y lo que el cuerpo dispone. El personaje narrador de Levrero comparte también con el de Felisberto una lentitud característica, una torpeza o inadecuación respecto a la vida práctica y una inclinación congénita a la pereza y el análisis. De ambos se separa el diario de Levrero, no sólo por sus dimensiones sino también por la diversidad e indiferenciación de los materiales narrativos que exhibe y por la inclinación mística que recorre insistentemente su novela. El «Diario de la beca» es un informe pormenorizado de los días y sobre todo de las noches de Jorge Varlotta durante el año de la beca. En cierto sentido es, o simula ser, el testimonio de una cotidianidad desesperada, su relación con esa serie de momentos luminosos registrados años antes y el intento fallido de dotarlos de un contexto.

A pesar de la constante humorística que caracteriza toda la prosa del escritor, al final del diario se acentúa el tono elegíaco que termina predominando. El diario es el registro cotidiano de varias decadencias. La salud del narrador, siempre puesta en cuestión por él mismo (aunque aparentemente sin motivos reales), y la gradual pero irrevocable declinación de su relación sentimental con Chl, con la que ya no comparte sus noches. A medida que el diario avanza sin progresos girando en torno a la imposibilidad de desarrollar una historia, Chl se muestra cada vez más lejana, influida por su terapeuta que va ganándola a costa de su antiguo apego al narrador y con el convencido o resignado acuerdo de éste. Hacia el final, el control de las emociones derivado de esta tensión afectiva se descalabra y el narrador se confiesa a sí mismo que este diario es el registro de una depresión comenzada mucho antes, el día que Chl emprendió su primer largo viaje, y que el diario mismo es, quizás, un fatigoso duelo por la muchacha (2009a: 422). La otra decadencia de la que el diario da concienzuda información es la de la gradual descomposición del cadáver de la paloma y de las extrañas visitas que éste recibe de su presunta viuda. El texto articula así la historia de esos días noctámbulos y solitarios pasados en el departamento de Bartolomé Mitre con la melancólica vela en torno a un cadáver.

El sujeto involuntario

> ¿Y la beca? Me imagino que un lector impertinente, de esos que nunca faltan, está pensando «¿A este tipo le dieron un montón de plata para que juegue golf (y Buscaminas, reciente nuevo hábito) y se divierta con el Visual Basic? Qué desvergüenza. Y le llama *Diario de la beca*». Calma lector. Me llevará tiempo cambiar los hábitos (2009a: 45).

El dibujo que *La novela luminosa* diseña a lo largo de su desarrollo tiene tres aristas claras: la muerte, las experiencias luminosas y la melancolía cotidiana. Como veremos, la experiencia luminosa es como un suplemento de vida, una sobrevida. Su intensidad, su forma arbitraria y con frecuencia delirante, el *pathos* celebratorio con el que se recibe su acaecimiento, la ubican entonces en el extremo opuesto de la muerte.

En el medio tenemos esa melancolía cotidiana que forma la masa más sustancial del texto, donde dominan «la rutina y las adicciones», cierta obscenidad, la abulia y el humor. Vemos a Levrero emprender proyectos de reforma sin mucha convicción, y los diarios son todos un proyecto de poner en movimiento la escritura, ejercicios de disciplina aun cuando este moderno Oblomov sólo confía en intervenciones milagrosas del espíritu y descree íntimamente de cualquier proceso, creativo o no, en el que esté involucrada la voluntad o el «yo consciente». El ser humano sólo es una canal de trasmisión de los caprichos del espíritu: «El amor, el espíritu es un soplo eterno, que sopla a través de los tubos vacíos que somos nosotros» (2009a: 473). La escritura está en manos de su *Daimon*, y la felicidad en manos del azar o de «Dios». Los diarios son, eso sí, rigurosos análisis de este estado letárgico además de intentos de evocar «la memoria del alma», sin el concurso de la cual todo esfuerzo, toda escritura y toda experiencia resultan inútiles:

> La gente incluso suele decirme: «Ahí tiene un argumento para una de sus novelas», como si yo anduviera a la pesca de argumentos para novelas y no a la pesca de mí mismo. Si escribo es para recordar, para despertar el alma dormida, avivar el seso y descubrir sus caminos secretos; mis narra-

ciones son en su mayoría trozos de la memoria del alma, y no invenciones. (Levrero 2009:122)

Levrero llamó a las novelas *La ciudad* (1970), *París* y *El lugar* la *Trilogía involuntaria*. Se percató, mucho después de que estuvieran escritas, de que las tres obras tenían a la ciudad como núcleo y podían verse como una trilogía. Las novelas no fueron escritas para llegar a formar esa figura: surgió espontáneamente. Y este desarrollo semiconsciente caracteriza el acto de escribir de Levrero. Por un lado, desde *Diario de un canalla* la escritura de estas crónicas íntimas se propone explícitamente como un medio de perfeccionamiento personal o del «alma», y a ratos hasta de salvación a través de la voluntad y la disciplina. El primero empieza con la confesión de que una ciudad corrupta lo ha hechizado, alejándolo de sí mismo, y explica que recurre a la escritura como curación y búsqueda. *El discurso vacío* es un intento de mejorar la personalidad a través de ejercicios caligráficos, invirtiendo el principio de la grafología. Escribir una caligrafía regular e inteligible le ayudará, según el autor del diario, a mejorar su carácter. Como se sabe, asumir el diseño de la personalidad y el cuidado de sí a través de la disciplina y la escritura es un programa ético y estético del Helenismo que fascinó al último Foucault. En Levrero aparentemente se trata de recuperar el control de la vida, hacerse «dueño de su destino», pero este propósito pagano no encaja del todo con la inclinación mística de Levrero. Aparentemente los diarios se escriben buscando un equilibrio, una forma de salubridad, pero este propósito de salud no es el del yo consciente o el de la personalidad sino la búsqueda de un «yo» profundo que se encuentra alienado de sí mismo. Por lo tanto escribir, asumir la disciplina de escribir, significa para Levrero crear la posibilidad de una distracción y de una entrega, y no la de un control. Crear un espacio donde se instale su *Daimon* y éste emprenda su intuitivo juego. Ese demonio personal o «espíritu travieso» que le dictará las palabras puede aparecer o no. Como se sabe, la palabra evoca las ambiguas deidades griegas donde se confundían el genio o el alma del individuo (y su destino), intermediarias entre los dioses y los hombres. Su acción es independiente de la voluntad individual y en Levrero representan una fuerza caprichosa del inconsciente. La contradicción entre voluntad de control y *Daimon*, entre objetivos explícitos e inclinación del alma, producen ese estilo desgarrado característico del sujeto dividido.

Todo lo finalmente escrito en estos diarios es producto de no haber podido cumplir con los objetivos que explícitamente lo justificaban. El resultado son textos que se le han escapado de las manos al narrador, el producto de desvíos, de tentaciones inconscientes. La sustancia literaria de aquel discurso que se pretende vacío es justamente su no buscado contenido. Pretendiendo escribir sobre nada continuamente se distrae y «a su pesar» cuenta cosas. Podríamos completar la imagen del *discurso vacío* con la del *discurso involuntario*. Ésta es la otra paradoja en los diarios de Levrero. En *El discurso vacío* hay una tensión entre la disciplina caligráfica, el propósito explícito de escribir sobre *nada* y lo que de hecho se relata. El relato surge de esta indisciplina, como infracción involuntaria sobre el proyecto original, como desvío productivo. En *La novela luminosa* el objetivo confeso es «poner en marcha la escritura» (21) y escribir sobre cualquier cosa, para crear el hábito. Pero no es la novela, no es el proyecto de la beca. La tensión que tematiza el diario, sin embargo, es esta permanente postergación de la obra que debería haber sido el objetivo principal. Sabemos que esas páginas están en el lugar de algo en lo que no se avanza mientras los plazos se acortan. Se trata entonces de una escritura desarrollada como rodeo y postergación. Una escritura terapéutica que tiende a desdibujarse como «obra» y a realizarse como síntoma. Síntoma de una ausencia: la del espíritu, la de la voluntad misma, la de la luz. Fundidas la escritura y la vida en el diario, toda su existencia parece movida por inercias: «Quisiera poder encaminar mejor mi vida, mis horarios, mis intereses. Pero cada vez lo veo más difícil, más remoto. Me muevo por puros automatismos» (2009a: 424).

Lo que se hace experimentable en esa tensión entre pereza y escritura –o escritura de la pereza, si se prefiere–, en esa lucha sistemática y productivamente perdida contra el abandono, es, como hemos visto, la propia sustancia del tiempo. Pero también y sobre todo se pone en escena un yo sin autoridad ni poderes que lejos de dirigir su escritura emerge como su subproducto. En ese recurrente desvío el yo ficcional de Levrero relata con radical sinceridad esa cotidianidad llena de propósitos frustrados y claudicaciones, y de esta manera se expone y se pone en juego como un yo errante y vacilante que buscándose sólo consigue extraviarse o sumergirse en fuerzas superiores a su capacidad de control. El sujeto que emerge de *La novela luminosa* es un sujeto «involuntario», a la vez narcisista e inoperante, cuyo emplazamiento es el de la espera y la rememoración. Su única función es permitir que surja «el texto preexistente» (Silva Olazábal 2009: 47) de lo impersonal subconsciente, donde se albergarían imágenes arquetípicas.

El sujeto narrador, débil, solitario, aislado, se nos va revelando como un ser que aguarda en un territorio devastado. Este aguardar es sin duda un aguardar abierto a la posibilidad de que algo, la escritura, el amor, la visión, acaezca, pero es una espera sin mucha convicción. Toda la democrática absorción del diario, su meticuloso registro de actividades, su introspección, sus triviales indagaciones, su analítica de los sueños, su documentación fiel y humorística de días y de noches, tienen su figura exacta en esa paloma «viuda» elegida por él mismo para representar su *Stimmung* dominante[4]: la desolada azotea donde una paloma muerta no cesa de descomponerse y otra da vueltas en torno suyo, como si esperase una improbable resurrección. Esos son los rodeos del «Diario de la beca», este aguardar y custodiar en la vecindad de un cadáver. El yo ficcional de Levrero se va presentando como un impotente y angustiado custodio del espíritu que no termina nunca de desfallecer[5].

---

[4] Prueba del estilo de Levrero, de su humor des-realizador, es que no sólo tematiza el carácter simbólico de los pájaros (ave=espíritu) (2005: 271) sino que también lo parodia cuando, después de comentar estas apariciones simbólicas de los pájaros en su vida, cuenta, relativizando, que una paloma se coló en su casa por la ventana y que ésta no fue en ningún sentido una experiencia espiritual sino más bien desagradable.

[5] La idea de que *La novela luminosa* es «una tozuda búsqueda del espíritu», aunque en forma diferente a la aquí presentada, la ha tratado Ignacio Echeverría en un hermoso ensayo: «Levrero y los pájaros» (Echeverría 2008: 95).

Teoría global de la vida

> La certeza de que no tendré tiempo de integrarme a ese lugar [...] y a esa gente [...] soy extranjero en todas partes. A veces hasta en mi casa... (248)

El uso del diario como máquina de narrar tiene obviamente distintas consecuencias. El diario no procede reconstruyendo un pasado ya concluido. No hay, no puede haber, una retrospección general que selecciona y jerarquiza como en la autobiografía o en las memorias, ni una historia previamente concebida o escuchada y que selecciona los materiales ordenándolos según la necesidad o la estética de la trama, como es el caso en la novela. En el diario se supone que se anota el día a día de una vida sin anticipaciones ni retrocesos, y carece por eso de un diseño capaz de ofrecer concentradamente la figura acabada de una vida.

Al igual que Borges, Levrero es un devoto de la novela policial (en su caso, del policial norteamericano), pero su modo de concebir el relato está en las antípodas del maestro argentino. Borges ve en el policial un ejemplo de elegancia formal, un relato «lúcido y limitado», «donde profetizan los pormenores», como dice en «El arte narrativo y la magia». Se trata, entonces, de lo opuesto a la novela psicológica, cuya causalidad supone «infinitas operaciones» (Borges 1985: 172). Para Levrero la novela policial es una adicción y no un modelo narrativo. No aspira a la narración simétricamente cerrada sobre sí misma, donde sólo figuren los ingredientes necesarios, sino al discurso deshilachado que se extiende caprichosamente y se interrumpe sin aviso.

Lo que en Levrero recuerda al género policial es quizás el talante investigador de sus personajes. Podríamos decir que, como en otros textos de Levrero, el narrador en primera persona se presenta en *La novela luminosa* como un indagador compulsivo (e histriónico) para quien la investigación de estructuras harto complejas es una forma de evasión adictiva, similar a la adicción al juego. Tiene la necesidad visceral (y culpable) de entender y manipular o mejorar los programas (robados) que instala en su computadora, procesos estos que se viven como una apuesta fuerte y su culminación exitosa como un «orgasmo» (275); o de llegar a dominar la lógica de los juegos electrónicos (248). Invierte mucho tiempo en observaciones de entomólogo y pasa horas analizando el funcionamiento de un hormiguero porque *necesita* saber exactamente adónde va cierta hormiga (246), tal como necesita saber también la «línea imaginaria» que traza un hombre cualquiera cuando va a su trabajo (247). Ante el encuentro social con un grupo de personas desconocidas siente aprehensión e incomodidad, pero al mismo tiempo una irreprimible necesidad de cartografiar los lazos que unen y relacionan a todas ellas (247). Tarea imposible donde las haya que le dejan una melancólica añoranza: «de algo perdido, de un mundo que nunca podré conocer» (247). Por otra parte, toda arquitectura avizorada, toda trama resuelta, dejan de interesarle, como dejan de interesarle las novelas policiales una vez leídas. Esta obsesión por el funcionamiento de las redes que se entretejen en un sistema infinito de relaciones, y cuyas dimensiones son imposibles de abarcar para una persona, desemboca quizás en su «Teoría global de la vida»:

> [...] una gran estación de ferrocarril, de la cual están partiendo continuamente trenes que llegarán o no a destino, que volverán o no a la estación, portando cada uno de ellos un pequeño yo ansioso, con su rostro amarillento pegado a la ventanilla [...] Saber combinar la marcha de los trenes en su conjunto es el arte de escribir como sería el arte de vivir saber combinarlos en la vida real (2009a: 505).

Una vida, una novela, son una red inabarcable de trayectos y temporalidades.

La inclinación al análisis, a perderse en él, es una constante en Levrero y se complementa con la pereza que le impide mantener el rumbo de los proyectos que concibe y anuncia. El diario de la beca inicia segmentos autobiográficos que no se concluyen. Sugiere o avanza revelaciones importantes que se postergan o no se dilucidan. Para ser verdadero, el relato tiene que operar sobre lo fragmentario, tiene que ser fragmento y fracaso. El recurso al diario personal como su particular máquina de narrar facilita quizás el registro de esta vaga sensación de «incompletud», de experiencia segmentada y fugaz.

El yo de Levrero se refiere algunas veces al diario como a «esta investigación de mí mismo» o un «monólogo narcisista» (169). La digresión indagadora que en la retórica antigua era la parte móvil del discurso y sostenía la oralidad Levrero la usa para sostener la escritura, y lo hace también desde cierta espectacularidad, al ponerla en primer plano. Hay efectivamente algo entre provocador y narcisista en esa puesta en escena de la (no) escritura. Y es que la lucha incesante y titánica por el espíritu, por «avivar el alma dormida», que el narrador se propone –siempre sin éxito, según él– como misión de la escritura, es una lucha que se libra en o dentro del propio yo, con éste y contra éste.

El diario permite también dos operaciones esenciales: la incorporación heterogénea de diversos temas y formas de escribir y la representación de una temporalidad específica. Dominado por una única voz personal *La novela luminosa* se nutre de distintos géneros discursivos (el relato, el ensayo, la confesión, el «panfleto», la digresión) para contarnos las impresiones de lector y las convicciones existenciales de su autor; su condición de paciente, de adicto, de habitante de la ciudad, para contarnos su dieta o analizar sus sueños o los de otros. Su enfoque particular de la narración cronológica puede compararse con las tomas de plano fijo en el cine, donde lo que determina el contenido de las imágenes es que estas aparezcan o se crucen en el recuadro o espacio controlado por la cámara. En el caso del diario este recuadro sería la fecha y la hora que enmarcan lo relatado. Si en el *Discurso vacío* el propósito era «escribir sobre nada», en *La novela luminosa* parece que se trata de escribirlo todo. No son los acontecimientos –acontecimientos relevantes para el relato– los que la narración debe ubicar en el tiempo, sino que es el tiempo mismo, la fecha y la hora en la que se escribe, el que determina lo que se relata –y esto incluye también escribir que no ha pasado nada o que hoy no se tienen ganas de escribir. Así es como hay fechas en las que leemos frases como: «Sí, otra vez se me hicieron las seis de la mañana. Pero por lo menos no entré a Internet. Me pregunto qué estuve haciendo durante todas estas horas» (2009a: 78). Cuando el diario se interrumpe unos días y el diarista tiene que reconstruir de memoria lo sucedido en esos días ausentes, la escritura no puede evitar, según Levrero narrador, ser «fraudulenta» (2009a: 282). La autenticidad del diario, entonces, estaría también en esa fidelidad a contar lo inmediato, en la casi simultaneidad entre escritura y suceso. Así, por ejemplo, el sábado 13 de enero de 2001, a las cuatro de la mañana, leemos únicamente lo siguiente: «¡JA, JA, JA! ¡He derrotado al verano! Tengo aire acondicionado. Lo festejé con medio vaso de vino. Estoy borracho» (2009a: 306).

La modalidad del diario, a partir de «Diario de un canalla», *El discurso vacío* y *La novela luminosa*, es un dispositivo de incorporación de materiales innobles o aparentemente intrascendentes que le permiten al autor crear una relación indiferenciada con los objetos. El diario es, sin duda, uno de los géneros literarios con más oportunidades para la impureza. Al ser su cometido atrapar el presente en su fugacidad como pasado recientísimo y tener al «yo» como autor y lector privilegiado, se amplía considerablemente la posibilidad de viajar entre lo microscópico y lo gigantesco, lo soñado y lo vivido, lo íntimo y lo público, lo cotidiano y lo trascendente, lo circunstancial y lo eterno. Esto puede trastocar con relativa facilidad los límites implícitos que separan lo literario de lo no literario en una determinada época. Cabe decir, incluso, que el diario mismo como género podría definirse como un límite indiscernible entre lo uno y lo otro.

Esto permite una operación de extrañamiento en la medida en que la indiferenciación, a ratos, nos hace percibir el mundo cotidiano de Levrero como una multiplicidad sin sentido. De cualquier manera, esta tendencia al registro igualitario de lo múltiple hace que el texto remueva y trastorne lo que Jacques Rancière ha llamado la «división de lo sensible» (Rancière 2011: 27-58[6]), y esta es una de las características que hacen de Levrero un «raro» contemporáneo.

---

[6] El arte, según Rancière, es político en la medida en que interviene en la experiencia sensorial, y se inscribe siempre en un sistema de inclusiones y exclusiones que es el corazón de la política.

El diario y la muerte

> La plantita que me había regalado Julia murió del todo (263)

El diario evidentemente supone también una temporalidad específica. Homogeneiza los días y las noches sin importar lo decisivo o lo trivial de ciertos momentos, únicamente diferenciados por las fechas que tiene asignadas. El narrador vive en el espacio reducido de su departamento luchando con problemas domésticos de diversa índole, dando una que otra clase de taller literario y visitado por amigas que lo sacan a pasear. Estas actividades no consiguen disimular una temporalidad fundamentalmente estática, donde el tiempo aparece sustraído de todo montaje teleológico.

Lo que se registra es una vida donde se articulan trivialidad y desasosiego, o lo que Levrero llama a veces «angustia difusa» y otras «depresión». *La novela luminosa* tiene mucho de «novela oscura», en el sentido de que toda la parte dedicada al «Diario de la beca» es la descripción de una vida experimentada como impropia o inauténtica, un estado de impotencia cuyo mejor anuncio está yo escrito en el Epílogo a *El discurso vacío*:

> Cuando se llega a cierta edad, uno deja de ser el protagonista de sus acciones: todo se ha transformado en puras consecuencias de acciones anteriores. Lo que uno ha sembrado fue creciendo y de pronto estalla en una especie de selva que lo rodea por todas partes [...] y no queremos salir porque sabemos que no hay donde salir, porque la selva es uno mismo y una salida implicaría alguna clase de muerte. Y si bien hubo un tiempo en que se podía morir cierta clase de muerte en apariencia inofensiva, hoy sabemos que aquellas muertes eran las semillas que sembramos de esta selva que hoy somos. (2009: 168)

De modo que es entonces la vecindad de la muerte lo que condiciona en todo momento la escritura. El puro encadenamiento de los días va destacando gradualmente la propia sustancia del tiempo e inevitablemente provoca una dolorosa consciencia de transitoriedad. Porque aún cuando un diario íntimo puede suponer el registro de un período determinado en la vida de su autor, como es el caso del diario de Santomé en

La tregua y el propio «Diario de la beca», la estructura del diario como modo de contar es potencialmente infinita porque la rige el calendario y supone y permite la adhesión *ad infinitum* de nuevos días o nuevas horas. Pero el diario es también personal y por tanto se conjuga con una vida humana concreta. El tiempo del diario personal es el del plazo limitado de una vida que se relata en su contingencia, fragilidad y finitud. La sustancia del diario es la propia vivencia inmediata. Se puede decir entonces que su estructura temporal es intrínsecamente escatológica, porque supone la muerte como su interrupción lógica. Es en la muerte donde el diario personal alcanzaría su límite absoluto. Pero en la forma precisamente de la interrupción, porque a diferencia de la biografía el momento de la muerte misma, lo más íntimo de un ser, es lo único que no puede ser contado. Nadie puede contar su propia muerte, salvo como anticipación profética. En torno a ese hueco oscuro gira el auto-relato. A diferencia de la biografía, la autobiografía o las memorias, el diario es siempre inconcluso. El diario personal es el género de la anticipación de la muerte.

Lo que va dibujando esta relación con un tiempo presente sin distancias retrospectivas es la sensación de que entre esta sucesión de hechos cotidianos y la muerte no va quedando nada y es justamente la nada, como desasosiego metafísico, lo que se insinúa desde el principio como «angustia difusa». En el registro de distintos «ahoras», sometidos al orden implacable de las fechas, el diario personal instala la angustia de la finitud en la base de las vivencias que relata. Escribir simultáneamente al vivir, tomar esa distancia de las ocupaciones habituales para sentarse a contarlas poniéndolas sobre el papel, nos confronta con la vacuidad esencial de una serie de operaciones cotidianas y con la pregunta por su sentido profundo. El género diario también es, entonces, un dispositivo para la angustia.

La temporalidad de la angustia sólo conoce dos momentos relevantes: el tiempo puro y la muerte. La «angustia difusa» anticipa la muerte, pero ésta por el momento no se presenta. «Donde hay angustia la muerte está cerca, próxima, inmediata» pero el tiempo puro dura, no termina de pasar, es sencillamente «todo el tiempo» (Garrido-Maturano 2006: 313). Y entonces tenemos esa sensación de espera involuntaria. ¿Espera de qué? Espera de la muerte que acabe con la angustia o de un tiempo redentor, un instante que mientras dure sea eterno, y que en Levrero no sería otra cosa que la experiencia luminosa.

La novela está plagada de referencias directas e indirectas a la muerte: los dolores que lo paralizan en la calle y que el narrador explica al principio como la consecuencia de dolencias cardíacas, pero que resultan no ser otra cosa que accesos de pánico, o sea, miedo indeterminado, somatizado, a la muerte. Recibe mensajes que lo informan del fallecimiento de viejos amigos, llamadas telefónicas que son como heraldos negros. La única planta de su balcón muere y Chl se muestra cada vez más esquiva. En la parte llamada «La novela luminosa», escrita unos diez años antes, el narrador aduce una próxima operación de vesícula para apresurar un texto que se concibe como un eventual testamento, porque «uno nunca sabe» (462).

Incluso la relación con sus patrocinadores parece teñirse de acentos fúnebres. La beca Guggenheim se insinúa por momentos como un contrato fáustico que concede tiempo y ocio a cambio de un rendimiento específico que debe pagarse al final. Ese tiempo de ocio concedido no le pertenece en el fondo al autor del diario sino al «señor Guggenheim», la figura cómica que Levrero crea para personalizar esta instancia de dependencia:

> Estimado Mr. Guggenheim, espero que sea consciente de los esfuerzos, registrados en este diario, para mejorar mis malos hábitos, al menos algunos de ellos, al menos en la medida en que estos hábitos me impiden dedicarme plenamente al proyecto de escribir esa novela que usted tan generosamente ha financiado. Ya ve usted que hago todo lo que está humanamente a mi alcance, pero tropiezo una y otra vez contra ese montón de escombros que yo mismo alguna vez he volcado en mi camino. (2009a: 96)

> Estimado Mr. Guggenheim: Creo que usted ha malgastado su dinero […] Mi intención era buena pero lo cierto es que no sé qué se ha hecho de ella. Ya pasaron dos meses: julio y agosto, y lo único que he hecho hasta ahora es comprar esos sillones (que no estoy usando) y arreglar la ducha (que tampoco estoy usando). El resto del tiempo lo he pasado jugando con la computadora. […] Muchos saludos y recuerdos a la señora Guggenheim. (2009a: 86)

Así, el «señor Guggenheim» se perfila como una deidad generosa pero temible que concede un tiempo impropio para culminar una obra inconclusa, algo así como el año divino que durante unos segundos humanos Dios le concedió a Jaromir Hladík frente al pelotón de fusilamiento para que completara su drama en verso *Los enemigos*, en «El milagro secreto» de Borges. Sólo que el yo narrador del diario de la beca, menos voluntarioso o menos disciplinado que aquel judío de Praga, malgasta su precioso tiempo en juegos de computadora y en febriles e inútiles insomnios. Tiempo divino y aprovechado el de Jaromir, tiempo donado y malgastado el de Levrero. El primero es un tiempo concluido por la reanudación del fusilamiento, un tiempo perfecto con el que Borges cierra la narración y su tensión, su paréntesis secreto. El segundo, el del «Diario de la beca», es un tiempo inconcluso, imperfecto, un paréntesis que no se cierra, abierto a la incertidumbre, y a la vez un *demasiado tarde*. ¿Cómo terminar un diario que aspira a ser novela sin involucrar la propia muerte? «Antes de dormir pensaba que por su estructura de novela ya debería estar terminado, pero su calidad de diario no me lo permite, sencillamente porque hace mucho tiempo que no sucede nada interesante en mi vida como para llegar a un final digno» (2009a: 431).

Finalmente, el diarista considera su propia muerte como uno de los finales más apropiados y propone este fragmento entrecomillado: «Estoy cansado de todo. La vida no es más que una carga idiota, innecesaria, dolorosa. No quiero sufrir más, ni llevar más esta miserable vida de rutinas y adicciones. Apenas cierre estas comillas, pues, me volaré la cabeza de un tiro» (2009a: 432).

A continuación deshecha esta salida dramática al problema del fin del diario (que según él le procuraría lectores) porque no sería verdadera –y ni siquiera sabe, además, cómo manejar un arma. Incluso confiesa sentirse relativamente cómodo y hasta feliz en su vida maniática, a pesar de una «dominante depresiva» (2009a: 433). El diario termina como empezó, registrando hechos triviales y resumiendo los muchos días en que se lo abandonó. Hay sí un epílogo donde se da información sucinta sobre el estado en el que quedaron los distintos temas abiertos en el diario: los programas digitales, las palomas, Chl y el amor, el robo de *software*, los electricistas, los antidepresivos y hasta la problemática vinculada al yogurt con vitamina C. Relevante en este sentido es el epígrafe de Salinger –«En el fondo mi mente siempre se ha rehusado a aceptar cualquier tipo de final» (559)– que aparece en el libro y sobre todo la aseveración de Levrero que le sigue: «Un diario no es una novela, a menudo se abren líneas argumentales que luego no continúan [...] este libro, en su conjunto, es una muestra o un museo de historias inconclusas» (2009a: 559).

Habría que decir que el tiempo narrativo de Levrero es el de un *presente inacabado*. Es un tiempo de angustia y una modalidad que tiene la virtud de contaminar el mundo de la vida; porque, al dejar abierto su período, permite más fácilmente que el mundo de la ficción se continúe en el imaginario del lector y hace posible ese cruce entre la ficción del relato y la ficción de la vida al que se refirió Paul Ricoeur en *Educación y política* (2008: 201).

La materialidad de la angustia

> ...miedo a caer entre esos materiales desagradables (353).

Hay a lo largo de la novela un registro pormenorizado de la relación del narrador con los objetos que lo rodean, sean estos muebles o aparatos o instrumentos domésticos, espacios transitables o documentos. La lucha diaria con los objetos domésticos abarca una larga serie: sus lapiceras, su incómoda forma, el grosor inadecuado de la tinta y sus efectos en la caligrafía, sus problemas con el radiador de aire, las dificultades culinarias, los efectos colaterales de los medicamentos, la computadora y sus comportamientos, los inconvenientes con la electricidad, los apagones, el angustioso trámite de renovar la cédula de identidad, la pesadillesca travesía urbana son algunos de esos *tours de force* del diarista con las dificultades prácticas de la vida. Toda manejo con artefactos o instrumentos supone en Levrero una rutinaria exasperación, un fastidioso o heroico enfrentamiento *de igual a igual* con las cosas. Ante los objetos siente pereza o una adicción incontrolable. No responden simplemente a su voluntad, no parecen estar a mano. La computadora, que el diarista maneja con cierta pericia, pasa de ser una prolongación tecnológica de la mente a convertirse en una máquina infernal. El narrador necesita una difícil autodisciplina para no caer en la absorción fascinada que provoca su mecanismo combinatorio. Sometido a la tentación de los programas, los juegos, las fotos pornográficas, e incapaz de domesticar el instrumento que lo ha sometido, el diarista siente que ha perdido «su otrora espléndida vida interior» (2009a: 166) y ha quedado reducido al aburrimiento del oficinista. A veces, sin embargo, la lucha con la computadora es épica: «Me voy a dormir sintiendo una gran satisfacción. También diría que estoy emocionado. Fue una lucha difícil pero por segunda vez [...] pude modificar un programa» (2009a: 328).

Hay una escena quizás más significativa, dada la importancia que en esta novela-botiquín tienen los medicamentos: el narrador toma un nuevo antidepresivo (la mayoría le hacen mal) y nos relata que la lucha del medicamento contra la depresión se manifiesta en una oscilación del ánimo que lo hace entusiasmarse y cansarse sucesivamente. Como consecuencia, se levanta del sillón y se sienta alternativa y repetidamente, según predomine o no el efecto de la droga sobre la depresión (2009a: 252). Esta relación chaplinesca que el sujeto narrador despliega con los objetos es contraria al entretejido funcional que se supone es el sentido último de los utensilios. En la confianza en que los aparatos, los artefactos y los utensilios nos responderán, nos sumergimos en el automatismo y en la indiferencia pero en la incomodidad frente ellos «se anuncia el mundo» (Heidegger 1980: 88).

La angustia difusa de Mario Levrero se expresa como permanente inadecuación con el mundo. Se mueve entre una colección de objetos desobedientes, fascinantes y desalmados que aparecen en su opacidad y van minando la cotidianidad como automatismo, como familiaridad, transformándola en espacio abierto, ambiguo y peligroso.

En este sentido podemos decir que en *La novela luminosa* asistimos a una virtual materialización de la angustia donde los objetos no son únicamente prolongaciones útiles de la voluntad ni desaparecen en el horizonte de confianza que supone el ser de los utensilios. Llaman la atención hacia sí mismos, resistiéndose a la manipulación y apareciendo en su condición de objetos radicalmente otros, radicalmente extraños.

Como vimos, en el triángulo formado por los extremos de la muerte, la angustia cotidiana y la experiencia luminosa, el narrador espera a ciegas la resurrección del espíritu, o de su espíritu personal, pero no lo hace al margen de las cosas sino atravesando la severa *facticidad* de la existencia[7].

Por otra parte, vivir inadecuadamente, al margen de los horarios de la ciudad, entregándose a actividades inútiles, dedicarse maniáticamente a la computadora o encerrarse en la trama de un policial, forman un paradójico método, una estrategia fatal que genera la angustia y con ella la condición de posibilidad de una apertura: «Sigo atado a la lectura de novelas policiales y a la computadora, pero las novelas policiales están comenzando a aburrirme y a exasperarme, y en lo que respecta a la computadora más bien tiendo a jugar, a hacer cosas inútiles y a preocuparme por detalles insustanciales. Estos focos de angustia me interesan; por ahí tiene que haber una salida» (2009a: 403).

En el último tramo de la novela, las cien páginas dedicadas al recuento de experiencias luminosas, se establece una relación completamente distinta con la materia. Los objetos se abren a una percepción profunda y cobran una vida insospechada. Las experiencias luminosas son también una redención de los objetos mismos que adquieren entonces virtudes completamente ajenas a los fines que los justifican. Baste mencionar los ejemplos de unas uvas providenciales que lo acercan a Dios y más notablemente un semáforo que es el punto de partida para una de estas experiencias. En la ciudad «de cuatro dimensiones» se distinguen los afectos en las cosas: «Comencé a distinguir los matices de tristeza de ciertos tubos de neón cuando se reflejan en ciertas veredas o la alegría fugaz de algún reflejo inesperado» (498). Es como si bajo el régimen de lo luminoso, los objetos mismos fueran signos de un texto divino que hay que leer al modo del astrólogo y no del usuario.

---

[7] Me refiero a la concepción de facticidad como caída y ruina que posibilita la iluminación del ente en una dialéctica de mostración y ocultamiento. Agamben ha estudiado en *Questions ouvertes* (1988: 67 y ss.) las ambigüedades de este concepto en Heidegger.

La experiencia luminosa

> Debo advertir que los hechos que forman parte de esta dimensión [ignorada] no siempre son asimilables a experiencias luminosas. Los tipos macanudos pueden tener su lado siniestro, incluso ser totalmente siniestros, y, sin embargo, por ese lado siniestro sobredimensionado, valer la pena. (2009a: 512)

El «Diario de la beca» y «La novela luminosa» propiamente dicha representan dos temporalidades distintas: una lenta y desesperada y la otra retrospectiva, de recuperación o rescate. Es después de la lectura de las últimas cien páginas, encabezadas por el mismo título que preside la novela entera, que podemos contraponer el «Diario de la beca» a «La novela luminosa» y constatar que la cotidianidad desganada del primero adquiere todo su significado desde las páginas vibrantes de la segunda. Todo el proyecto de los diarios se relaciona según Levrero con un «recuperar su alma» o un «despertar el alma dormida» y para él, como hemos visto, esta recuperación es una recuperación de sí mismo, de las fuerzas reprimidas del «inconsciente» y, en definitiva, del *Daimon* de la escritura. Al comenzar la parte de «La novela luminosa» el yo narrador dice que debe escribir dos novelas: una luminosa y otra oscura. Unas líneas más adelante, en un extraño salto temporal, cuenta que quemó los borradores de esta última (2009a: 453). Ahora bien, es plausible que el «Diario de la beca» sea, o se haya convertido en, aquella novela oscura. El autor dice que un posible título alternativo para el diario sería el de «una única y eterna madrugada» (447), es decir, un período oscuro e insomne, el de las horas inapropiadas de la noche donde un solitario noctámbulo espera algo que no termina de llegar. Ambos textos, el oscuro y el luminoso, cubrirían juntos la sustancia «espiritual» de una vida, lo que haría de *La novela luminosa* la «biografía de un alma» (Onetti 1990: 13), es decir, el programa de escritura que Juan Carlos Onetti declaró en *El pozo* por boca de Eladio Linacero en 1939[8].

---

[8] «Me gustaría escribir la historia de un alma, de ella sola, sin los sucesos en que tuvo que mezclarse, queriendo o no» (Onetti 1990: 13).

La conexión entre estas dos novelas de insomnios, memorias oníricas y esperas debería estudiarse a fondo.

Las situaciones luminosas de Levrero son tan ecuménicas como su estilo: un perro oliendo en el pasto los rastros de otro le sugieren que el futuro es una forma del presente (456); unos ojos verdes apenas entrevistos se transforman a posteriori en una mirada ejemplar de «manso amor impersonal» (471); una intensa experiencia sexual y una renuncia sexual igualmente intensa engendran «un hijo no carnal» (462); el hallazgo improbable de un racimo de uvas abandonado en una parra parece sellar un «pacto con Dios» (518); frente a un semáforo de 18 de julio se descubre un insólito azul en el cielo de Montevideo. También son experiencias luminosas la leche de unos pechos de mujer (465) o el insólito comportamiento de una hormiga; una vivencia parapsicológica y la anticipación profética de un sueño, o el roce *infraleve* de las alas de un ángel[9].

Es inútil buscar en Levrero preferencias por una doctrina o método establecido para sus pesquisas espirituales, estéticas o teológicas. La misma apertura irreverente e indiscriminada para todos los materiales que integran sus narraciones la tiene también para sus especulaciones metafísicas. El narrador busca una confirmación en las ciencias y en la religión, pero también en formas esotéricas o paracientíficas del conocimiento:

> Investigué, como dije, desordenada y azoradamente en materiales espiritistas, ocultistas, psicoanalíticos, religiosos y científicos, y logré saber que existía realmente algo a lo que podía llamarse Dios si uno quería, aunque también podía admitir otros nombres; en cualquier caso, era algo que superaba mi capacidad de percepción y de comprensión, pero había sí algo viviente y trascendente, algo que implicaba una multidimensionalidad del universo. También supe que había extrañas formas de comunicación con

---

[9] La descripción que hace Levrero de ese misterioso roce en la iglesia es sustancialmente idéntica a la que hace Duchamp relativa al concepto de *infraleve* (véase Duchamp 1998). Muchas de las experiencias luminosas mencionadas en la novela pueden leerse como sutilísimas emanaciones de la materia que sólo unos pocos pueden captar.

ese algo, y que esas formas nunca eran iguales a sí mismas y que no podía acceder a ellas a mi antojo. (545)

Es evidente que la experiencia luminosa excede la enciclopedia y no puede ser explicada con los conceptos al uso. Tampoco puede ser evocada voluntariamente, apenas presentida. Pero existen formas de comunicación con esta dimensión extraordinaria de la vida: símbolos arquetípicos que anuncian su inminencia (los pájaros), estados semiconscientes que nos dejan sus reminiscencias (los sueños), hechos que confirman su existencia (fenómenos parapsicológicos o telepáticos), formas de contacto humano que la evocan (el amor, el deseo), estados de ánimo que negativamente la representan (la angustia, la depresión), del mismo modo que hay lenguajes hospitalarios para lo luminoso (los de la religión y el delirio).

El contacto profundo con un ser amado, por ejemplo, hace posible leer el vértigo del tiempo concentrado en un rostro:

> Sucedía que de pronto yo comenzaba a ver variaciones en el rostro de la persona que tenía junto a mí. La mayoría de las veces, el rostro variaba como si fuera retrocediendo rápidamente en el tiempo, y en lugar de ver ante mí, por ejemplo, una mujer de cuarenta años, veía a una niña de seis [...] Mucho me ha dado que pensar al respecto un cuadro de Velázquez, *La madona del espejo*; mirándolo bien, se pueden advertir estas variantes temporales en el rostro reflejado en el espejo oval [...] la juventud, la vejez y la muerte. (480)

Este último ejemplo de percepciones singulares del tiempo no es todavía una experiencia luminosa. Forma parte de los avisos, las señales que hablan de la existencia de una dimensión desconocida. Abandonarse a ellas es peligroso para la salud mental y la supervivencia en la ciudad, pero dejarlas sin atención incrementa los estados depresivos del narrador (481). Se trata entonces de vivir en la vecindad de los sueños reveladores: permanecer alerta a sus señales, exponerse a ellas. Se trata, a fin de cuentas, de darle una oportunidad a la locura («Mi auténtica función social es la locura», anuncia el narrador en la página 481). La recuperación terapéutica de Chl, por ejemplo, la ha convertido en una mujer más sana, pero también inmune al espíritu.

Chl era un ser completamente distinto del que es hoy. Hoy se muestra como una joven común y corriente, casi diría vulgar, con gustos vulgares y actividades vulgares, o al menos comunes y corrientes. En cierto sentido es una persona más sana y quizás más feliz. Cuando la conocí sufría de frecuentes depresiones, durante las que no conseguía hablar. Vivía largos lapsos de silencio, revertida en sí misma. También muy a menudo tenía sueños prodigiosos; cada uno de esos sueños era casi una novela [...] los personajes que aparecían formaban parte de un mundo diferente, quizás arquetípico. En aquel tiempo llegué a sospechar que en la tierra había seres de otro planeta y que Chl era uno de ellos. [...] Los fenómenos paranormales entre nosotros eran frecuentes. (377)

El narrador prefiere instalarse en la vecindad del misterio: vivir al margen de la vulgaridad diurna o la funcionalidad social es una forma de provocar al espíritu. Para poder experimentar la presencia divina hay que arriesgarse.

A pesar de la ciencia ficción y los fenómenos paranormales y las alusiones a Jung (o precisamente por ello), hay siempre un trance religioso en estos momentos que aluden a un misterio tan próximo como raramente accesible. No se trata de ninguna religión positiva, aunque al final del libro el narrador decida convertirse al catolicismo. Se trata más bien de religiosidad en tanto relación natural con la dimensión de la existencia tenida por sagrada. En la modernidad lo divino abandonó las instituciones eclesiásticas y los lugares oficiales del culto: Dios dejó de ser una figura antropomórfica y la religiosidad se transformó en una experiencia. Al sujeto autoconsciente kantiano de la ilustración le es imposible captarla porque es racionalmente ininteligible y porque la dimensión sagrada de la existencia no se capta, se padece. La experiencia religiosa se funda en la presencia latente de Dios como radical heterogeneidad respecto del mundo y los seres humanos. Hay toda una tradición filosófica y teológica moderna que discute el lugar exacto de esta experiencia de Dios (que para algunos es experiencia de la nada), y que comprende aproximaciones como las de Schleiermacher, Kierkegaard, William James, Rudolf Otto y Martin Buber[10]. En sus ver-

---

[10] Véase para una interesante comparación «La apelación a la experiencia religiosa» en Jay 2009: 103-162.

siones más actuales, la idea de que el ser humano es algo más que una rutina de apetitos cotidianos, tecnología y supervivencia, y de que existen experiencias en radical heterogeneidad con la vida utilitaria y cosificada de la modernidad se puede rastrear en distintos lenguajes filosóficos y en conceptos (en otros planos tan diferentes) como el *Ereignis* de Heidegger, la experiencia aurática de Walter Benjamin, lo sagrado de Bataille, lo real de Lacan, lo abierto de Agamben y el concepto de acontecimiento en Badiou.

Podríamos decir que a pesar de sus diferencias esenciales, estos conceptos se sostienen en la diferencia ontológica entre ser y ente y por consiguiente entre verdad y opinión. La mayoría de ellos intentan articular o practicar una distancia frente a los dispositivos ideológicos, tecnológicos o productivos que capturan o condicionan las vidas y los comportamientos del animal humano, obliterando su indeterminación originaria.

En el mundo generado por la literatura de Levrero, el momento luminoso es el nombre de esta distancia. Es un acontecimiento que acaece en el mundo pero en incongruencia con él. Es un cortocircuito que interrumpe el continuo cotidiano normalmente cerrado sobre sí mismo y regido por el hábito y el consenso. Las imágenes luminosas muestran disposiciones espaciotemporales alternativas, modos excepcionales de lo sensible, formas inéditas de comunicación entre los cuerpos y las cosas. Levrero nos habla de un yo subterráneo que afloraría en un instante de involuntaria percepción extravagante. Como en la experiencia mística, en Levrero el sujeto es capturado, poseído por una imagen emplazada en una zona de indeterminación entre lo visible y lo invisible, lo personal y lo impersonal. Para entrar en ella, el yo consciente (el del hábito y la rutina) debe ser desplazado por otro más originario. Los efectos de lo luminoso constituyen un implícito cuestionamiento del estatuto de la realidad, una riesgosa invasión de la conciencia:

> No me convenía, no le convenía a mi estrecha consciencia percibir a aquella muchacha. Mi vista debía resbalar sobre su agradable superficie. Es posible que haya llegado a pensar «Es hermosa» pero nada más. [...] Recorrí el camino de vuelta hacia mi bicicleta y seguí pedaleando, completamente ajeno a la cosa más importante que me había sucedido en mi vida. (2009a: 472).

Y la mirada seguía allí, y la mirada seguía allí, y sigue allí. Y sigue aquí. […] yo te aseguro que aquella muchacha está viva, y lo estará siempre porque existe una dimensión de la realidad donde estas cosas no mueren […]. No mueren porque no han nacido ni tienen un dueño ni están sujetas al tiempo y al espacio. No es tu fotografía lo que llevo en el alma, muchacha sin rasgos: es tu mirada, justamente lo que no era tuyo, lo que no era tú. (2009a: 473)

A través de la muchacha es el mundo el que devuelve la mirada por un instante y el sujeto extraviado en un mundo átono y fragmentado experimenta una repentina lucidez. El mundo de lo luminoso es un mundo de cuerpos sutiles que difícilmente se atrapan, como los pájaros, los insectos y las miradas que Levrero inviste como símbolos espirituales e investiga tratando de conservar algo de sus emanaciones una vez que han desaparecido. Se trata de instantes de los que sólo queda un rastro confuso, como los restos de un sueño, pero dejan una marca, casi una sabiduría como dice al final de una de estas experiencias: «Pero estoy seguro de haber aprendido secretos de la vida, que después habrán ido aflorando de a poco en los momentos de necesidad. En eso consiste el verdadero aprendizaje: no saber que se sabe, y de pronto saber» (2009a: 529).

Las experiencias luminosas se almacenan en algún estrato especial de la memoria para surgir en un momento no previsto, como sabiduría involuntaria del pasado. La experiencia consciente, sostenía Walter Benjamin, se olvida; la sustantiva (no consciente) se integra en la memoria involuntaria (Costello 2010: 126) y aflora en un momento crítico como despertar.

Para el yo de la novela estas experiencias no son lo opuesto a la existencia concreta y opaca que se relata en el «Diario de la beca», sino su complemento luminoso. Una ambigua y fortuita apertura hacia lo que Levrero llamó «la cuarta dimensión de la vida». A veces dependen de una percepción descuidada, que se dejó llevar sin vigilancia, sin contención porque «La percepción es un acto doloroso, es un acto de entrega, es un acto de desintegración psíquica. Por eso somos cuidadosos en la selección y en los alcances de nuestra percepción» (2009a: 472).

En la modernidad urbana los múltiples estímulos ponen a prueba la integridad de la conciencia individual. El habitante de la gran ciudad desarrolla una actitud de indiferencia defensiva para eludir la masividad de la vida moderna y sus presiones. Una reflexión que, como se sabe, inició Georg Simmel en 1903[11] y reelaboró después Walter Benjamin mediante los conceptos de *Erlebnis* y *Erfahrung* (Buck-Morss 2005: 69). Entregarse a la percepción asumiendo todas sus consecuencias puede desequilibrar nuestro aparato sensorial, que se defiende de ella neutralizando sus efectos profundos. Para Benjamin esto tiene consecuencias significativas en la forma en que se estructura la memoria y en lo que definió como la pobreza moderna de la experiencia. La relación entre percepción, vivencia y experiencia en Levrero merecería un análisis más detenido del que podemos hacer aquí.

Las experiencias luminosas tienen una temporalidad propia. Son como irrupciones (una palabra cara a Levrero) de eternidad en el tiempo sucesivo y finito. También excesos infligidos a la normalidad. Vienen de no se sabe dónde a interrumpir el curso de la mera subsistencia y de la agonía cotidiana y arrojan una suerte de luz sobre lo que Levrero llamó el alma. Pero esta luz poco tiene que ver con la inteligibilidad discursiva y mucho con un descalabro lógico y con la irrupción de fuerzas sensibles que no tienen nombre. Son experiencias que sólo pueden ser evocadas frágilmente *a posteriori*, no en tanto hecho positivo sino en tanto resto o en tanto rastro o trazo fantasmal en el sujeto. Según Levrero, uno de sus nombres es Dios[12].

Toda la obra última de Levrero consiste en completar la realidad «objetiva» con esa «cuarta dimensión de la vida». La primera correspondería al mundo profano, determinado por un limitado sistema perceptivo y la segunda a un tiempo heréticamente sagrado (en Levrero habría que agregar esotéricamente) donde el sujeto, atravesado misteriosamente por imágenes inéditas, trasciende su mundo concreto y su finitud. Al

---

[11] En «Die Grossstadte und das Geistesleben» (1903), publicado en español como «El individuo y la libertad» e incluido en *Ensayos de crítica de la cultura* (1986).

[12] Palabra maestra, ideológica donde las haya. Pero al mismo tiempo es una manera de sustraer el nombre y el lugar de la verdad al circuito de la comunicación «objetiva», a la circulación del sentido. Dios equivale en Levrero a *la nada* que hace que todo sea posible. El destino problemático de los nombres de la verdad está expuesto meticulosamente por Étienne Balibar en *Nombres y lugares de la verdad* (1995: 66 y ss.).

ser como un relámpago de lo sagrado en la existencia fáctica terminan siendo como iluminaciones profanas[13]. Toda una colección de objetos anodinos o comunes aparece redimida bajo la condición del acontecimiento prodigioso o «telepático», formando una constelación donde tiempo y espacio se entretejen de manera peculiar[14]. A veces, cuando la experiencia luminosa se produce, su beneficiario, su víctima, sólo puede expresarse en rezos o en himnos:

> Lo cierto es que mi estado de ánimo cambió por completo y sí, allí estaba de nuevo esa dimensión que me faltaba siempre, y qué serenidad, qué linda tibieza, qué seguro me siento, qué bien está todo. Gracias, C; gracias C por tu paseo y tu playa y tu secreto. Pueden venir nomás a sacarnos de aquí a balazos. Pueden soltar los perros. ¿Quién va a ser tan idiota y malgastar su tiempo en el temor? Dispara de una vez tu pistola, canallita de cartón: puedes matarme pero yo soy eterno. Esta roca me ama. Esta playa me ama. Este cielo, este viento, estas gaviotas, estos guijarros. ¡Dios! Bendito seas, y bendita tu Creación, por los siglos de los siglos, amén. Y bendita tu ley del amor. (2009a: 529)

Lo luminoso es una excepción, una incongruencia que aparece en el límite entre el sentido común y el delirio. Pero la epifanía es un instante efímero, siempre en retirada. Un salto se ha dado, algo se ha avizorado allá arriba; un destello feliz o tremendo del que ahora no queda nada. Sólo cabe serle fiel tratando de vivir bajo su régimen durante el tiempo que dure su efecto o recuperándolo, por ejemplo, en la lucha que la escritura debe mantener consigo misma para nombrarlo. En el proceso

---

[13] La idea de que si existe redención o algún estado utópico de felicidad humana éste no se dará al final de una evolución natural, sino a través de una ruptura, de una interrupción que es de este mundo pero que no puede asimilarse a él ni durar, es una idea recurrente en las herejías medievales sobre la humanidad de Cristo, en el misticismo alemán y en el mesianismo judío. La última resonancia de este pensamiento es la teoría del acontecimiento de Alain Badiou. Véase también Scavino 2007: 184 y ss.

[14] Así define Walter Benjamin la experiencia del «aura» en «Pequeña historia de la fotografía» (2007: 518-519). En Benjamin el concepto de aura es ambiguo. En algunos textos clásicos tiene valor cultural (y reaccionario), y en otros valor emancipatorio. Nos referimos al último. La imagen dialéctica, por ejemplo, es en algún sentido también la ocasión en que el mundo devuelve la mirada, como en la experiencia aurática.

de recoger narrativamente el recuerdo original éste se transforma, se reelabora o se redescubre. Incluso aparecen momentos cuya luminosidad había pasado inadvertida –como el redescubrimiento del inconfesado amor por la prostituta H (2009a: 501)–. La tarea de escritura, como en el psicoanálisis, produce efectos en la memoria, la constituye y la transforma. En el epílogo a *El discurso vacío* Levrero narrador menciona un sueño donde aparece «el secreto de la alquimia» (2009b: 169). Es la última frase de la novela. La auténtica alquimia en Levrero es la que procesa la escritura misma[15]. Es en la escritura donde finalmente un hecho confuso del pasado, que es como soñado, puede llegar a transformarse (alquímicamente) en un hecho significativo para el presente, es decir, transfigurarse en experiencia.

La literatura del último Levrero es una búsqueda de fórmulas o nombres que expresen estas radicales singularidades que presuntamente lo han asaltado en momentos de su vida. Por un lado, mediante el recurso a lo luminoso, la ficción de Levrero intenta pensar la discontinuidad de un mundo que se presume continuo y lineal. Por otro, las visiones de *La novela luminosa* proponen un reordenamiento poético de la realidad. Aparecen como verdades del alma que no se calculan ni se deducen ni se revelan, más bien ocurren, acaecen en el rapto místico. Sus nombres nunca figuran en el diccionario vigente: tienen que ser *forzados poéticamente*, y esa es una de las formas en que la literatura piensa una verdad[16]. Esto ocurre a veces reflotando conceptos rancios o términos ya desgastados por la costumbre que Levrero transfigura literaria, alquímicamente, devolviéndoles su capacidad de estremecimiento.

Hacia el final de la novela el narrador cuenta la historia de su conversión al catolicismo de la mano de Cándido. Cándido es un rudimentario e histriónico sacerdote de barrio, que hace trampas pueriles jugando al ajedrez (2009a: 547-548) y que aparentemente carece de toda inquietud trascendental. Investido de su dignidad sacerdotal, sin

---

[15] El tema de la alquimia está presente en otros textos de Levrero. Véase al respecto Montoro Martínez 2006.

[16] «La filosofía reconocerá que toda nominación de un acontecimiento, que convoca a la retención de lo que desaparece, todo acto de nombrar la presencia acontecimiental, es de esencia poética» (Badiou 2009: 72).

embargo, resulta un recordatorio de la presencia divina, de la posibilidad de una fe. El narrador hace con él su primera comunión y tiene la última experiencia luminosa en la ceremonia de la misa. El fragmento de su conversión es particularmente jocoso y a la vez pasional. Resulta extremadamente significativo en la medida en que es la única oportunidad en la que el yo narrador concibe la posibilidad de entregarse a un ritual, a una experiencia colectiva de trascendencia. Implícitamente, el fragmento habla de la necesidad de una ceremonia en un mundo donde todo ritual sólo puede ser una farsa. La modernidad se ha constituido precisamente excluyendo la posibilidad de una auténtica ceremonia compartida (Badiou 2010: 147).

En *La novela luminosa*, la conversión, el trance de la misa y la primera comunión son escenas altamente paródicas. Pero esto no excluye una experiencia (religiosa) radical. La trillada imagen de la virgen le provoca un llanto involuntario por todas las mujeres amadas cuyos rostros empiezan a desfilar en su interior (2009a: 553), y durante la comunión experimenta el roce levísimo pero imborrable de las alas de un ángel (2009a: 556).

Luego, cuando retorna a la iglesia a comulgar, nada de esto vuelve a suceder. Las formas en las que se perciben las experiencias luminosas son irrepetibles. Ninguna doctrina o lenguaje específico puede preverlas o contenerlas. Sus lugares de aparición no están establecidos, no son conocidos ni rastreables; son bordes, zonas sensibles de discontinuidad. Es en esa zona de indeterminación y desobediencia donde todo pensamiento auténtico empieza, y es allí donde Levrero sitúa el horizonte de su escritura.

Bibliografía

Achugar, Hugo (2001): «¿Quién es Enjolrás? *Ariel* atrapado entre Victor Hugo y *Star Trek*». En *Casa de las Américas* 222: 75-83.
— (2004): *Planetas sin Boca*. Montevideo: Trilce.
Agamben, Giorgio (1988): *Heidegger: Questions ouvertes*. Paris: Osiris.
— (1996): «Política del exilio». En *Archipiélago. Cuadernos de crítica de la cultura* 26-27: 41-52.
— (1998): *Homo sacer*. Stanford: Stanford University Press.
— (2004a): *Infancia e historia*. Buenos Aires: Adriana Hidalgo.
— (2004b): *The Open. Man and Animal*. Stanford: Stanford University Press.
— (2005): *Profanaciones*. Buenos Aires: Adriana Hidalgo.
— (2007): *La potencia del pensamiento*. Buenos Aires: Adriana Hidalgo.
Alighieri, Dante (1960): *La divina comedia*. Milano: Biblioteca Universali Rizzoli.
Alonso, Carlos J. (1998): *The Burden of Modernity. The Rhetoric of Cultural Discourse in Spanish America*. New York: Oxford University Press.
Alsina, Miguel Rodrigo (1993): *La construcción de la noticia*. Barcelona: Paidós.
Anderson, Benedict (1991): *Imagined Communities*. New York: Verso.
Aristóteles (1965): «Aristotle: The Art of Poetry». En *Aristotle / Horace / Longinus*. London: Penguin.
Arlt, Roberto (1980): *Los lanzallamas*. Madrid: Losada.
— (1997): «El escritor fracasado». En *El jorobadito*. Buenos Aires: Losada.
Avelar, Idelber (2000): *Alegorías de la derrota: la ficción postdictatorial y el trabajo del duelo*. Santiago de Chile: Cuarto Propio.
— (2004): «Máquina apócrifa, alegoría del duelo y poética de la traducción». En Rodríguez Pérsico, Adriana (ed.): *Ricardo Piglia: una poética sin límites*. Pittsburgh: Instituto Internacional de Literatura Iberoamericana.
Avilés Fabila, René (1999): *La incómoda frontera entre el periodismo y la literatura*. Ciudad de México: Universidad Autónoma Metropolitana.
Bachelard, Gaston (1969): *The poetics of Space*. Boston: Beacon Press.

Badiou, Alain (1994): «La Ética. Ensayo sobre la conciencia del Mal». En *Acontecimiento* 8, octubre: <http://www.elortiba.org/badiou.html>.
— (2005): *El siglo*. Buenos Aires: Manantial.
— (2007): *El ser y el acontecimiento*. Buenos Aires: Manantial.
— (2008): *Lógica de los mundos. El ser y el acontecimiento 2*. Buenos Aires: Manantial.
— (2009): *Pequeño manual de inestética*. Buenos Aires: Prometeo.
— (2013): *Cinco lecciones sobre Wagner*. Buenos Aires: Akal.
Baigorria, Osvaldo (2002): *Georges Bataille y el erotismo*. Madrid: Campo de ideas.
Bajtin, Mijail (1981): *The Dialogic Imagination: Four Essays*. Austin: University of Texas Press.
Balibar, Étienne (1995): *Nombres y lugares de la verdad*. Buenos Aires: Nueva visión.
— (1996): «Violence: idéalité et cruauté». En Aa.Vv.: *Séminaire de Françoise Hértier: De la violence*. Paris: Editions Odile Jacob.
— (1997): *La crainte de masses. Politique et philosophie avant et après Marx*. Paris: Galilée.
Barthes, Roland (1995): «El mensaje fotográfico». En *Lo obvio y lo obtuso. Imágenes, gestos y voces*. Barcelona: Paidós, 11-27.
— (2003): *Mitologías*. Buenos Aires: Siglo XXI.
Bataille, Georges (1960): *El erotismo*. Buenos Aires: Sur.
— (1989): *La experiencia interior*. Madrid: Taurus.
— (1997): *Las lágrimas de Eros*. Barcelona: Tusquets.
— (2002): *La oscuridad no miente*. Madrid: Taurus.
— (2008): «La estructura psicológica del fascismo». En *La conjuración sagrada. Ensayos 1929-1939*. Buenos Aires: Adriana Hidalgo, 137-180.
Baudelaire, Charles (1949): *Journaux Intimes*. Paris: Corti.
— (1961): *El Arte Romántico*. Ciudad de México: Aguilar.
— (1963): *Obras*. Ciudad de México: Aguilar.
— (1975): *Baudelaire. Poesía completa*. Madrid: Ediciones 29.
Baudrillard, Jean (1990): *La transparence du Mal*. Paris: Galilée.
Bauman, Zygmunt (1995): *Life in fragments. Essays in Postmodern Morality*. Oxford / Cambridge: Blackwell.
— (2013): *Sobre la educación en un mundo líquido*. Buenos Aires: Paidós.
Benedetti, Mario (1988): *La tregua*. Madrid: Cátedra.
Benjamin, Walter (1983): *Understanding Brecht*. London: Verso.
— (1988): *Poesía y capitalismo*. Madrid: Taurus.

— (1999a): *Para una crítica de la violencia y otros ensayos.* Madrid: Taurus.
— (1999b): *Selected Writings.* Volume 1, 1913-1926. Cambridge / London: Harvard University Press.
— (2007a): *Concepto de filosofía de la historia.* La Plata: Terramar.
— (2007b): «El surrealismo». En *Obras. Libro II / vol. I.* Madrid: Abada, 301-316.
— (2009): *Libro de los pasajes.* Madrid: Akal.
— (2012): *El París de Baudelaire.* Buenos Aires: Eterna Cadencia.
BLANCHOT, Maurice (1949): *La part du feu.* Paris: Gallimard.
— (2008): *La conversación infinita.* Madrid: Arena Libros.
BOLAÑO, Roberto (1996): *Estrella distante.* Barcelona: Anagrama.
— (1997): *Llamadas telefónicas.* Barcelona: Anagrama.
— (1998): *Los detectives salvajes.* Barcelona: Anagrama.
— (1999a): *Monsieur Pain.* Barcelona: Anagrama.
(1999b): *Amuleto.* Barcelona: Anagrama.
— (2000): *Nocturno de Chile.* Barcelona: Anagrama.
— (2003): *El gaucho insufrible.* Barcelona: Anagrama.
— (2007): *La universidad desconocida.* Barcelona: Anagrama.
— (2009): *2666.* Barcelona: Anagrama.
— (2011): *Los sinsabores del verdadero policía.* Barcelona: Anagrama.
— (2013): *Entre paréntesis.* Barcelona: Anagrama.
— (2014): *Una novelita lumpen.* Barcelona: Anagrama.
BOOMKENS, René (1998): *De angstmachine over geweld in films, literatuur en popmuziek.* Amsterdam: De Balie.
— (2006): *De nieuwe wanorde. Globalisering en het einde van de maakbare samenleving.* Amsterdam: van Gennep.
BORGES, Jorge Luis (1985): *Prosa Completa.* Barcelona: Bruguera.
— (1998): *Borges oral.* Madrid: Alianza.
— (2000): *Borges en El Hogar 1935-1958.* Buenos Aires: Emecé.
— (2002): *Siete noches.* Buenos Aires: Biblioteca Borges.
— (2008): *Obras Completas.* Buenos Aires: Emecé.
BOURDIEU, Pierre (2000): *Poder, Derecho, Clases sociales.* Bilbao: Desclée de Brouwer.
BRAVO, Víctor (1998) «El relato policíaco posmoderno en tres novelas argentinas contemporáneas». En *Especulo 9:* <https://pendientedemigracion.ucm.es/info/especulo/numero9/policial.html>.
BRECHT, Bertold (1979): *The Three penny opera.* London: Methuen.

Buck-Morss, Susan (1995): *La dialéctica de la mirada. Walter Benjamín y el proyecto de los pasajes*. Madrid: Visor.
— (2004): *Mundo soñado y catástrofe*. Madrid: La balsa de la medusa.
— (2005): *Walter Benjamin, escritor revolucionario*. Buenos Aires: Interzona.
García Canclini, Néstor (1995): *Consumidores y ciudadanos*. Ciudad de México: Grijalbo.
Cantavella, Juan (2002): *La novela sin ficción. Cuando el periodismo y la narrativa se dan la mano*. Oviedo: Septem.
Casey, Edward (1997): *The Fate of Place. A Philosophical History*. Berkeley: University of California Press.
Castro, Belén (2000): «Introducción». En Rodó, José Enrique: *Ariel*. Madrid: Cátedra.
Certeau, Michel de (1999): *La invención de lo cotidiano*. Ciudad de México: Universidad Iberoamericana.
Clayton, Michelle (1998): «Como habla la plata». En *Plas Cuadernos* 2: 45-47.
Chillón, Albert (1985): *Literatura y periodismo. Una tradición de relaciones promiscuas*. Barcelona: Mitre.
Collingwood-Selby, Elizabeth (1997): *Walter Benjamin: la lengua del exilio*. Santiago de Chile: Arcis-LOM.
Contreras, Ana Yolanda (sf): «El lenguaje irreverente como representación de la violencia en *La virgen de los sicarios* de Femando Vallejo». En *Tatuana* 2: <http://bama.ua.edu/~tatuana/numero2/images/revLavirgen.pdf>.
Cortázar, Julio (1994a): *Cuentos completos II*. Madrid: Alfaguara.
— (1994b): *Rayuela*. Madrid: Cátedra.
Cueto, Alonso (2009): *Juan Carlos Onetti, el narrador en la penumbra*. Ciudad de México: Fondo de Cultura Económica.
Garrido-Maturano, Ángel (2010): *Sobre el abismo*. Buenos Aires: Adriana Hidalgo.
Deleuze, Gilles (1998): *Essays critical and clinical*. London: Verso.
Déotte, Jean-Louis (2007): «El museo no es un dispositivo». En *Exil_: Plataforma de producción poética:* <https://exilsite.files.wordpress.com/2012/12/el-museo-no-es-un-dispositivo_jean-louis-dc3a9otte.pdf>.
— (2013): *La época de los aparatos*. Buenos Aires: Adriana Hidalgo.
Didi-Huberman, Georges (1997): *Lo que vemos, lo que nos mira*. Buenos Aires: Manantial.
— (2000): *Ante el tiempo. Historia del arte y anacronismo de las imágenes*. Madrid: Machado libros.

— (2009): *La imagen superviviente. Historia y tiempo de los fantasmas según Aby Warburg*. Madrid: Abada.
DOSTOEVSKY, Fyodor (2002): *The Idiot*. London / New York / Toronto: Alfred A. Knopf.
DUCHAMP, Marcel (1998): *Notas*. Madrid: Tecnos.
ECO, Umberto (1981): *Lector in fabula. La cooperación interpretativa en el texto narrativo*. Barcelona: Lumen.
ERICES JERIA, Daniela (2013): «El relato oculto de la educación chilena». En *Le Monde diplomatique*, septiembre: 20.
ESPOSITO, Roberto (2003): *Comunitas. Origen y destino de la comunidad*. Buenos Aires: Amorrortu.
— (2005): *Inmunitas. Protección y negación de la vida*. Buenos Aires: Amorrortu.
FERNÁNDEZ, Macedonio (1975): *Museo de la Novela de la Eterna (primera novela buena)*. Buenos Aires: Corregidor.
FERNÁNDEZ RETAMAR, Roberto (1973): *Calibán*. Montevideo: Aquí poesía.
FLORES GALINDO, Alberto (1991): *La ciudad sumergida. Aristocracia y plebe en Lima (1760-1830)*. Lima: Horizonte.
FORNET, Jorge (1998): «Asedios a Plata quemada en nueve capítulos y un epílogo». En *Casa de las Américas* 212, julio-septiembre.
FOUCAULT, Michel (1971): *L'ordre du discours*. Paris: Gallimard.
— (1985): *Discipline and punish*. Middlesex: Penguin.
— (1993): *Genealogía del racismo*. Montevideo: Nordan.
— (1994): «Michel Foucault, une interview: sexe, pouvoir et la politique de l'identité». En *Dits et écrits IV*. Paris: Gallimard.
— (1996): *Del lenguaje y la literatura*. Barcelona: Paidós.
— (2002a): *Tecnologías del yo*. Barcelona: Paidós.
— (2002b): *Vigilar y castigar. El nacimiento de la prisión*. Ciudad de México: Siglo XXI.
— (2003): *La verdad y las formas jurídicas*. Barcelona: Gedisa.
FRANCO, Jean (2002): *The Decline and Fall of the Lettered City. Latin America in the Cold War*. Cambridge / London: Harvard University Press.
GIORGI, Gabriel (2008): «Lugares comunes: vida desnuda y ficción». En *Grumo* 9: 48 a 55.
HALLWARD, Peter (2010): «Dependiendo de la inconsistencia: la respuesta de Badiou a la pregunta que guía toda la filosofía contemporánea». En Gómez Camarena, Carlos & Uzín Olleros, Angelina (eds.): *Badiou fuera de sus límites*. Buenos Aires: Imago Mundi, 115-133.

Heidegger, Martin (1951): *El ser y el tiempo*. Ciudad de México: Fondo de Cultura Económica.

Ingenieros, José (1901): *Simulación de la locura*. En *Biblioteca virtual universal*: <http://www.biblioteca.org.ar/libros/8815.pdf>.

— (1903): «Agitadores y Multitudes en *Hacia la justicia*». En *Biblioteca virtual universal*: <http://www.biblioteca.org.ar/libros/150359.pdf>.

Jameson, Fredric (1992): *El postmodernismo o la lógica cultural del capitalismo avanzado*. Buenos Aires: Paidós.

— (1995): *La estética geopolítica*. Buenos Aires: Paidós.

Jay, Martin (2003): «La imaginación apocalíptica». En *Campos de fuerza. Entre la historia intelectual y la crítica cultural*. Barcelona: Paidós.

— (2009): *Cantos de experiencia. Variaciones modernas sobre un tema universal*. Buenos Aires: Paidós.

Kundera, Milan (1998): La insoportable levedad del ser. Barcelona: Tusquets.

— (2000): *La ignorancia*. Barcelona: Tusquets.

Lacan, Jacques (2001): *Écrits: a selection*. London: Routledge.

Lafforgue, Jorge & Rivera, Jorge B. (1996): *Asesinos de papel, ensayos sobre la narrativa policial*. Buenos Aires: Colihue.

Lefebvre, Henri (1991): *The production of space*. Oxford: Blackwell.

Lévi-Strauss, Claude (1966): *Saudades de São Paulo*. São Paulo: Companhia das Letras.

Levrero, Mario (2009a): *La novela luminosa*. Barcelona: Debolsillo.

— (2009b): *El discurso vacío*. Barcelona: Debolsillo.

Link, Daniel (1992): *El juego de los cautos. La literatura policial de Poe al caso Giubileo*. Buenos Aires: La marca.

— (1999): *Literatura de compromiso*. Buenos Aires: Universidad de Buenos Aires.

— (2003): *Cómo se lee y otras intervenciones críticas*. Buenos Aires: Norma.

Löwy, Michael (2006): «Le capitalisme comme religion: Walter Benjamin et Max Weber». En *Raisons politiques* 23: 203-221.

Ludmer, Josefina (1999): *El cuerpo del delito. Un manual*. Buenos Aires: Eterna Cadencia.

— (2005): «Territorios del presente. Tonos antinacionales en América Latina». En *Grumo* 4: 78-88.

Ludueña Romandini, Fabián Javier (2009): «Eternidad, espectralidad, ontología: hacia una estética trans-objetual». En Badiou, Alain: *Pequeño manual de inestética*. Buenos Aires: Prometeo, 9-44.

MANSILLA, Lucio Victorino (1870): *Una excursión a los indios ranqueles*. En Biblioteca Virtual Universal: <http://www.biblioteca.org.ar/libros/10068.pdf>.
MARTÍN-BARBERO, Jesús (1993): *De los medios a las mediaciones*. Barcelona: Gustavo Gili.
— (2000): «La ciudad: entre medios y miedos». En Rotker, Susana (ed.): *Ciudadanías del miedo*. Caracas: Nueva sociedad, 29-35.
MARTÍNEZ, Elena (2002): «Construcciones del género sexual en Juan Carlos Onetti, subjetividades, espacio y narrativa». En Sierra, Ana Luisa (ed.): *Me gusta cuando callas… Los escritores del Boom y el género sexual*. San Juan: Universidad de Puerto Rico.
MARTÍNEZ ESTRADA, Ezequiel (1968): *Radiografía de la pampa*. Buenos Aires: Losada.
MERLEAU-PONTY, Maurice (1985): *Fenomenología de la percepción*. Barcelona: Planeta.
MONTORO MARTÍNEZ, Noelia (2006): «La alquimia de la creación en Mario Levrero». En *Hermes criollo. Revista de crítica y de teoría literaria y cultural* 5 (10): 115-123.
MUÑOZ, Boris & SAÍTTA, Silvia (eds.) (2003): *Más allá de la ciudad letrada: crónicas y espacios urbanos*. Pittsburgh: Biblioteca de América.
ONETTI, Juan Carlos (1985): *Tan triste como ella*. Barcelona: Seix Barral.
— (1990): *El pozo. Para una tumba sin nombre*. Madrid: Mondadori.
— (1995): *Confesiones de un lector*. Alfaguara: Buenos Aires.
ORTEGA Y GASSET, José (1989): *Ideas y creencias. Obras completas V.* Madrid: Alianza.
PAZ, Octavio (1990): *Las peras del olmo*. Barcelona: Seix Barral.
PECAUT, Daniel (1999): «Estrategias de paz en un contexto de diversidad de actores y factores de violencia». En *Los laberintos de la guerra: Utopías e incertidumbres sobre la paz*. Bogotá: Tercer Mundo.
PIGLIA, Ricardo (1997): *Respiración artificial*. Buenos Aires: Seix Barral.
— (2000a): *Plata quemada*. Barcelona: Anagrama.
— (2000b): *Crítica y ficción*. Buenos Aires: Seix Barral.
— (2000c): *Prisión Perpetua*. Madrid: Lengua de trapo.
— (2000d): *Formas breves*. Buenos Aires: Anagrama.
— (2001): «El arte es extrañamiento: una manera nueva de mirar lo que ya vimos». En *Lateral* 73, enero: <http://circulolateral.com/revista/articulos/073rpiglia_jgvasquez.html>.
— (2005a): *La ciudad ausente*. Barcelona: Seix Barral (1992).

— (2005b): *El último lector*. Barcelona: Anagrama.

Premat, Julio (2004): «Los espejos y la cópula son abominables». En Rodríguez Pérsico, Adriana (ed.): *Ricardo Piglia, una poética sin límites*. Universidad de Pittsburgh: Instituto Internacional de Literatura Iberoamericana, 123-134.

Quincey, Thomas De (2000): *El asesinato como una de las bellas artes*. Madrid: Espasa Calpe.

Rama, Ángel (1970): *Rubén Darío y el modernismo. Circunstancias socioeconómicas de un arte americano*. Caracas: Universidad de Venezuela.

— (1998): *La ciudad letrada*. Montevideo: Arca.

Rancière, Jacques (1996): *El desacuerdo. Política y filosofía*. Buenos Aires: Nueva Visión.

— (2002): *La división de lo sensible. Estética y política*. Salamanca.

— (2010): *El espectador emancipado*. Buenos Aires: Manantial.

— (2011): *El malestar en la estética*. Buenos Aires: Capital intelectual.

Real de Azúa, Carlos (1984): *Ambiente espiritual del 900*. Montevideo: Arca.

Reguillo, Rosana (2003): «Las derivas del miedo». En Muñoz, Boris y Spitta, Silvia (eds.): *Más allá de la ciudad letrada: crónicas y espacios urbanos*. Pittsburgh: Biblioteca de América, 161-184.

Richard, Nelly (2002): «La crítica de la memoria». En *Cuadernos de Literatura* 8 (J5): 187-193.

Ricoeur, Paul (1997): «Hermenéutica de la consciencia histórica». En Francoise Perus (ed.): *Historia y literatura*. Ciudad de México: Instituto Mora.

— (1999): *Historia y narratividad*. Barcelona: Paidós.

— (2005): *Sobre la traducción*. Buenos Aires: Paidós.

— (2008): «Educación y política». En *Sobre el tiempo*. Buenos Aires: La marca, 199-201.

Rodó, José Enrique (2000): *Ariel*. Madrid: Cátedra.

Rodríguez Pérsico, Adriana (ed.) (2004): *Ricardo Piglia: una poética sin límites*. Pittsburgh: Instituto Internacional de Literatura Iberoamericana.

Romero, Gladys Nancy (1999): *La evolución hacia una criminología radical*. Buenos Aires: Fabián J. Di Placido.

Rotker, Susana (2000): «La ciudad: entre los medios y el miedo». En Rotker, Susana (ed.): *Las ciudadanías del miedo*. Caracas: Nueva Sociedad.

Ruggiero, Vincenzo (2003): *Crime in Literature, Sociology of deviance and fiction*. London: Verso.

Sade, Marqués de (1999): *Filosofía del tocador*. Madrid: Edimat.

Scavino, Dardo (2007): *La filosofía actual. Pensar sin certezas*. Buenos Aires: Paidós.

Schoo, Ernesto (1998): «Calidoscopio [sic] narrativo». En *La nación*, 7 de enero: <http://www.lanacion.com.ar/213922-calidoscopio-narrativo>.
Sennett, Richard (2014): *El extranjero. Dos ensayos sobre el exilio.* Barcelona: Anagrama.
Silva Olazábal, Pablo (2008): *Conversaciones con Mario Levrero.* Montevideo: Trilce.
Sloterdijk, Peter (2001): *Extrañamiento del mundo.* Valencia: Pretextos.
— (2002): *El desprecio de las masas, ensayos sobre las luchas culturales de la sociedad moderna.* Valencia: Pretextos.
— (2003a): *Crítica de la razón cínica.* Madrid: Siruela.
— (2003b): *Esferas I. Burbujas. Microsferología.* Madrid: Siruela.
— (2004): *Esferas II. Globos. Microsferología.* Madrid: Siruela.
— (2006): *Het Kristal Paleis.* Amsterdam: SUN.
Simmel, Georg (1986): «El individuo y la libertad». En *Ensayos de crítica de la cultura.* Barcelona: Península, 247-261.
Strindberg, August (2001): *Inferno.* Madrid: Valdemar.
Terán, Oscar (1986): «Estudio preliminar». En Ingenieros, José: *Pensar la nación.* Madrid: Alianza.
Tittler, Jonathan (ed.) (1989): *Violencia y literatura en Colombia.* Madrid: Orígenes.
Todorov, Tzvetan (1991): *Crítica de la crítica.* Buenos Aires: Paidós.
Troncoso, Marino (1989): «De la novela en la violencia a la novela de la violencia». En Tittler, Jonathan (ed.): *Violencia y literatura en Colombia.* Madrid: Orígenes, 31-40.
Torres Gutiérrez, Carlos Luis (1999): «Plata quemada en el umbral de la novela policíaca posmoderna». En *Especulo. Revista de estudios literarios* 12: <http://www.ucum.es/info/especulo/numero12/platque.html>.
Vallejo, Fernando (1995): *Almas en pena, chapolas negras.* Bogotá: Santillana.
— (2002): *La virgen de los sicarios.* Madrid: Suma de Letras.
Walde Uribe, Erna von der (1998): «Realismo mágico y poscolonialismo: construcciones del otro desde la otredad». En Castro-Gómez, Santiago & Mendieta, Eduardo (eds.): *Teorías sin disciplina. Latinoamericanismo, poscolonialidad y globalización en debate.* Ciudad de México: Miguel Ángel Porrúa.
— (2001): «La novela de sicarios y la violencia en Colombia». En Iberoamericana 1 (3): 27: 40.
Walsh, Rodolfo (1995): *El violento oficio de escribir (obra periodística 1953-1977).* Buenos Aires: Planeta.

ŽIŽEK, Slavoj (2002): *¿Quién dijo totalitarismo? Cinco intervenciones sobre el (mal) uso de una noción.* Valencia: Pretextos.
— (2007): «¿Existe una política de la sustracción?». En *Metapolítica* 3: 33-40.

www.ingramcontent.com/pod-product-compliance
Lightning Source LLC
Chambersburg PA
CBHW051211300426
44116CB00006B/527